滋賀大学経済学部附属史料館共同研究報告

青柳 周一・東 幸代・岩﨑 奈緒子・母利 美和【編】

江戸時代 近江の商いと暮らし

湖国の歴史資料を読む

おうみ学術出版会

序

ＪＲ琵琶湖線を彦根駅で降り、彦根城の天守に向かって歩く。城の中堀沿いに進み、佐和口の多聞櫓を左手に見ながら、馬屋を廻り込むと内堀が現れる。左に曲がって堀に沿って北西に進むと、右手に彦根市立西中学校があり、さらに道なりに行けば、滋賀大学の正門が見えてくる。正門を通ると、大正年間に竣工した講堂が目に入る。そのまままっすぐ進み、突き当たって手前右手にある白い三階建ての建物が、経済学部附属史料館である。

近江の歴史研究を志す者のなかで、この史料館を知らない者はおそらくいないであろう。史料館は、彦根高等商業学校の近江商人研究室に源流を持つ。近江商人研究から始まった歴史資料の収集は、やがて、地域の歴史資料の収集へと広がった。史料館で収蔵している数々の史料のうち、最も名の知られたものとして、日本中世村落史研究を飛躍的に深化させた菅浦文書や今堀日吉神社文書、大嶋神社・奥津嶋神社文書がある。近世以降の史料としては、江頭恒治氏の大著『近江商人中井家の研究』(雄山閣、昭和四〇年)を生みだした中井源左衛門家文書をはじめとする一連の商家文書のほか、町や村、家々で伝えられてきた様々な文書群がある。史料館には滋賀県一円から、さらに県外からも数多《あまた》の史料が寄託・寄贈されており、研究者や、そして郷土の歴史に心を寄せる人々が日々訪れて、それら史料を読み解き歴史を紡いでいる。

この史料館の中心にいたのが宇佐美英機氏である。宇佐美氏は、江戸時代の法制度をテーマとした著書『近世京都の金銀出入と社会慣習』(清文堂、平成二〇年)などに代表される業績を有する優れた歴史研究者であるが、こと史料館にとっては、現代社会の中で史料館とその歴史資料を活かす取り組みを重ねてこられた行動の人として銘記される。国の科学研究費補助金のほか、いくつもの外部資金を導入して収蔵史料の調査研究を推進するとともに、伊藤忠商事株式会社・丸紅株式会社といった近江商人系企業の史料、またその創業家である伊藤忠兵衛家・長兵衛家文書についても、その保存と研究・公開に力を尽くしてこられた。平成一四年以降、今年まで、宇佐美氏が六期（一期二年）にわたって館長を務められた間に、かつては静かに来訪者を待ち受けていた史料館は、自らが発信する、活力に満ちた史料館へと大きな成長を遂げた。その宇佐美氏が、この春、滋賀大学を退任される。

先祖から受け継いできた史料を託す所蔵者の思いと、地域の史料を残したいという研究者の願い。閲覧の便宜のために史料一点ごとの情報を丁寧に読みとって作られた目録と、史料を保管し未来へ継承する営み。史料館の成り立ちをこのように見直すと、史料とは、偶然と幸運に加えて、情熱が交差して初めて、命を与えられるものであることに気づく。史料館で近江の歴史を学んできた私たちが、宇佐美氏の念願であった近江の歴史書を共に編み、氏への、そして史料館への感謝にかえたいと考えたのは、ごく自然な流れであった。

本書は、第一章「近江の商人」と第二章「地域の暮らし」の二部構成として、全一二編の論考をそれぞれに配した。第一章に集めた、近江の商人たちの商業活動と文化をめぐる最新の研究成果は、天秤棒のイメージや「三方よし」の標語で知られる「近江商人」の姿を刷新するだろう。また第二章の論考は、この地域に生きた人びとの多様な暮らしぶりを新たに掘り起こし、近江の歴史を生き生きと描き出している。湖国近江に繰り広げられた歴史を、こうして多くの方々と共有できる幸福に感謝したい。

なお、本書は平成二七年末に発足した「おうみ学術出版会」の創刊冊である。刊行にあたっては、特定非営利活動法人たねや近江文庫様よりご援助をいただいた。末筆ながら、厚く御礼申し上げる次第である。

青柳　周一
東　幸代
岩﨑奈緒子
母利　美和

※本書中の各論考では、必要に応じて引用史料の読みくだしや現代語訳を行った。

もくじ

第1章　近江の商人

離島で果てる

—ある商人の軌跡—

宇佐美英機

末期の便り（猪田清八家文書、東近江市近江商人博物館所蔵）

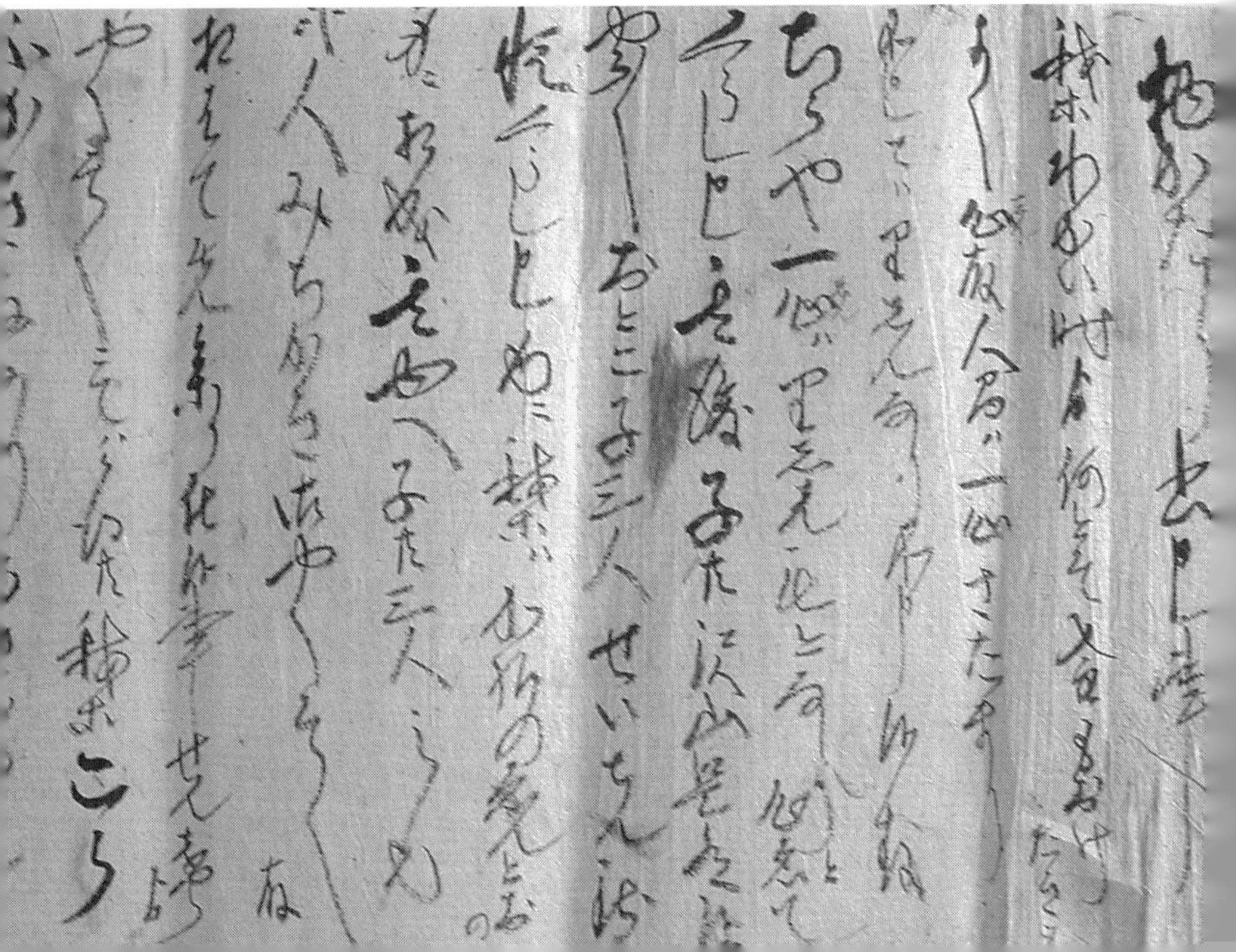

はじめに

　近江商人が近世期における商人の一類型であることは疑いを容れない。これまでの研究史によって、その独創的な商い方法（持ち下り商い、のこぎり商い、産物廻し、乗合《のりあい》商い）や奉公人の採用・昇進にかかる店内制度（在所登《ざいしょのぼ》り制度）、あるいは商業活動における複式による棚卸《たなおろし》帳簿の作成などが解明されてきた。それらの商業技術・制度の達成は、近世期において最も近代的な要素を内包させていると評価できるものである。

　また、商業活動を実践するにあたっては、正路な商いをすることが商人の職分であり、不当な利益を追求する行為を強く誡めながら奉公人の教育に努めるとともに、利益三分主義（三つ割制度）のもとで奉公人に利益を配当して働くことのモチベーションを維持させてもいた。

　このような近江商人の特徴は、奉公人に立身・出世することを鼓舞する一方で、主人もまた奉公人を一人前の経営者に育て上げることを一つの使命とした、ある意味で主人と奉公人との間で双務的契約を締結するがごとき内容の店法・店則が制定されていた〔宇佐美―一九九九・二〇〇一・二〇一〇、日野町史編さん委員会―二〇一二〕。

　とはいうものの、このような近江商人の姿は、ほとんどが商業活動によって富を蓄積した、いわば成功者の事例によって描かれたものであることを考慮する必要がある。成功者が輩出する一方で、経営に失敗した者も多数存在したであろうことは、これまた疑いないことである。経営活動における成功と失敗は、いわばコインの表裏の関係にある以上、順調に経営を拡大できなかった商人の事例を蓄積することも、近江商人の実像をより豊かに理解するうえで必要な作業だといえる。

本稿は、右のような理解をもとに、特殊な事例ではあるが商業活動を途中で挫折させた一商人の軌跡を追うものである。対象とした人物は、近江国神崎郡簗瀬村《かんざきぐんやなせ》の横目《よこめ》であった猪田清八《いのだせいはち》なる人物である。すでにこの事例に関連した史実は後掲の自治体史にも取り上げられており、『五個荘町史《ごかしょう》第二巻』は筆者が執筆したものである。したがって、重複した叙述になってもいるが、近江商人や近江地域史の変容を解明するうえで貴重な事例だと考えており、あえて再述する次第である。

騒動の推移

愛知川騒動　近世期において愛知川《えちがわ》流域の村々は、何度となく争論を繰り返しているが、安永六年（一七七七）四月一一日に生じた大騒動は、彦根藩領の川北・川南の一九か村と郡山藩領の三か村が当事者となっている。一一日に一九か村の者が、愛知川に築かれていた和田村の水除蛇籠《みずよけじゃかご》を切崩して焼き払い、三か村の地先の立木を伐り払うなどの行動にでた。すでに前日には兆しがあったが、一一日に大規模化した騒動となってしまった。取り鎮めの村役人たちの制止も一時的な効果しかなく、結果的には一九か村の他五九か村の者が加勢し、一三〇〇人ほどの人数が集まる有様となった。

彦根藩領の村々の行動に対して郡山藩領の村々もまた、蒲生《がもう》・野洲《やす》郡内の郡山藩領の村々の加勢を得て三か村を固めた。その人数は五〇〇人ほどだと記されているが、これらの指図には、金堂《こんどう》村の郡山藩陣屋役人があたったとのことである(「彦根領前郡山領愛知川堤防ニ付申上書」、簗瀬共有文書、滋賀大学経済学部附属史料館収蔵)。

三か村は、このような彦根藩領村々の行為を京都町奉行所へ訴えた。その結果、町奉行所から目《め》付方与力《つけかたよりき》妻木市之進をはじめとする検使一行が派遣され、四月二〇・二一日に見分が行われた。見分で眼目とされたのは、河原林の保有・用益権がどの村にあるのかを確認することではなく、この騒動が幕府の禁じている「徒党狼藉《ととうろうぜき》」の行為に該当するか否か、その首謀者は誰かを究明することにあった。すなわち、この騒動はたんなる保有・用益権をめぐる争いを越える規模となっていたため、刑事事件として取り扱われることになったのである。

騒動の吟味と仕置き　七月一一日に至り、各村六名が京都町奉行所に出頭するよう命じられたが、農業の障りになるとの理由で、各村五名が上洛した。村々は当座の資金として一〇〇両を用意して上洛したが、各村の村役人はことごとく入牢を命じられた。そして吟味のうえ、この騒動は簗瀬村庄屋五郎右衛門が発頭となり、同村百姓吉兵衛と馴れ合い、同村横目の清八と組頭三右衛門に相談して他村の者を同意させたものだと判定された。

この結果、先の二名は「徒党狼藉の頭取」として獄門《ごくもん》に処され、三右衛門倅《せがれ》の仁兵衛は頭取ではないものの、蛇籠切崩しの指図をしたとの理由で死罪とされた。清八・三右衛門は騒動に同意していたことが不届きだとされ、遠島を命じられた。そして、いずれの者の田畑・家屋敷・家財なども闕所《けっしょ》とされたが、妻子のものは収公《しゅうこう》を免じられている。また、獄門・死罪・遠島、および追放・所払・急度《きっと》叱《しかり》・過料の処罰を受けた者は、二〇か村一町で合計六二名にのぼるが、三か村の者にお咎めはなかった。

処罰を受けた者は、ほとんど庄屋・横目・組頭などの村役人たちであり、事件直後の当該村々の村政運営に多大な支障を来すことになったと思われるとともに、当事者の家族にも影響が及んだことも推測できる。ともあれ、この仕置きに際しては、清八を含む九村一一名の者が壱岐《いき》島へ遠島を命じられたのである。もっとも、後に壱岐島に到着して後、しばらくして届いた手紙には、神崎郡の「九人のもの九か村へ壱村づつ」渡されたと記していたため、愛知郡河原《かわら》村の二名は別便であったのかも知れない。

表－1　流罪者一覧

村名	肩書	人名
簗瀬村	横目	清八
	組頭	三右衛門
河曲村	庄屋	三郎兵衛
下日吉村	庄屋	藤右衛門
塩見村	庄屋	利左衛門
小川村	庄屋	治左衛門
射光寺村	庄屋	平右衛門
山路村	庄屋	嘉介
服部村	庄屋	十次郎

出典：『近江愛知川の歴史』表44より、神崎郡の者のみを抽出して作成。

彦根藩の対応　京都町奉行所で吟味が進められる

一方で彦根領においては、五月に愛知川・長野中《ながのなか》・簗瀬・河曲《かまがり》村の庄屋が連署して、川筋支配の正当性を藩役所に訴えるとともに、伐採地の調書を提出している。

しかし、藩庁側の対応は当事者の村々に自重を促すものであった。藩側も、この騒動は「徒党狼藉」の罪に当たると判断しており、非分は彦根領村々にあるとみなしていたと思われる。それゆえ、村々の男たちから請印をとって了簡違いをせずに謹慎するよう促している。それでもなお村人たちは、何度も藩代官所へ究明を願ったが藩側の姿勢が変わることはなく、先のように京都町奉行所から仕置きが命じられたのである。

この後も愛知川筋においては彦根領と郡山領の村々の間で入会草刈場の用益をめぐる争いが生じているが、少なくとも右に見た騒動が当地に与えた傷は深かったと思われる。

村々の刻印　この騒動においては簗瀬村は、発頭人として庄屋五郎右衛門と百姓吉兵衛が獄門、横目清八と組頭三右衛門が遠島、三右衛門悴仁兵衛が死罪を命じられるなど、騒動に参加した村々のなかで最も影響を受けている。流罪者を出した他村と同じように庄屋・横目・組頭という、村政の中心となる村役人を一度に失うこととなり、大きな打撃をうけたのは間違いないことであろう。

現在残されている簗瀬村の共有文書は、そのことを反映してか安永六年以前の史料は断片的にしか伝来しない。したがって、それまでの村の歴史を復元することは不可能なのである。おそらく村の史料は、当時の庄屋である五郎右衛門家に伝来したのであろう。しかし、獄門・田畑家財家屋敷闕所の仕置きを命じられたことにより、その手続きに紛れて散逸してしまい、新しい庄屋のもとに継承されなかったものと推測される。年貢免状（「御物成覚《おんものなりのおぼえ》」）も、安永六年のものは残されているが、次に古い年紀のものは寛政八年（一七九六）以降のものであり、近世期の宗門人別改帳に類する史料も元治元年（一八六四）と慶応四年（一八六八）のものが伝来しているだけなのである。この一事を取り上げてみても、簗瀬村の歴史は村政をつつがなく維持するという点では、かなりの年月が必要であったと推測できる。

このことは、村役人が流罪や所払になった他村においても同様のことであったと推測できる。なぜなら、流罪人を出した村々に残されている史料には、管見の範囲でも簗瀬村と同様に安永・天明期（一七七二～八八）のものは皆無に近く、また安永以前のものものもほとんど存在していない。多くの村々では寛政年間（一七八九～一八〇〇）以降の年次のものであり、この騒動において村人の中から処罰者を出した一九か村に共通することであろう。その意味で、近江の近世期における愛知川筋村社会、ひいては彦根領分の当該時期は、大きな変容が生じた時代であったと思われる。

壱岐島からの指示

牢内からの便り　壱岐島へ遠島を命じられた猪田清八は、多くの手紙を故郷へ送っており、それらが末裔の家に伝来した（猪田清八家文書、東近江市近江商人博物館所蔵）。闕所を命じられたため、清八家には何も残されなかったはずだが、妻子名義のものがあったのか、あるいは在所で何らかの救済策が講じられたのか定かではないものの、この後も家が存続したことは史料から判明する。

　興味深いのは、残された財産処分に関する手紙である。清八は残銀について「嶋行」と「清八」分を手元に置き、「家蔵・道具」を清五郎分と善三郎分として、残りを二分して半分を「久兵衛」と「清次郎・清五郎」で分割するように指示している。正確な配分額は、史料が符牒で書かれているため判然としない。しかし、この配分方法については、「生金一道に渡し候ては本家立ち申さず候、帳面かけもわけ申すべく候」

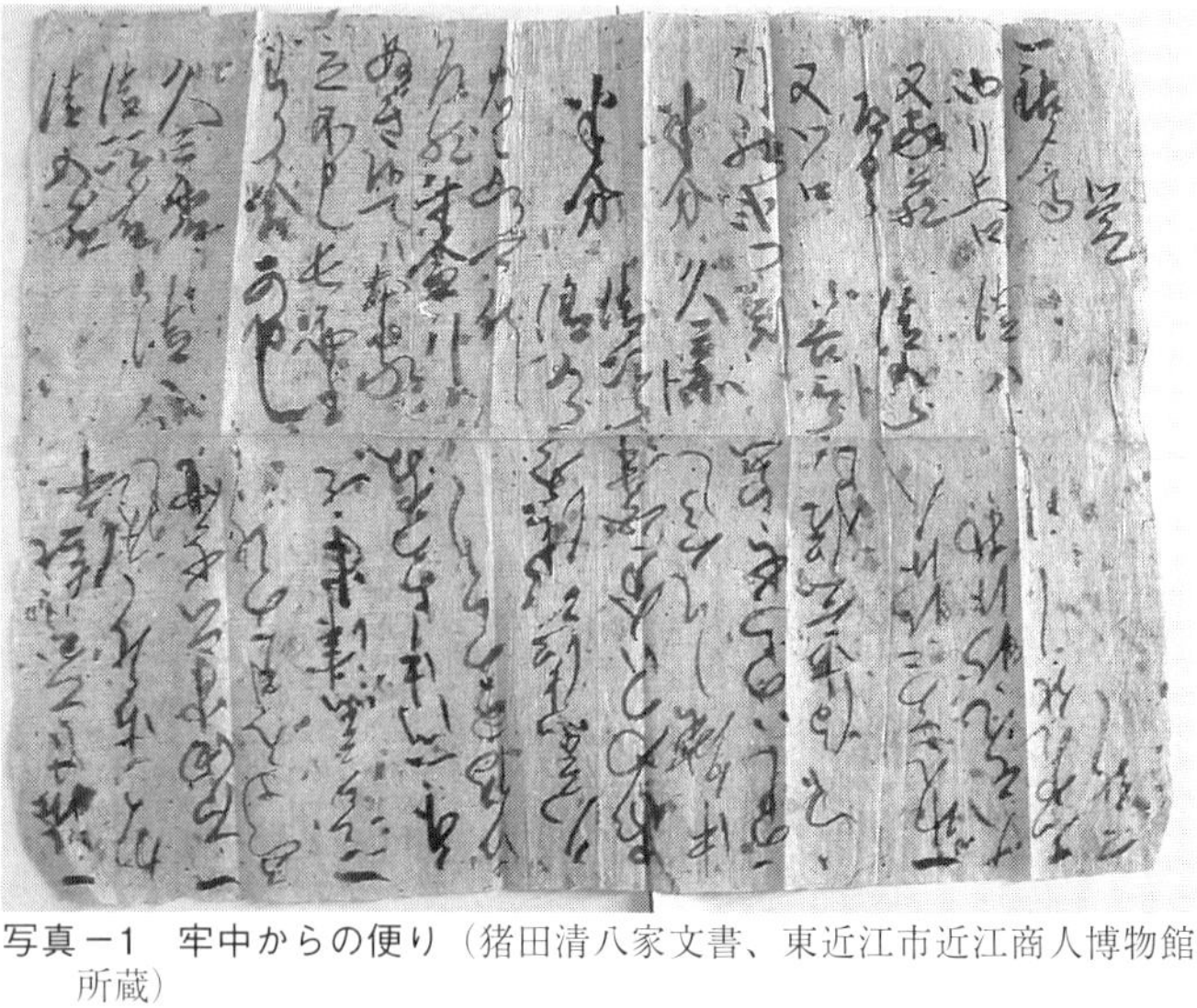

写真－1　牢中からの便り（猪田清八家文書、東近江市近江商人博物館所蔵）

と指示していることから、清八家が成り立つように一定の割合で現銀配分を行い、また、売り掛け銀や貸銀も同じように配分させたとみられる。もっとも、久兵衛や清次郎・清五郎は息子であったと思われるが、善三郎は関係が不明である。

また、商売向きについても指示を与えているが、取引先は丹後・丹波・大坂にあったことが判明する。そして、商売は確かな身元の商人と行うことや特定の人物についての貸銀に注意を払うよう促している。さらに、田地を質に取る場合は、作徳が四斗を上回る場合のみに限るよう注意を与えている。

このように、残された家族に対しては財産の分割や商売上の心得について指示を与えているだけで、牢内の暮らしであるとか妻に宛てた手紙は認《したた》めていない。その限りで、意気消沈しているような気配を読み取ることはできない。

ただ、牢内からの便りは折紙に当て字交じりで認められているが、漉きの荒い粗末な用紙に書かれていることが、置かれた環境を彷彿とさせている。

壱岐島へ　遠島の直前と思われるが、島で必要なものは後ほど知らせるとしたうえで、お金・足袋・ぱっち・古裃《かみしも》・御和讃《ごわさん》を求める手紙を残し、安永七年の暮れに京都の牢屋敷で家族との最後の面会を済ました。そして、一三日に高瀬舟で大坂に向かい、一四日晩に元船に乗船して一六日に大坂川口《かわぐち》を出帆した。大坂では、松浦壱岐守の受取り役人が出張してきており、流罪人一行は二艘の船に別れて乗船した。清八が乗った船には、六人の流人と当番衆一〇人・小頭一人・奉行一人が同行していた。

海路二百里を航行して二七日に壱岐島の郷ノ浦《ごうのうら》に無事着船した。翌日、九人の流人はそれぞれ一村に渡されることとなり、清八は布気村《ふけ》（長崎県壱岐市勝本町《かつもと》布気触《ふけふれ》）に居住することとなった。村によっては小屋が建てられている所もあったようだが、布気村にはないため庄屋付の役人である「さす頭平内」方に同居し、いずれ下付される家を増築して二間に三間ほどの住宅にしようと考えていたようである。

流人生活を始めるにあたっては、殿様から紙一帖・銭二百文、村から四枚敷の小屋一軒・茶碗二つ・鍋釜二つが与えられた。ただし、小屋はまだ完成していなかった。同時に家族からも銀一貫五百匁・布団・着替えなどが届いていた。また、入牢中にはあちこちの村々や人々から見舞いの訪問や金品を受け取ったようで、それらを一々記したうえで島からの手紙と一緒に記録帳として書き留めておくように指示している。

便りの遣り取り　家族と壱岐島からの便りの遣り取りは、松浦壱岐守船宿《ふなやど》・舟用聞《ようきき》である大坂肥後橋北角の尾張屋長兵衛か長堀札の辻に所在した壱岐島の船宿あほしや文右衛門・嶋屋権兵衛などを通じて行った。このうち尾張屋は、壱岐島へ出帆のさいに同船の六人中に見舞いを寄越している。長堀札の辻には壱岐国の船宿が何軒もあり、「ゆの本ゆのうら舟」は同町以外にも船宿があると、後日に知らせてきている。とりわけ「ゆのうら与左衛門」が確かなる人物だとしている。それゆえ、壱岐島と簗瀬村の家族との間で交わされた手紙は、主に湯ノ本湯ノ浦を発着する便船に託されたものと思われる。これは布気村が壱岐島の湯ノ浦から「拾丁ばかり」に位置していたことによるのだろう。もっとも、郷ノ浦に着く舟であっても、大坂の船宿を通じて船頭衆に船着き浜からの駄賃銭を支払い、「布気村初頭《さすがしら》平内殿預り清八」まで間違いなく届けるように頼むことを指示している。島からの最初の手紙と思われるものは、「いね正月朔日」付けであるが、これはおそらく安永八亥年のものであろう。同様の内容（記述）のものが、二、四、二〇日付けで残されている。二〇日付けのものに、「急ひんきに状も遣わしたく候ゆえ、正月早々したため候へども、たしかなるたより御座なく候ゆえ、得登し申さず候」とあり、年頭の賀詞を認めて（猪田久兵衛・清次郎・清五郎の連名宛）、翌々日にそれぞれの子供各人宛の手紙を書き、二〇日に改めて三人連名宛ての手紙を書いたものと思われる。これらは、年初に便船がなかったため送ることができず、いずれも後日にまとめて届けられたものと考えられる。このように、この後にも染筆《せんぴつ》した日付に間がなく内容も重複している手紙が多い。伝来している手紙からは、大坂から送った荷物や手紙が到着せず、途中で紛失している様子が知れることから、このような書き方となったのであろう。

最初の手紙　年頭賀詞から始まる島からの最初の手紙は、年末の最後の面会で満足した旨から始まり、前述のように壱岐島までの乗船と到着した村の様子、および記録帳の件を知らせている。さらに、簗瀬村の家にいた折に金壺にお金を入れて置いたようで、これを見つけたかどうか心配しているることも認めている。この金壺は、蔵の板敷き下の土中に埋めてあったようで、すぐに見えるのは空き壺で、お金が入っているのは二尺ばかり東の方にあり、火箸をついてみると入る所にあると知らせている。また、二階の押し入れの桁、棟木の間、二階の締棚、椀入れなどを見るように指示している。確かなあり所は覚えていない、とも述べていることから、日ごろ現金は家内のあちこちに分散して保管していたことがわかる。盗難に備えているると思われるが、隠した本人が覚えていないというのでは、残された家族には迷惑な話ではある。

それはさておき、商売についても心配であったようで、正月の棚卸しの状況を案じ、丹後・丹波への行商、大坂への布の販売や綛《かせ》の取り扱いなどの様子も知りたいと記している。また、絹の扱いはやめたらどうか、新規の商いや甘言を申す人を信用せず、これまでの商売に精出すようなど、細々したことも指示している。そして、注目される一言は、「とかくこの世にては、何方へ参り候ても、金でなければ光り申さ」ないので、兄弟三人が力を合わせて大切に商いをするようにと諭していることであろう。このような、一種の金銭至上主義的な考えが語られるのは、商人としての本音であったと思われる一方、後述のように、この考えは大きく揺らいで行くのである。

商いへの意欲　それはともあれ、壱岐島到着当初においては、息子たちへの指示・助言とともに、清八自身も入牢中に衰えた体力が回復したら「あきない致したく候」と述べ、「かや布少々ばかりは売り」たいと考えていたことが文面に認められていたのである。正月二〇日付けの手紙によれば、清八が売りさばこうと考えていたのは、この夏に布五〇反ほどの予定であり、さらに次のような品々を送るように依頼している。

晒……五六疋　紅嶋……一〇反ばかり　立よこかわ……二三反　糸紺……六反ばかり
生平《きびら》……三反ばかり　さつま……一〇反　越白・越……二ふんこ　蚊帳……三張
古蚊帳……二三張　柳行李……一　墨……一〇丁

これらは売り物として考えていたようであるが、この他にも自分でも使用するつもりであった思われる、すげ煙管《きせる》を上中下の色々五〇本、二文くらいの筆四〇本、矢立《やたて》一本を求めている。筆については、「かい所五条東とういん角」と指示しているところから、京都の特定の商店のものであったと思われる。

これより先の四日付けの手紙でも先の品々を上げているが、これらは大方は売りさばけると算段していたことがわかる。荷物の置き所には困ったようだが、いずれ馴染みができれば預かってもらう予定であったようである。

商いの予定　右に上げた商品は、四月より売り始める心づもりをしていた。清八が観察した限りでの近在の様子では、糸綿は冬には多く売れ、絞り小紋類、煙管、小間物類も少々ずつ売れると判断していた。

また、島の浜八か所は家作もよく豊かであると見ていた。二浜では鯨が年により二、三〇本も獲れるようであり、鰤《ぶり》を獲って大坂へ登せていることを知ったため、自分も「金もおけ」したなら、当暮れには返礼に送ろうと思うとまで認めている。とりわけ鯨に関しては、骨までも油を採っていること、大鯨は七、八百樽も油が採れると聞き、これもまた大坂で売られていることを記している。初めて知ったことに興味を抱いた様子が窺える。

もっとも、清八が商いすることを心懸けたのは、積極的な思いであったのではないようである。実際は山坂を歩いて商いをしなければならないことは、五〇歳に到ろうとしていた身には堪えると思っていた。しかし、「まい日あそんではいられ申さず」と思うからであって、慰みに二、三月は茶などを売ろうと考えたようである。それゆえ、五〇文ほどの小算盤を送るようにとも付け加えている。このように、壱岐島に到着した当初は、いずれ島内で商いすることの意欲は持っていたようである。

息子への諭し　清八が正月二日付けで認めた手紙は、三人の息子それぞれに宛てている。三男と思しき清五郎には、兄共に随分従って仲良くするようにと述べ、吉兵衛殿が酒屋をやめられるようであれば、兄たちと相談して買い取って商売したらどうかと勧めている。酒道具も売られるようであれば、これらも相談して買い取るように指示している。そして最後に、若いからといっても後生は大事であること、博打《ばくち》はしないよう得心せよと結んでいる。

次いで長男の久兵衛に対しては、

冬に京都で会ったときには病気のように見え心配している。きっと「ひつ」と思うが不届きな病である。お前も人の子をもらい、所帯も別になった大事な時に、このような病気に罹ったのは気の毒に思うが弟たちに対して恥ずかしくないか、この後も気を付けて親の跡を冷めないようにせよ。しかし、罹患したのは是非なきことなので、よく養生し、但馬《たじま》の湯へ行って病気の根を切るように。お前は子供の時に目の薬を飲み冷え性だと、かねてから案じていたので、薬を飲んで養生するように。

このように記した後、改めて一つ書《がき》で次のように教諭している。

お前は生まれ付き「ぶい（無異か）」なので人に騙されやすいため、随分心を配り、兄弟三人が相談のうえで何事もするように。また、三人とも博打はしないように。若いといっても後生は大事であるから、このことを心懸けておくように。これらは弥右衛門にも申し遣してある。一軒の家のように何事も致すように。また、年寄りのことだから、労って折々に訪ねるように。

二男の清次郎もまた、「ひつ」に罹っていたようで、冒頭で根が切れたかどうか知りたいと記している。そして、弥右衛門方へ引っ越すように言っていたが、このような時なので二、三年ではうまくいかないので、そのように心得ておくよう記している。清八は清次郎のことを期待していたようで、「其方は一器量これあり候とかねて存じ候、づい分心をしめ何かに思案致し、三人だんごう仕り、しそこないのなき用に仕るべく候」と記している。子供の将来を案じる父親の姿を行間から読み取ることができるのである。

島の暮らしと心模様

病を得る　今に伝わる清八の手紙は、いずれも年紀が記されていないため、正確な染筆年次を判断することに迷うものが少なくない。しかし、正月二〇日付けで猪田久兵衛・五兵衛に宛てた年頭賀詞を述べたものの追筆の中に、「先達て申し入れ候通り、丑五月より病気にて今に本ぷく仕らず候」とある。この丑年は、天明元年（一七八一）とみて間違いないことから、壱岐島に流されて二年後には病を得ていたことがわかる。この手紙では、段々良くはなってきているが痩せて力がなくなったと述べ、続いて「あきないやめ、めしたき・くい、あそびくらし居り申し候、あぢきなき御事にて御座候」と認め、また、「何分足つめ度候ゆえ、なんぎ致し候」と、寒さが堪えるようになったことを伝えている。商売を止めたことについては、晦日付けの手紙に「閏五月より」のことだとしている。また、二月八日付けの手紙に添えられていたと思われる「口上」では、三年ほどは暮らしていけるお金は残っているので、案じることはないとも知らせている。同時に、「我等帰参はあぶないものと存じ候、づい分いのちつなぎ候様に存じ候、またゑん候はば、あい申すべく候」と認めていた。
明らかに天明二年に到っては病のため体力が衰え、それにつれて気力が薄れてきている様子が窺えるのである。このうち気力が衰えた要因の一つは妻子が先立ったことであり、大きな精神的打撃を与えたと思われる。

二男の死と妻の死　これまで紹介してきた手紙の文面からも推測できるように、息子の久兵衛と清次郎は「ひつ」を患っていたようである。「ひつ」とは、疥癬《かいせん》・湿瘡《しっそう》、あるいは梅毒のことであるが、当時のことであるから、たんなる肌荒れであって必ずしもこの病に罹患していたとは限らないが、二人が清八より先に亡くなったのは事実であった。「永代忌日覚《えいたいきじつおぼえ》」（猪田清八家文書）によれば、清次郎は安永九年九月二〇日に二五歳で亡くなったようである。そうだとすれば、清八が壱岐島に着いた翌年のことであったことになる。しかし、二男の死をいつ知ったのかは、残された手紙からは判明しない。

また、手紙の断簡によれば、正月の祝状が来ないので案じていた折柄《おりから》、次左衛門・嘉介に届いた手紙を見て妻のおくらが病死したことを知ったようである。次左衛門は小川村、嘉介は山路《やまじ》村の者で、ともに壱岐島に流罪になった者たちであった。実家からの便りではなく、ともに流罪となった者に届いた手紙で妻の死を知ることとなった心境は、いかばかりであったろうか。後世の記録によれば、おくらが亡くなったのは天明三年（一七八三）正月二五日のことであった。

別の年未詳の手紙には、「おくら病気も長病にて候や、いかがわずらい申し候」か知らせるようにと述べているが、これは亡くなったことを知ってからのものであろう。というのは、三月二二日付けの手紙が四月二〇日に清八の元に届いた。それに対する返報に「おくらも病死仕り候と、ぜひもなき御事に御座候」と記している。そして、おくらがいなくなってしまい「他所へ出申し候にるす御座なく候てなんぎにおもひ候と存じ候」と、他国商いに支障が出ることを案じているが、精一杯の悲しみを抑えた表白のように感じられるのが哀れである。

久兵衛の死　右の返報には、おくらの死に関する記述に続けて、「よめは中能《なかよく》して居られ候や承りたく存じ候、子は御座なく候や」と尋ね、商売に関して指示を与えて「久兵衛状面は久しく参り申さず候、病気はいかが候や、いか様なるやまい」なのか知りたいとも記している。

先の手紙の断簡にも久兵衛の書付を久しく見ていないので、久兵衛・五兵衛の直筆の手紙を寄越すように伝えている。このような催促は、複数回出している。五兵衛は、おそらく三男清五郎のことであろう。右のよめと子供のことを尋ねているのは、五兵衛に対してのことかもしれない。天保二年(一八三二)起筆の「永代忌日覚」は「酉年の精八《(ママ)》　五十五才」が染筆し始めたようであるが、遡って五四年前の酉年は安永六年のことであることから、清八が流罪になった時には久兵衛に子供がいたことになるが、当時はまだ子供がなかったのは明らかである。

それはともあれ、父親が案じたように久兵衛は病弱であったのだろう、彼もまた母親に続くかのように翌天明四年に三二歳の生涯を閉じている。久兵衛の死についても、いつどのように知らされたのか、そしてその死をどのように受けとめたのか、彼の心情を語った手紙は伝えられていない。ただ、三月一六日付けの中川新次郎宛の手紙に、「其元《そもと》五兵衛方に居り申し候てせわ致しくれ候様に承り悦び申候、何かに気を付けかけそん（掛け損）なき様に慥《たし》かなる人ばかりに商い仕り、づい分勢出し申すべく候」と記している。中川新次郎がいかなる人物なのかは不明だが、簗瀬村において五兵衛たちの後見をしながら商売が続けられたことがわかる。

御赦免の期待　妻と二人の息子に先立たれた清八に、さらなる絶望感を与えたのは、流罪を許されて故郷へ帰るという願いが叶えられなかったことである。故郷において彦根藩に提出された赦免願いは、安永九年八月、天明元年六月、同二年四月、同七年五月と四度あったことが判明しているが、願いが聞き届けられて帰村が許されたのは、仕置申渡しから一七年後の寛政七年（一七九五）三月のことであり、その時には清八を含む三名はすでに病死していた。

おそらくは安永九年次の赦免願いが出された時と思われる手紙では、「彦根ねがいがき（願い書）うつしはいけん致し候、私共うんよく候はば、ひこね御との様御せわ下され候はば、当来年には帰参ある間敷ものにても御座なく候と存じ、たのしみくらし居り候」と書き寄越しており、楽観的な期待を抱いていた様子であった。

ところが、おくらが病死したことを知った後の二月一二日付け手紙では、「将軍の代替わりの機会以外では赦免されないのか、それともそれ以外でも可能なのか、一七、八年以前に赦免があったが、その後はない。このたびの触では帰参できないと思うが、聞き合わせて知らせて欲しい」と結んでいる。それに先立つ文中では、「帰参のことは其方でもわからないと思うが、彦根領での動きや変わった様子があれば知らせて欲しい」と述べ、また、「我々は当年来年のことと思っている」と、期待の程を伝えている。

黄泉路《よみじ》への旅

心境の変化　おくらの病死を知ってからは、「何事もぜんせ（前世）のがうにて候得ば、あきらめくらし居り申し候」と手紙に記し、自分の人生が前世からの因果応報によるものと諦めの心境に至っている様子が知れる。また、年時は不明だが五月四日付けで「つの国屋半兵衛・吉三郎」宛に出された手紙では、「帰参致しだん〳〵御せわ御礼申すべく存じ候所に、だん〳〵の病気、さだめて此嶋にて相はて候と存じ候、又々みらい極楽にて御意を得、万々御礼申すべく候」と、気弱な心模様と別離を告げる言葉が綴られている。

後生を願う　妻子が先立ち、流罪赦免の望みもなく、自らの長患いでは仲間の看病を受けるようになった清八は、四月二日付けの五兵衛に宛てた手紙に次のように思いを語っている。長くなるが紹介しておきたい。なお、扉写真はこの冒頭部分である。

　　物がたり書き申し候事

我等わかい時より何とぞ金もおけ《（金儲け）》たきをよく心故、人間は一心さだまり申さず候はでは
りしん《（立身）》なり申さず候と存じ、ちうや《（昼夜）》一心はりしんもとなりと心ゑてくらし申し候、その後子共沢山これあり候て、やうやうおとこ子三人せいじん致し、悦びくらし申し候内に、我等はか様のゑんと《（遠島）》おの身にあい成り、それゆへ子共三人の内弐人、みぢかき御やくそく故、相はて先参り仕り候事、ぜんしやう《（前生）》よりやくそくにては候えども、我等ごうふかき故なり、あきらめ申し候、さりとてははかなき此よ、ゆめのうきよ《（浮き世）》、金が有りてもしねばいらぬ物、我等爾今にては病気にて候えば、金有りながらやくにたち申さず候、ひとりくらせばぜひなく、くい物こしらへいたしなん義《（難儀）》御事に候

一、此上はみらい極楽参りさせ下され候あみだ様より外にたよりはなき御事と存じ、ちうやづい分如来様の御ぢひ《（慈悲）》称名悦び申し候、さりながら壱州国には法義と申し候事これなし、壱つも聞かれ候得る事とては一つなし、ただ御わさん《（和讃）》御文様《おふみさま》いただき、やうやうとおもひ出し〳〵称名悦び申し候

一、其方にはよきち者様方御出成られ、ありがたき教記《（教義）》にあい、よろこび申し候事申し参り候えば、うら山敷《（羨ましき）》ことと存じ候、さりながら御わさんに、金剛けんごの信心のはかりにて長く生

死をすてはてて、じねんの浄土にいたらしむ、又金剛けんごの信心のさだまる時をまちゑても、みだの心光せつにしてなかなか生死をへだける、と御わさんにかきおかれ候えば、何分金剛心下され候えと申し候えども、口には申せども心しんには何分金剛の信心おこり申さず候故、かなしみ申し候御事
さりながら、如来大ひ《（大悲）》御ぢひにてか様のいたづら物を如来の御ぐわん力にて御たすけ下されつる事のありがたさよと悦び申し候、何とぞ〳〵如来だいひの御ぢひにて極楽参りさせ下され候て、久兵衛にも清治郎にも又々親たち一門中にも極楽にてたいめんいたし、共に悦び申し候是より外はたよりも力もなく、ただあみだ様御ぢひありがたや、称名よろこび申し候、命長らゑ候はば、ありがたき事たよりに御申越し成らるべく候

最後の言葉

清八が流罪になる直前に御和讃を送るように伝えていたことは、前述した。浄土真宗の門徒として、彼もまた他の近江人のように信心深かったことがわかる。とはいえ、金剛堅固の信心にまで到らないことに苦悩していた。それは、壱岐島では真宗僧侶から法義を聞くことができる環境になかったことにも原因はあったと推測できる。五月四日付けの五兵衛に宛てた手紙は、おそらく天明五年のものと思われるが、これが最後のものであっただろう。そこには、

何分、其方づい分〳〵長命にて先参り申候もののめい日にても仕り候が第一の御事なり、金は此よのたから、命なければいらぬもの、づい分むまこ《（美味き）》物をくい、身たいせつに仕るべく候

と記している。

彼にとって、金はこの世の宝だと思い商売に精出すことが働くことの動機付けであった。そのような考えは、壱岐島に流罪となった当初でも中心的な考えであったことが、息子たちへの手紙の文面に窺うことができる。しかし、このような金銭至上主義的な考えは命があってのことであり、人生にとって重要な価値を持つことではないことを自覚するようになる。人間にとって大切なことは何よりも健康であり、そのうえで阿弥陀如来にすがって極楽浄土に往生させてもらうことなのだと悟ったのである。

おわりに

清八が、恐らく仲間に看取られながら布気村の宇八家で波乱の一生を終えたのは、天明五年五月一一日だったと伝えられている。病を得てからは、宇八家で介護を受ける六年五か月にわたる孤独と悲しみに満ちた晩年であった。彼がたどり着いた旅路の果ては、先立った妻子の待つ浄土だった。

それから一三〇年ほど後、明治三五年（一九〇二）一一月二二日、清八の末裔俊之助は先祖の足跡を訪ねて壱岐島を訪れた。しかし、島に所在する寺には過去帳もなく、ただ清八が末期を迎えた宇八家は判明した。俊之助はその屋敷を涙にむせびながら再三再四伏し拝したと、島からの手紙に記している。

このように、清八は決して典型的な近江商人であったとはいえないが、持ち下り商いに従事していたという意味では、近江商人であったとはいえる。それゆえ、これまでのように商売をするうえで利益至上主義を誡めることが近江商人の利益観だととらえることは、それ自体は誤りではないと考えるが、一方で清八のような考えもまた、創業・営業の精神の一つであると正当に評価する必要があろう。そのうえで、末期の悟りに到る心境の変化を読み解くことが求められよう。

また、近江商人と強い宗教心との関係が斯学《しがく》では強調されるが、それらは主に店法《たなほう》規定などを用いた傍証が多かったことを想起するならば、清八が末期を迎えようとしてなお心の動揺を記す手紙を残したことは貴重であり、いたずらに生涯の信仰心を強調することは皮相的《ひそうてき》な理解だということを示している。法義に触れ得る機会・環境の有無を考慮する必要があるといえよう。

ともあれ、成功者の事例を中心に築きあげてきた近江商人の歴史は、清八のような波瀾万丈《はらんばんじょう》な人生を送った者や経営破綻《はたん》に陥った商人の事例を付け加えることによって、新たな全体像を描き出すことができるのは間違いないだろう。

〔参考文献〕

宇佐美英機「近江商人中井家の家訓・店則にみる「立身」と「出世」」（『彦根論叢』三一七、一九九九年）
同「「近江商人」の家訓・店則にみる「立身」と「出世」」（『経済史研究』五、二〇〇一年）
同「商家奉公人の「立身」と「出世」」（宇佐美英機・藪田貫編『都市の身分願望』吉川弘文館、二〇一〇年）
愛知川町史編集委員会『近江　愛知川の歴史　第二巻　近世・近現代編』第三章第三節「愛知川河原争論（大木祥太郎執筆）」（愛荘町、二〇一〇年）
五個荘町史編さん委員会『五個荘町史　第三巻　史料Ⅰ』所収「猪田清八遠嶋一件」（五個荘町、一九九二年）
五個荘町史編さん委員会『五個荘町史　第二巻　近世・近現代』第三章第一節「山野をめぐる動向」・第六章第六節「一商人の軌跡（宇佐美英機執筆）」（五個荘町、一九九四年）
東近江市教育委員会『能登川地区古文書調査報告書13』（東近江市、二〇〇九年）
東近江市史　能登川の歴史編集委員会『東近江市史　能登川の歴史　第四巻　資料・民俗編』第三章第二節「山林と水」（東近江市、二〇一二年）
東近江市史　能登川の歴史編集委員会『東近江市史　能登川の歴史　第二巻　中世・近世編』第五章第二節「山林と水（東幸代執筆）」（東近江市、二〇一三年）
日野町史編さん委員会『近江日野の歴史　第七巻　日野商人編』（日野町、二〇一二年）

近江日野商人正野玄三家と日野売薬の展開

本村 希代

初代正野玄三肖像（日野町教育委員会提供）

はじめに

近江は富山や大和とならぶ売薬産地として知られる。しかし近江売薬には有川《ありかわ》売薬、甲賀《こうか》売薬、日野《ひの》売薬の三つの流れがあるとされる〔上村―一九五二〕。

有川売薬とは中山道鳥居本《とりいもと》宿（滋賀県彦根市）にて有川市郎兵衛《ありかわいちろうべえ》家が製造販売した赤玉神教丸《あかだましんきょうがん》のことである〔宇佐美―一九九七〕。近世期、街道が数多く交錯する近江国においては、有川家の赤玉神教丸の他、中山道柏原宿（滋賀県米原市）の伊吹もぐさ、東海道と中山道が分岐・合流する草津宿に近い梅木村（滋賀県栗東市）の和中散《わちゅうさん》など、店舗販売による売薬が往還の人々の間で評判を呼び名物となっていた。一方、甲賀売薬は元は信仰と結び付いた売薬であり、近江国多賀大社（滋賀県犬上郡多賀町）不動院所属の薬僧によって配札とともに土産物として全国へ持回られた神教はら薬、および伊勢国朝熊岳《あさまたけ》（三重県伊勢市）明宝院所属の薬僧による朝熊の万金丹《まんきんたん》などを起源とするものである。これらは明治期（一八六八～一九一二）に配札が禁止されると、配札先をそのまま売薬配置先へと置き換え、信仰とは切り離された売薬行商へと転じていった〔柚庄―一九七五〕。そして日野売薬は元禄期（一六八八～一七〇四）に近江国蒲生郡《がもうぐん》日野（滋賀県蒲生郡日野町）の初代正野《しょうの》玄三《げんぞう》により製造販売された売薬が、日野商人をはじめとする近江商人たちの取扱商品となり、その販売網によって全国へ広まったことをはじまりとする。

このように近江売薬は、街道沿い店舗で販売される売薬が名物化したもの、信仰と結び付き土産物として配布されたもの、近江商人による持下り品が広まったものがある。一般に近世期の売薬は、富山売薬のように領主の保護の下、行商によって全国へ売広められるものと考えられがちだが、近江売薬の場合は多様な形態をなしており、必ずしもそれに該当しない。そこで本稿では近江売薬の中でも日野売薬に注目し、その起源を探るべく、初代正野玄三が売薬業（売薬の製造・販売）を開始し、同事業を家業として位置付ける過程を追うことにする。そして売薬が日野の産業として根付いていく様子を近江商人、とりわけ日野商人（近江日野商人）との関係から言及していく。

近江日野商人正野玄三家

正野家の系譜と日野の概観　日野売薬のはじまりは、初代正野玄三が近江国蒲生郡日野にて売薬業を開始したことがきっかけとされる。初代玄三が正徳四年（一七一四）につくった家伝薬、神農《しんのう》感応丸《かんのうがん》は、諸病に特効ありとして世に広まり、のちに「万病」の二字を付して、万病感応丸《まんびょうかんのうがん》と呼ばれるようになった（写真－1）。なお正野家は、日野にて製茶業を営み、後奈良天皇へ茶を献上、天文三年（一五三四）に正六位下となった玄友を祖としている。この玄友を正野家一世とし、二世宗徳・三世友斎・四世宗悦・五世丸右衛門を経て、初代玄三の父源左衛門《げんざえもん》（教泉）は正野家六世に

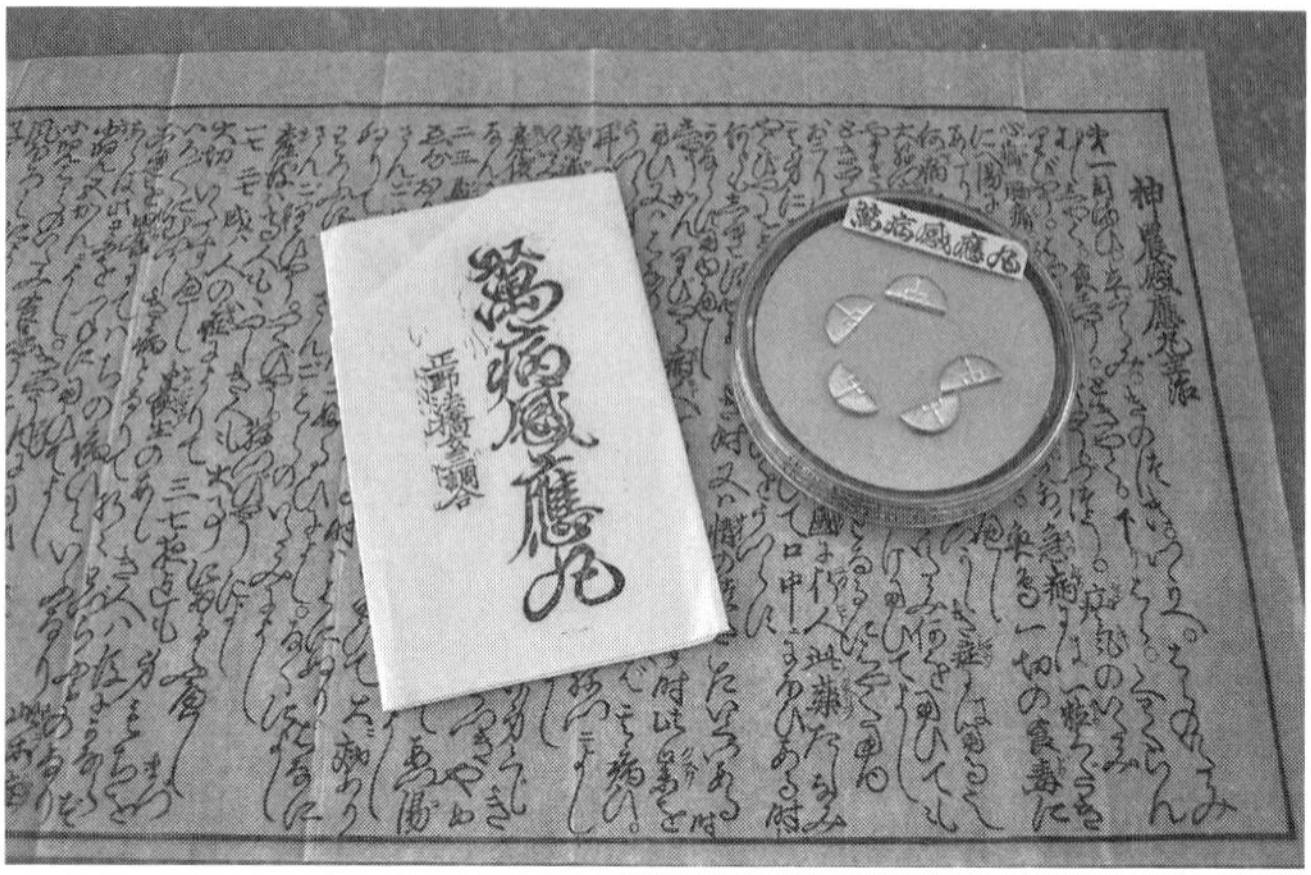

写真－1　万病感応丸（日野町教育委員会提供）

相当した。なお三世友斎までは毎年禁裏へ献茶を行っていたが、四世宗悦は大坂で眼科医を営んでいたと伝えられる。初代玄三は、万治二年（一六五九）、正野家の第三子として源左衛門とシホの間に生まれた。幼名を万四郎《まんしろう》という（「系譜帖　全」、個人蔵）。

一方日野は、中世より日野市《ひのいち》が存在し、蒲生氏の城下町時代には商工業者の集住・保護政策が実施され、さらに商業振興が進んだ。織田信長が安土城下へ出した楽市令を受け、天正一〇年（一五八二）には日野でも楽市を奨励するなどしている（滋賀県日野町教育会―一九八六a）。しかし蒲生氏郷の松坂・会津転封により、日野の城下町としての活況は失われてしまう。それゆえ活路を見出そうと奮起し、行商を始める者が多く出た。またその後の交錯した所領関係も、地域における領主支配を及びにくくし、移動を伴う商業活動を後押しすることになった。これらが日野商人を多く輩出する要因となった〔藤田―一九九二〕。

初代玄三の独立行商への決意　初代玄三は一八歳となった延宝四年（一六七六）より、兄丸右衛門と共に越後《えちご》（新潟県）方面で行商をはじめ、日野商人として歩みだすことになった。そして貞享元年（一六八四）、二六歳の時、ついに独り立ちする。独立行商を開始するにあたり、初代玄三は自身への誓いを立てている（「覚」／「毎年惣勘定仕上帳」、『近江日野の歴史』七　CD-ROM）。

その内容は、たとえ親類縁者からの借入金であっても甘えるようなことはせず、返済につとめるとし、多額の損金を出した場合は、独立行商を廃止して、一生奉公人として働くというものである。また純資産が百両になるまでは手代を雇用せず、将来的に裕福になったとしても、純資産の一〇％を越えるような家普請は行わないと決意した。そして毎年一二月には惣勘定を行い、経営動向を再確認すると自らに義務づけている。初代玄三の独立行商への意気込みがうかがえよう。

なお初代玄三による行商は、主に京都・大坂・堺で仕入れた木綿・古手類の衣料品を、信濃《しなの》上田（長野県上田市）や越後新発田《しばた》・五泉《ごせん》・新潟・燕《つばめ》・島崎・今町・出雲崎《いずもざき》・柏崎・高田・与板・長岡・塩沢で売り捌き、その後、金引《かなびき》・縮《ちぢみ》・たばこなどの商品を仕入れて上方へ戻るというものであった。そして純資産も順調に増加していく。ただしこの行商期は助走期間にすぎなかった。その後、売薬業経営へ転じると、純資産は表―1の通り飛躍的にのびていくことになる。

売薬業への転身　初代玄三は元禄六年（一六九三）、突如として京都の医師名古屋《なごや》丹水《たんすい》の下へ医薬修業に入る。なぜ医薬の道へ進もうとしたのか詳細は不明であるが、母シホの病気を治療した名古屋丹水に感銘を受け、また正野家四世宗悦は眼科医を営んでいた経緯もあることから、自らも医薬業へ進もうとしたようである。この時すでに初代玄三は三五歳であった。元禄二年に妻ヨツ（町田助左衛門娘）を迎え、元禄五年には長女キヨも誕生していた（「序稀齢帖」、『近江日野町志』巻下）。そして京都での修業を終え、日野にて売薬業を開始したのは元禄一四年、四三歳の時とされる。翌元禄一五年には薬部屋を自家に設け、本格的にその経営へ乗り出した。

純資産は宝永二年（一七〇五）にはじめて千両台の一一九八両となり、そのわずか二年後の宝永四年には二千両間近の一九四四両にまで増

表−1　純資産の推移

年		金（両）
貞享元	1684	32
貞享2	1685	83
貞享3	1686	126
貞享4	1687	118
元禄元	1688	139
元禄2	1689	229
元禄3	1690	309
元禄4	1691	448
元禄5	1692	530
元禄6	1693	593
元禄7	1694	613
元禄8	1695	615
元禄9	1696	678
元禄10	1697	720
元禄11	1698	733
元禄12	1699	722
元禄13	1700	693
元禄14	1701	694
元禄15	1702	652
元禄16	1703	640
宝永元	1704	833
宝永2	1705	1,198
宝永3	1706	1,477
宝永4	1707	1,944
宝永5	1708	−
宝永6	1709	−
宝永7	1710	2,254
正徳元	1711	2,441
正徳2	1712	3,132
正徳3	1713	−
正徳4	1714	4,903
正徳5	1715	6,126
享保元	1716	7,551
享保2	1717	8,896
享保3	1718	5,042
享保4	1719	5,634
享保5	1720	6,527
享保6	1721	6,755
享保7	1722	6,400
享保8	1723	7,180
享保9	1724	7,900
享保10	1725	8,271
享保11	1726	7,430
享保12	1727	7,580
享保13	1728	8,119

出典:「毎年惣勘定仕上帳」（正野玄三家文書、日野町教育委員会寄託）

注＊1：貞享２年は兄丸右衛門からの「御譲り金」20両を含む。

＊2：宝永５・６年、正徳３年は惣勘定が実施されなかったため、純資産の記載はない。

＊3：享保４年からは正徳の改鋳に伴う新金銀通用令により、武蔵小判（正徳金）で金換算が行われている。

加、その後もさらなる飛躍を見せた。三五歳にして医薬修業に入る初代玄三は、かなり大胆な性格と考えられる。しかし売薬業への転身は自身に好調な経営をもたらしており、その行動力や決断力は、才覚であるとも判断できよう。

さて初代玄三へ売薬業経営邁進をうながしたものに、宝永二年の法橋《ほっきょう》叙位があった。初代玄三が法橋叙位にいたった経緯はよくわからないが、宝永三年には、「法橋家之医業ニ不相応ナルユへニフカク是《これ》ヲ戒ムル也」として、米・油・干鰯《ほしか》などの相場取引は、今後行わないことを決意している。相場取引は、必ずしも良い結果を生み出すとは限らず、損失も大きい。法橋という位階を得た以上、そのような危険な行為はすべきではないと自らを律したのである。さらにこの法橋意識は、宝永五年、初代玄三が五〇歳で記した「正野家訓」(「正野家訓」、『近江日野の歴史』七 CD-ROM)によって、より明確となる。

家訓の制定　「正野家訓」は家訓と題されているが、実際のところ家訓に相当するのは四月二一日付の全一二か条からなる前半部分のみで、後半部分の「定」は、自己の失敗へ対する反省となっている。まず前半部分の全一二か条を見てみよう。

第一条では正直をもって商売を行うこと、第二・三・四条では資金を調達するにあたっての注意事項が述べられている。親類縁者からの借入金に対する甘えを極力禁じており、このことは初代玄三が独立行商を開始した際に立てた誓いにも通じる。そして第五・七条では相場取引の禁止を掲げ、

第六条では売薬業への精勤を説いている。本道から外れた相場取引に対して警告を発し、家業である調合薬に励むことが唯一の道であるとしている。

第八・九条は大きく墨線で抹消されている。第八条は米の買置き、第九条は大名貸についてふれている。ただし共に危険性を含んだ取引であるにもかかわらず、身代の二〇%を越える出資を規制しているのみで、完全な禁止項目とはなっていない。第五・六・七条と比較すると、第八・九条は首尾一貫性を欠く内容といえる。

この矛盾について、まず米の買置きに関しては、「利得之訳ニて無之《これなく》候」とあり、投機目的ではないので構わないとしている。至急金銭が必要な時は米を売却すれば現金化も可能であり、「自由ヲ達シ中故ニ許之者也《これをゆるすものなり》」と、相場取引とは異なることが強調されている。一方、大名貸に関しては、やや危険視している感がある。程度をわきまえず、利益に目がくらみ、大名貸に没頭したことから、身を滅ぼしてしまった者が、当時多数存在したことについて言及している。第九条の最後には「一夜ノ天災ヲ不知《しらず》、後ニ悔ル事必然ノ事」と記しており、大名貸のリスクの大きさを初代玄三は十分に理解していたことがわかる。

そして第一〇条では口入貸付に際し、貸し借りの相手を正確に把握すべきであるとの留意、第一一条では質素倹約を旨とした父教泉（源左衛門）の遺言厳守をうながす内容が続く。その上で初代玄三は、一万両の身代となるまではこの一一か条を守るべきであるとし、正直に渡世を送り、心を養うことが何より肝要だとした。最後の第一二条は、法橋としてあるまじき行動はどんな些細なことであってもすべきではないと締めくくっている。

投機行動と家業意識との葛藤　この全一二か条において、一万両の身代が意識されていることは注目に値する。売薬業を開始して以降、純資産は急激に増しており、その自信のほどが一万両という文言にあらわれたといえよう。第六条には「家ノ業ハ調合薬也」とあり、純資産増加を可能とした売薬業への家業意識も大きく取り上げられている。

しかし法橋としての自覚を持ちつつ、売薬業につとめるべきことが大事だと誓いながらも、第八・九条からは、損失を被る危険性を含んだ取引と決別できない初代玄三の危うさが見え隠れする。実はこのことが、後に大事件を招くことになった。家訓の後半部分を見てみる。

宝永五年（一七〇八）一〇月二八日付の「定」は、自らが警告を発していた相場取引により、大失態したことへの反省が記されている。初代玄三は四一五〇両を米相場につぎ込んだが、予想は外れ、四四三両二分の損失を出した。宝永四年の純資産が二千両間近であったことを考えると、相当無理な投機である。突然の医薬修業開始に見られる初代玄三の大胆さは、時として負の方向へ向かう可能性をはらんでいたことがわかる。

むろん初代玄三もこの損失にはさすがに生きた心地がしなかったようである。相場取引についでは、「今日限リ也」としている。また今後は金銀の貸付も不必要には行わず蔵に貯え、子供相手でも勝負事はせず、とにかく「只《ただ》御薬ト医業トヲ難有《ありがたく》一生相守ル事也」と家業専一を説いている。好調な売薬業経営の裏に、法橋意識を自身に根付かせることで、家業を順守しようと葛藤する初代玄三の姿が見出せる。

家伝薬の調合　初代玄三は自身の調合した売薬に関して、原料となった薬種およびその分量、製法などを元禄一六年（一七〇三）より「永代調合帳」に書きとめている（「元禄十六癸未歳永代調合帳」、正野玄三家文書、日野町教育委員会寄託）。この帳簿には何枚もの付箋が貼り付けられており、初代玄三が日々工夫を重ねて製薬作業を行っていたことが見て取れる。ただし和中散や豊心丹《ほうしんたん》、解毒丸《げどくがん》など世間に名の知れた売薬に関しては「調合無用也」としている。その理由は人々から「玄三似《に》セヲする」と評されることを嫌ったためであった。また金勝丸という売薬は家伝薬であるにもかかわらず、「調合無用也」としている。それは「玄三一代工夫仕《つかまつりて》而終《つい》ニ合点不参《がてんまいらず》」からであり、調合するとかえって「罪ヲ蒙」るという。他にも九味清脾湯《くみせいひとう》は要望があれば調合するが「売物ニハ必ス無用」、黄胖丸《おうはんがん》も「罪ヲ請ケ可申《もうすべき》薬也」としている。売薬は人命に関わることを意識していたことがわかる。

なお金勝丸はその名前のみが「永代調合帳」に記載されている。原料となる薬種を一部書きかけた跡があるが、それは墨で塗りつぶされており、製法などの詳細はうかがい知れない。同様に正徳四年につくったとされる家伝薬万病感応丸も、初代玄三自身が記した「永代調合帳」に記載がない。

これについては家伝薬の特殊性が関係していよう。後年になるが、正野家の日々の出来事を記した嘉永三年（一八五〇）八月起筆の「日用記」から売薬の製造工程を追ってみると、万病感応丸の製薬作業に関わっているのは、当主と別家を許された上層の従業員だけであった（「日用記」、正野玄三家文書）。家伝薬の製法はごく一部の者だけが知り得るものであり、情報が外部へもれないよう秘密保持が正野家の中で徹底されていた。明治三五年（一九〇二）一月の正野家「家則」にも「製薬調合ノ薬味并ニ製法等、他人傍輩ハ勿論親子タルトモ一切申聞ケ間敷候」と規定している（「家訓」、正野玄三家文書）。このようにして正野家独自の家伝薬を固持することでブランド価値および信用を維持していたといえる。

資産譲渡　初代玄三は享保一八年（一七三三）に享年七五でその生涯を閉じた。その前年の享保一七年二月二五日には、自身の子供たちへ資産を譲渡している（「惣指引留帳」、正野玄三家文書）。長男である名古屋伯由へは持屋敷四か所・家質九か所の不動産合計一三か所が譲られている。初代玄三は医薬修業を終えてからも、師である名古屋丹水との関係を保っていたようで、長男は丹水の養子となり、享保一二年三月に名古屋の家を相続した（「系譜帖　全」、個人蔵）。そのため家業を継ぐことになったのは次男猪之五郎《いのごろう》（後の二代玄三）であった。猪之五郎へは売薬業全般に関わるものが譲られている。伯由は金二二五八両一分・銀五匁、猪之五郎は金二〇五三両三分・銀一匁四分に相当する資産を譲り受けた。

また初代玄三は貸付金や買置きの品物など合計金四七二八両・銀四匁三分の資産運用を、伯由・猪之五郎の両名へ任せている。これらは殿様御用・合力・奉賀・変事などに向けた非常用資産である。この非常用資産と、伯由・猪之五郎へのそれぞれ譲渡分を合計すると、九千両余となる。初代玄三は行商からスタートし、立身への強い決意とその才覚から、一代でこの資産を築き上げたことになる。

なお正野玄三家では、四代玄三が明和四年（一七六七）、五代玄三が文化八年（一八一一）に、それぞれ法橋となっている〔滋賀県日野町教育会―一九八六c〕。初代玄三の法橋意識は家業専一への意識、さらには家の永続へとつながっていたのである。

日野売薬の展開

日野椀から売薬へ　さて日野商人が持下り商いを展開するにあたり主要取扱商品としていたのは、もともとは日野椀であった。これは城下町時代の日野において、軍需品である鉄砲や鞍の生産がさかんに行われたことに関係する。特に鉄砲は、関ヶ原の合戦や大坂の陣において徳川方へ提供されたという経緯がある。しかし鉄砲や鞍は、戦乱の世においては必要不可欠なものであったが、社会が安定すると次第にその生産は減少していく。かわって近世期の日野の特産となったものが、日野椀であった。日野椀生産には漆器の技術が必要となるが、これには鞍の生産技術が転換されたと考えられる〔滋賀県市町村沿革史編さん委員会―一九六四〕。

しかし日野椀はかさ張る商品であった。それに対し、売薬は小さく手軽である。なお初代玄三には栗田三郎兵衛、石井加兵衛、芳賀孫兵衛の三名の手代がおり、それぞれ他国行商を展開していた。元禄期（一六八八～一七〇四）は衣類や椀類が中心であったが、宝永期（一七〇四～一七一一）に入り初代玄三の売薬業が本格化すると、手代たちの売薬取扱いは増加していった〔西川―一九五九〕。そして売薬は日野商人の注目を集めるところとなり、全国各地へと売広められたと考えられる。全国に多くの出店を設けることになる日野商人中井源左衛門家の初代が、享保一九年（一七三四）に初めて関東行商へ出かけた際に持下った商品はまさに売薬であった〔上村雅洋―二〇一四〕。さらにこの売薬需要が日野の売薬業者の増加をうながすことになり、売薬は日野の新たな産業となっていくのである。

一方、日野椀生産は衰退に向かう。明暦期（一六五五～一六五八）に二百軒近くあった塗師の数は、天明期（一七八一～一七八九）になると七〇軒ほどにまで減少する〔滋賀県日野町教育会編―一九八六b〕。

合薬仲間の結成　さて売薬業者が増加したことで、仲間もつくられた。寛保三年（一七四三）四月、日野大窪町・村井町の合薬屋一〇二名が連名し、合薬仲間の法式（「合薬仲間御請書写　調合人数書」、正野玄三家文書、『近江日野の歴史』八　CD-ROM）を水口藩郡奉行へ提出している。合薬とは、「あわせぐすり」や「あいぐすり」といい、数種類の薬種を調合した薬、つまり売薬のことである。この合薬仲間については、元文六年（一七四一）の段階ですでに結成されていた。仲間の人数などはわからないが、元文六年につくられた法度では、近年、売薬業がさかんになったことで、仲間以外の新規商人たちまでが他国へ進出しだした影響について述べられている。新規商人の参入により、売薬の値段が下がり気味になるなど、このままでは掛け値に影響が出て、今後の商売全体への影響が懸念されるという。そこで新規商人へは、従来の仲間から十分注意をうながしたうえで、商圏を荒らさないよう互いに気を付けるべきだとしている（「薬商人仲間法度」、正野玄三家文書、『近江日野の歴史』八　CD-ROM）。

そして一〇二名が連名した寛保三年の法式では、さらに細かな規定が書き加えられた。第一・二条では、売薬はほかの商品と異なり、人命にも関わるものであるため、決して誤りがないよう、その製法や取扱いには念を入れるようにとしている。また第三〜五条では、他国にて売薬を売広める際にも、きまりを守るようにとの留意がうながされている。そのうえで、毎年一月二六日に仲間で会合を開き、これらの掟書を当番より一枚ずつ渡し、決して間違いが起こらないように、その内容を再確認するとした。人命に影響を与えるという売薬の特性ゆえ、個々の売薬業者のあり方次第で、日野の売薬業全体の信用へも影響を及ぼしかねない。そのためにも意識向上が求められていたといえる。

なお日野における売薬業者の増加は、享保期（一七一六～一七三六）以降に医療知識や技術が普及したことにも関係していよう。元禄期（一六八八～一七〇四）以降の疫病流行を受け、徳川吉宗の享保改革下においては、薬園の整備が進み、人参・薬草栽培が奨励され、さらには売薬の普及・拡大が目指されたのである〔大石―一九九二〕。その結果、医薬業への関心が全国的に高まっていた。日野商人たちはこれらの動向を察知し、売薬業への進出を試みたといえる。

取次での店頭販売　ではこのように増加した日野の売薬業者はどのようにして販路を広げたのであろうか。まず正野家の場合を見てみる。天保二年（一八三一）四月に万病感応丸売広めを正野家へ申し込んだ、京都麩屋《ふや》町六角《ろっかく》上ル（京都市）の呉服商近江屋与兵衛の願書には次のように記されている（「乍恐以紙面御願奉申上候」、正野玄三家文書、『近江日野町の歴史』八　CD-ROM）。

近江屋与兵衛が万病感応丸を知ったきっかけは、信濃から越後へ向かう旅先で急病に苦しんでいたところを、同道の大坂商人が持ち合わせていた万病感応丸によって、自身の命を救われたことによる。そして万病感応丸の効能に感銘を受けた近江屋与兵衛は、すぐさま親しくしている信濃国善光寺《ぜんこうじ》（長野県長野市）の小升屋長吉から万病感応丸を入手した。しかしすぐにのみきってしまい、以後は自家に近い正野家取次から万病感応丸を一服ずつ購入するようになった。このことから正野家の売薬は、富山売薬のような行商による配置薬方式をとらず、各地の商人を取次とする、店頭販売方式によって販売されていたことがわかる。

そこでこの取次の仕組みを、安政二年（一八五五）に万病感応丸売広めを正野家より認められた日野の伝十郎を事例に検討してみる（「差入申一札之事」、正野玄三家文書、『近江日野の歴史』八）。

伝十郎は自ら越後への万病感応丸売広めを申し出て、正野家の取次となった。取次を引き受けるにあたっては、代金決済に遅れないこと、偽薬や紛らわしい商品は絶対に取扱わないこと、得意が増えた際には必ず正野家へ相談することを約束している。このことから万病感応丸を実際に小売していたのは伝十郎の得意であり、正野家側からは二次取次となる商人たちであったことがわかる。伝十郎は越後長岡の山口屋清左衛門をはじめ、合計一八軒の得意を有していた。そして伝十郎自身は一次取次、つまり卸売商として機能した。正野家の売薬販売網は、正野家を主軸にして取次が各地へと分岐することで、広域的な展開を可能としていたのである。

写真－2　取次所看板
（日野町教育委員会提供）

そして正野家の取次として認められると、「江州《ごうしゅう》日野正野法橋玄三」製の売薬を取扱う取次所である旨を記した看板が掲げられることになる（写真－2）。

なお正野家がこのように自家製売薬を店舗販売していた要因には、他国に出店を構えるという日野商人、広くは近江商人の経営特質が大きく関係している。近江商人はリスク回避のため多業種経営を行うが、売薬の店舗販売は、その手段の一つとして受け入れられていたといえる。正野家の取次は、近江商人の輩出地や、近江商人の出店展開先に多く見られる（「諸方看板［　］」、正野玄三家文書）。正野家の全国的な売薬販売網は、他国稼商人である近江商人のネットワークによりもたらされていたのである。

在方の売薬商　ただしすべての売薬業者が正野家のように製造卸商として機能し、自家製売薬を他国にて店舗販売していたわけではない。自家で売薬を製造しながら他家製売薬を同時に販売する者もいれば、先に見た伝十郎のように販売のみに関与する者もいる。日野商人として売薬を他国へ持下ることは共通しているが、売薬の製造規模や販売方法はさまざまである。

蒲生郡木津《きづ》村（滋賀県蒲生郡日野町）の岡徳右衛門《おかとくよもん》家の場合、下痢や腹痛に効く如神丸《にょしんがん》を家伝薬として自家で製造していたが、ほかに他家製売薬を含めた約三〇種類を、常陸《ひたち》（茨城県）・下総《しもうさ》（茨城県・千葉県）・上総《かずさ》（千葉県）・安房《あわ》（千葉県）などで行商していた。ちなみに行商は家族のみで展開する小規模なものであった〔日野町史編さん委員会 二〇一二〕。

それに対し、同じく関東行商を展開していた売薬業者に小児薬王感応丸《しょうにやくおうかんのうがん》を家伝薬とする蒲生郡《がもうぐん》仁《に》正寺《しょうじ》村（滋賀県蒲生郡日野町）の藤岡五兵衛《ふじおかごへえ》家がある。藤岡家では奉公人を売り子として行商を行っていた。なお藤岡家は行商だけでなく京都にて取次による店舗販売を行っており、さらに時期は不明であるが、公卿である山井家《やまのい》へ御用薬を調達するようにもなる。そして山井家からはその功績を評価され、文政一三年（一八三〇）二月に、藤岡家製売薬の看板や効能書きへの山井家菊御紋使用を認められる〔日野町史編さん委員会―二〇一二〕。

また御代参街道鎌掛宿《ごだいさんかいどうかいがけ》（滋賀県蒲生郡日野町）の薬屋利左衛門の場合、自家製売薬については不明であるが、大坂の小山忠兵衛家の家伝薬を北国筋などで販売していた。ただし途中から偽薬を販売していたことが露見してしまったため、文政一一年に小山家へ詫びを入れている（「一札」、『近江日野の歴史』八　CD-ROM）。

偽薬への対応　なお偽薬の存在については、売薬業者、特に売薬製造に従事する者にとって深刻な問題であった。それは先に見た合薬仲間の法式の通り、売薬は人命に関わるためである。しかし偽薬へ手を出すものは後を絶たなかった。正野家の万病感応丸売広めを認められた伝十郎も実はその一人であった。

万病感応丸と同製同銘の偽薬を販売していたことが発覚した際、伝十郎は正野家へ詫びを入れた。そして正野家では偽薬に関わる看板や版木などすべてを没収している（「差入申一札之事」、正野玄三家文書、『近江日野の歴史』八　CD-ROM）。正野家自らが製造していない売薬であっても、誤解を招くようなことは、自家の信用問題にも関わるがゆえ、絶対に排除しなければならなかった。間違いが起こってからでは、取り返しがつかなくなってしまうためである。しかし製造元がいくら厳しく目を光らせても、偽薬を排除できないところを見ると、それだけ売薬は利益の見込める商品であったことがうかがえよう。偽薬の場合、取扱うリスクも大きいが、利益にはそれ以上の魅力があったと考えられる。

おわりに

近江商人は在地に拠点をおきながら他国稼ぎを行い、全国各地へとその販路を拡大させた。しかし日野商人は八幡《はちまん》商人や五個荘《ごかしょう》商人といった他の近江商人と異なり、流通機能を有していただけでなく、出店において酒造業を営むなど、製造業にも従事していたという特徴がある〔上村―二〇一四〕。これは日野が蒲生氏の城下町であったことに由来していると考えられる。鉄砲などの軍需品生産をはじめ、漆器類など様々なものが日野を中心につくられていた。その後、蒲生氏の松坂・会津転封をきっかけに日野商人は他国へ展開していくことになるが、その際、商業活動と同時に出店にて製造業を営むことは、何ら特別なことではなかったといえる。彼らのモノづくりの技術伝承は、いわば国土の一部であろう。八幡商人や五個荘商人も同じように他国稼ぎを行っていたが、繊維関係の取り扱いが中心であり、製造業を営んでいる事例はほぼ見いだせない。

そして日野では日野椀に変わり、売薬が地域の産業として新たに根付いた。これは全国的な医薬業への関心もさることながら、日野という地域において製造業を育てる土壌があったこと、さらに出来上がった売薬を日野商人が持下り、全国へ販路を広げることが可能であったこと、この二つによって成立し得たといえる。

〔参考文献〕

上村惠一「近江売薬の起源」（『滋賀農大農経教室彙報』三、一九五一年）
上村雅洋『近江日野商人の経営史―近江から関東へ―』（清文堂、二〇一四年）
宇佐美英機「近世薬舗の『商標・商号権』保護」（『滋賀大学経済学部附属史料館研究紀要』三〇、一九九七年）
大石学「日本近世国家の薬草政策―享保改革期を中心に―」（『歴史学研究』六三九、一九九二年）
滋賀県市町村沿革史編さん委員会編『滋賀県市町村沿革史』三（滋賀県市町村沿革史編さん委員会、一九六四年）
滋賀県日野町教育会編『近江日野町志』巻上（臨川書店、一九八六年a／復刻版）
同『近江日野町志』巻中（臨川書店、一九八六年b／復刻版）
同『近江日野町志』巻下（臨川書店、一九八六年c／復刻版）
杣庄章夫編『滋賀の薬業史』（滋賀県薬業協会、一九七五年）
西川嘉男「元禄・享保期における前期的資本の動向―近江日野の豪商、正野玄三家の場合―」（『史林』

四二―五、一九五九年）
日野町史編さん委員会編『近江日野の歴史』七（滋賀県日野町、二〇一二年）
同『近江日野の歴史』八（滋賀県日野町、二〇一〇年）
藤田貞一郎「近江商人生成の諸条件」（安岡重明・藤田貞一郎・石川健次郎編『近江商人の経営遺産―その再評価―』、同文舘、一九九二年）

近世期における
近江日野商人山中兵右衛門家
御殿場酒店の経営

鈴木 敦子

昭和初期の山中兵右衛門商店御殿場支店（山中兵右衛門家提供）

はじめに

山中兵右衛門《やまなかひょうえもん》は近江国蒲生郡日野を出身とする近江日野商人である。初代兵右衛門は、宝永元年（一七〇四）二〇歳の時、日野椀二駄を元手に行商し、享保三年（一七一八）、駿河《するが》国御殿場《ごてんば》（静岡県御殿場市）に∧叶《やまかのう》本店日野屋を開店した〔『株式會社山中兵右衛門商店小志』一九三四〕。これが山中兵右衛門家の創業とされる。御殿場は小田原藩領で、鎌倉往還と足柄《あしがら》街道の交差する交通の要衝である。

一般に日野商人は、多店舗経営を展開し醸造業を営んだ点に特徴がある。山中家も御殿場∧叶本店のほかに四つの支店（山中家では「外店」という）を持ち、三つの支店において醸造業を営んだ典型的な日野商人である。山中兵右衛門家の代表的な研究には、松元宏編『近江日野商人の研究―山中兵右衛門家の経営と事業』（二〇一〇）がある。ただし同書の近世期支店経営の考究は、近世から近代にわたる山中家本支店および分家店の奉公人研究に限られる〔宇佐美―二〇一〇〕。実際の醸造業経営すなわち製造販売に関する近世期支店研究としては、小田原店の帳簿分析によって、同店が酒や醬油の醸造業と穀類などの商品販売業の両業に従事していた実態を明らかにし、かつ、本家・本店と小田原店との間の資金の流れに照明をあてた研究があるのみである〔鈴木―二〇〇八〕。本稿では御殿場酒店を取り上げ、山中家の支店経営分析を進めることにする。御殿場酒店は山中家が支店として初めて創設した店舗であり、かつ、酒造に力点がおかれている。その経営実態を検討することは、山中家における経営活動の全容を明らかにする鍵となるはずであり、近江日野商人の経営上の特質を描き出すことにも繋がるであろう。

山中家各支店の沿革と御殿場酒店のはじまり

各支店の沿革と事業内容　日野を本家とする山中兵右衛門家には五つの出店があった。享保三年、御殿場に日野屋を開店したのが最初であり、これがヘ叶本店である。寛政一二年（一八〇〇）には三代兵右衛門が御殿場○山《まるやま》酒店を出し、酒造業を開始した。また文化九年（一八一二）には、相模《さがみ》国足柄上郡関本《せきもと》村に酒店□中《かくなか》を開店したが同地での経営は振るわず、文政二年（一八一九）に小田原城下近くの池上《いけがみ》村に移転した。その後は○大《まるだい》の店印で酒・醤油の醸造業を営んだ。醤油醸造を行う伊豆南条○太《まるふと》店は、元来分家である山中与兵衛の店であったが、天保七年（一八三六）に本家の兵右衛門家に譲渡された。沼津店も与兵衛の店で、酒類販売を主とし┐叶《かぎかのう》と称していたが、嘉永四年（一八四七）本家に譲渡され、一叶《いちかのう》と改称して山中兵右衛門家の支店に加わった。

各出店の主要販売品は、御殿場本店は繰綿《くりわた》・米・大豆・小豆・茶・砂糖・呉服・日用品類、御殿場酒店は酒・醤油・酢・塩、小田原店は酒・醤油・米・大豆、伊豆南条店は醤油・味噌・米・大豆・小麦、沼津店は酒・醤油・酢・塩である。なお日野本家では、米・大豆・繰綿・生糸・薬種などを扱っていた。

御殿場酒店のはじまりとしての酒造株取得経緯　酒造株の取得は寛政一二年にはじまるが、この年、山中家が譲り受けた酒造株は複数ある。以下は御殿場村名主平右衛門からの譲渡を示す史料である（「酒造証文之事」、山中兵右衛門家文書、近江日野商人館所蔵）。

酒株証文之事

一、私所持之酒株高弐拾四石此度三拾年季ニ相譲申候
　但シ板蔵三間半ニ長サ八間壱ケ所酒株諸道具之儀者永代ニ売渡し申候
　同新橋村分鮎沢林壱ケ所
　同林之立木松杦檜取合右此度其元江売渡申候、代金之儀者書面之弐百両之内ニ而相済申
　候
右之通此度其元方江相譲申候処実証ニ御座候也、則代金弐百両ニ相定此内金百五拾八両也只今慥ニ請取申候、相残金四拾弐両ハ無尽借用金有之候処此度御引請被下貴殿ゟ先キ様へ来酉ノ年ゟ来子年迄四ケ年之内御払可被成候、以上
一、板蔵并ニ酒桶諸道具之儀者永代ニ売渡候得共酒株之儀者三拾年季相過候ハ、御戻し可被成候、尤右年季三十年相過申候共其元酒株御望御座候節ハ一ケ年ニ何程宛ニ其節相究メ年数之儀

者幾年成共貸遣し可申候、為後日如件
寛政十二庚申年十二月
御殿場村　名主 譲主　平右衛門 ㊞
親類　伊左衛門 ㊞
近所　甚兵衛 ㊞
組内　伊兵衛 ㊞
当村　忠助殿

以上の史料によれば、平右衛門から山中家に酒造株二四石は三〇年季で、板蔵・酒桶・諸道具は永代で譲渡され、林一カ所とその立木も売り渡された。これらの代金は二〇〇両で、一五八両は平右衛門に支払われた。残る四二両は平右衛門の無尽《むじん》借用金で、山中家がこれを肩代わりしている。ちなみにこの酒造株は天保一一年八月に永代譲渡された。ほかにも御殿場村幸右衛門から山中家へ、酒造株三〇石と酒桶諸道具が一八両二分で永代譲渡された。その際、幸右衛門から山中家への買掛金と、米代金四両二分卜六五五文とを、山中家の帳簿から消すとされた（「一札」、山中兵右衛門家文書）。さらに「請取」によると、幸右衛門が下古城村の太郎左衛門から永代で買い受けた酒造株一九石二斗と桶諸道具の代金三一両は、山中家が代払いするとされている。

このように山中家の酒造株取得は御殿場村有力者からの株の譲渡にはじまった。享和三年（一八〇三）六月になると、二ツ屋新田の複数の酒造家からも株を取得したことが確認できる。たとえば、二ツ屋新田の藤蔵は、酒造株一〇五石と酒桶諸道具を二〇両で山中家に永代譲渡している。また、享和二年分の酒造米高一〇分の一の役米を山中家が納めるとした。さらに享和三年六月には、同じく二ツ屋新田の佐五兵衛が所持する酒造株二石五斗が山中家に譲渡されている（「一札」、山中兵右衛門家文書）。以上が山中家の酒造株・諸道具・酒蔵の取得過程である。実際の酒造りは、寛政一二年に蒲生郡鎌掛《かいがけ》村出身の杜氏長蔵や甲賀《こうか》郡出身の奉公人たちを迎え〔宇佐美―二〇一〇〕、米二四五俵を仕入れて始められた。

御殿場酒店におけるこうした酒造経営の開業の背景には、御殿場本店側の安定した資産蓄積がある。寛政期に至るまでの本店資産をみると、宝暦七年（一七五七）は一九七四両三分であったが、天明八年（一七八八）には五二九〇両一分に達している。その後、寛政期の資産は平均五五四六両となる（「勘定目録」、山中兵右衛門家文書）。酒造株を取得した寛政一二年は本店の自己資本が順調に成長し、資産額は五〇〇〇両台を下回ることがない規模を維持した時期であった。本店の経営基盤が強固となり、かつ、安定したことを背景に、酒造株を次々と取得し、御殿場酒店を開設するに至ったことが見てとれるのである。なお、御殿場酒店の元手金は二五〇両であったことを勘定書から確認できる。

また既述したように、山中家が酒造株を取得する際には、単に株を購入して酒の製造権を手に入れただけではなく、名主の無尽借用金や地域の酒造家の役米上納を肩代わりしている場合がしばしば見られた。したがって酒造株の購入には、山中家における事業拡大の側面と共に、借財を抱える名主や酒造家など、困窮する旧来勢力に対する助成の面もあったと考えられる。

さらに諸国豊作が続き米価が下落傾向を示す文化期に入ると、御殿場酒店は事業を一段と発展させていった。文化元年二月には酒蔵を建てるために、名主平右衛門から上畑五畝一六歩と下畑一畝一八歩を一五両で永代譲渡してもらっている（「永代ニ売渡申畑証文之事」、山中兵右衛門家文書）。また同年には、酒造米高の倍増や酒造株の増石を願い出て受理され、規模の拡大に成功した。

御殿場酒店における酒造高

御殿場酒店で造られた酒の価格　御殿場酒店が醸造していた酒には、並酒・諸白《もろはく》・白梅の三種があった。酒の在庫実数とその金額から、天保八年下期から安政二年（一八五五）下期における一石あたりの平均酒価を算出すると、並酒一・三九両、諸白一・五五両、白梅一・七八両となる。

ところで、御殿場酒店や小田原店では恒常的ではないが焼酎の仕入が見られる。また、仕入のない時期が続いても、焼酎の在庫量が期を追って増加している場合がある。このことは両店で焼酎を造っていたことを示している。天保八年下期から安政二年下期における焼酎一石あたりの平均価格は、御殿場酒店で一・九一両、小田原店では二・七三両である。両店の焼酎の価格は酒の価格よりも高くなっている。焼酎は醸造した酒から製造するためその分工程数が多い。したがって酒に比して価格が高いと考えられる。

嘉永五年下期の御殿場酒店の酒価は、一石あたり並酒一・五四両、諸白一・七二両、白梅一・九二両となる。翌年上期の小田原店決算帳簿「㊅店勘定細見帳」に計上されている「㊥買酒」、すなわち小田原店が御殿場酒店より仕入れた酒の価格は一石あたり二・一五両であった。小田原店が、御殿場酒店のどの銘柄を仕入れたかは不明であるが、御殿場酒店から一・二五倍程度の価格で小田原店は購入していたといえる。

酒価と米価の推移　御殿場酒店における酒造米の仕入は、自店で仕入れる米と本店から仕入れる米とがある。本店における米の販売先には、御殿場酒店のほかに、川村半左衛門のような沼津の商人など複数の取引先があった。本店の「米大豆繰綿勘定帳」には、米の総売上高が記されており、天保八年から安政二年の一石あたり平均売価を算出すると、一・五九両となる。一方、御殿場酒店における、本店からの仕入米価は一石あたり平均一・四九両、御殿場酒店での仕入米価は一石あたり平均一・三四両である。したがって、御殿場酒店にとって本店仕入米は高値であったといえるが、本店の平均売価より安価で仕入れていたことがわかる。一般に米価と酒価は連動するが、御殿場酒

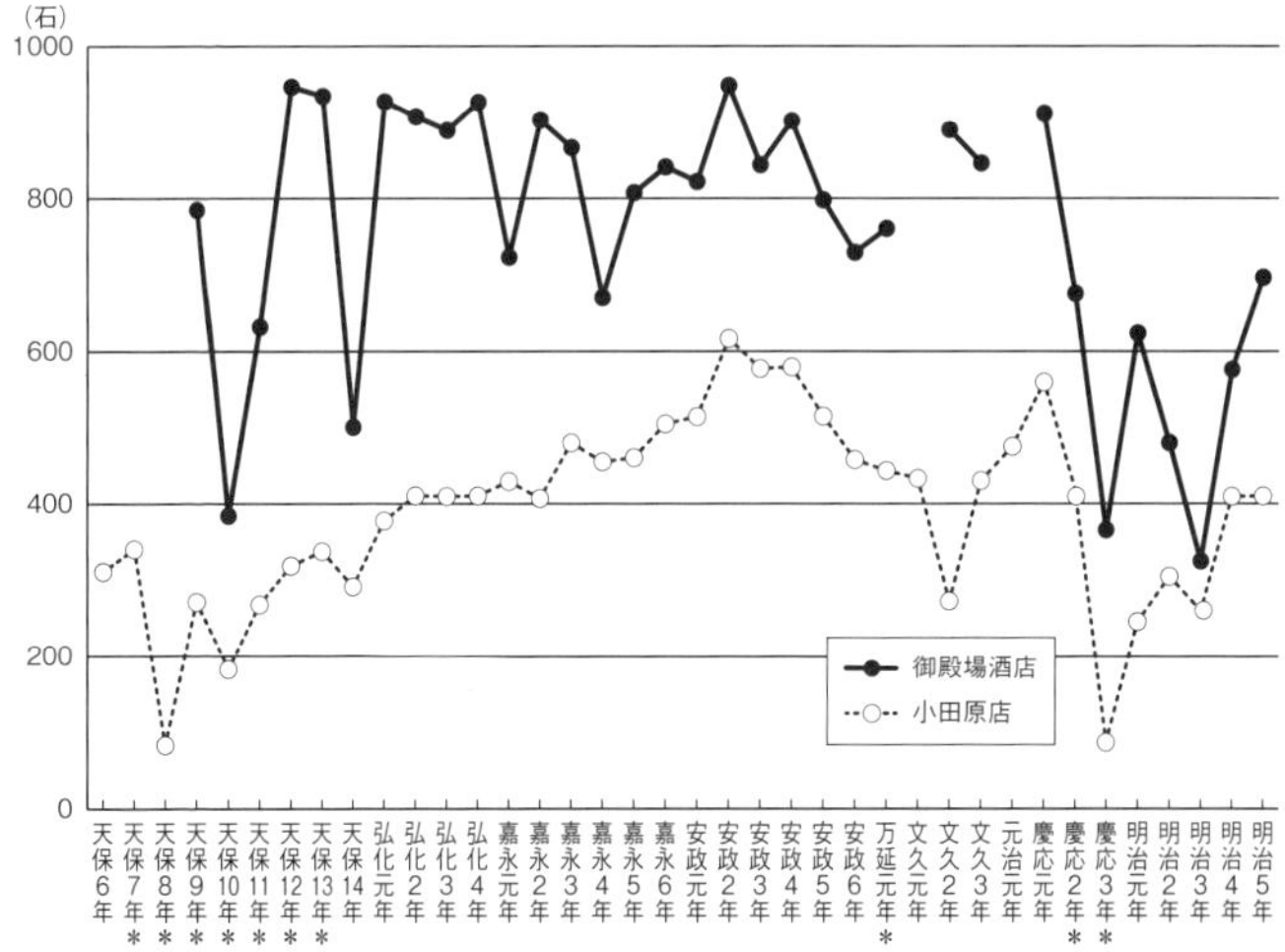

図－1　御殿場酒店と小田原店の酒造高
出典：「(山)店勘定細見帳」「(大)店定細見帳」（山中兵右衛門家文書、近江日野商人館所蔵）
注：＊は酒造制限令の年を示す。

店においても仕入米価と酒価は同じ波を描きながら推移している。

酒造高および酒売上高の推移　天保期から明治初期を通じてみれば、御殿場酒店では平均七五六石を醸造していた。期間を区切って平均石高をみると、天保期から弘化期は七九一石、嘉永期から万延期は八一六石、文久期から明治五年（一八七二）までは六三八石である。嘉永期から万延期が安定した高い醸造高を維持していた時期であったことがわかる。一方、全期間を通じた小田原店の醸造高の平均は三八八石である。したがって、小田原店の約二倍の酒造量を御殿場酒店では醸造していたことになる。

酒の売上高の点においても、全期間

を通じた御殿場酒店の平均は八二九石、小田原店は六〇四石で、御殿場酒店は小田原店の平均一・三七倍の量を販売していた。両店の醸造高と売上高の倍率が異なる理由は、御殿場店が自家醸造酒をもっぱら販売していたのに対して、小田原店は自家醸造酒に加え、下り酒を含むかなりの買入酒を販売していたからである。

山中家の四支店において酒造を行っているのは御殿場酒店と小田原店だけであるが、酒の販売は全店舗で行っていた。ただし、伊豆南条店が酒の販売を行っていた年はごく限られていた。一方、沼津店は酒販売に力をいれていた店舗であり、下り酒・江戸酒・遠州酒など遠隔地をも含めた多様な種類の酒を仕入れていた。酒の売上高の点から見れば、山中家の支店中、沼津店が最も高かった。山中家において御殿場酒店は酒造主力店であったが、売上高においては多様な銘柄酒を大量に取り扱っていた沼津店に次ぐ位置にあったといえる。

御殿場酒店の経営の特徴

御殿場酒店の決算書　御殿場酒店の決算帳簿である「⑾店勘定細見帳」は春と秋の年二回作成されており、春（下期）が中間決算、秋（上期）が本決算となっている。この帳簿は、①資産・負債勘定の部、②収益・費用勘定の部によって構成されており、複式の原理によって記帳されている。一

表－1　御殿場酒店決算

資産負債勘定			両	分	朱	匁	分	厘
覚	資産	現物在庫合計	277	3	0	41	4	4
		金融資産合計	1,174	0	0	137	7	9
		合計	1,454	2	0	14	2	3
内	負債	合計	1,063	1	0	21	3	2
差引	純資産		391	0	0	7	9	1
	為登金		391	0	0	0	0	0

売掛金		両	分	朱	匁	分	厘
	方々への売掛金合計	1,064	3	0	14	3	0
	配分割	31	2	2	3	1	0
	対前年増減額	25	0	0	0	9	6

酒造高	632石
期首在庫	55石
仕入高　（(大)町より買入分）	10石
売高	778石１斗８升５合
差引　「売出し出石過上」	81石１斗８升５合

収益費用勘定			両	分	朱	匁	分	厘
訳書	収益	期首在庫	454	2	0	47	0	1
		仕入合計	1,566	2	0	118	3	4
		期末在庫	277	3	0	41	4	4
		売上合計	2,082	1	0	49	4	2
差引	売上総利益		514	2	0	6	0	8
諸入用	費用	合計	414	3	0	7	1	9
差引	純利益		99	2	0	13	8	9

出典：天保11年11月「(山)勘定細見帳」（山中兵右衛門家文書、近江日野商人館所蔵）

例として天保一一年上期の決算内容を見てみよう。

〈資産・負債〉資産の部は「覚」の見出しではじまる。天保一一年上期は酒・焼酎の在庫はなく、酢・塩・醤油・古蔵米・裸麦・稗などがある。在庫の合計は二七七両三分ト四一匁四分四厘で、古蔵米が二三九両を占めている。ほかの年においても、在庫全体のかなりの部分を占めるのは米や酒である。金融資産には近隣への短期的な貸金や小田原店への古桶代の貸金がある。現金銀は四両二分ト一一九匁二分八厘で比較的少額といえる。ちなみに天保期から慶応期における現金銀の平均は三一両である。金融資産のほとんどは本店への貸金で占められており、一一五一両にのぼっている。現物資産合計と金融資産合計を合算した資産合計は一四五四両二分ト一四匁二分三厘であった。

次に「内」の見出しではじまるのが負債の部である。大工・桶屋などの日雇い代、他支店からの短期的な借入金（沼津店からの酢代や小田原店からの醬油代）などがある。本店からは「株金」八〇〇両の長期融資を受けている。給金引当七〇両は「諸入用」の費用の部でも記載があり、二重計上されている。給金引当の重複記述は小田原店においても見られる。

ほかに金六〇両の積立金がある。この積立金は、小普請や諸々の臨時費用として元治元年下期に一〇〇両に改められた。以後、積立金の引当額は世上動乱の幕末期になると一五〇両、二〇〇両と増額され、慶応二年（一八六六）上期には四〇〇両にものぼる引当金が計上された。

資産合計から負債合計を差し引いた三九一両ト七匁九分一厘が純資産となる。この純資産は為登金《のぼせきん》となり、帳簿上はほぼ全額日野本家へ納められる形をとっている。

売掛金は「覚」の資産勘定に含まれず純資産が計上された後に記帳されている。天保一一年上期の売掛金合計は一〇六四両三分ト一四匁三分であった。売掛金は文久二年までは緩やかな増加であったが、慶応元年以降急激に増大した。

末尾には酒造状況が記述されている。前年冬の酒造高が六三二石で、期首在庫が五五石、小田原店・沼津店からの仕入酒が一〇石で、計六九七石となる。当期は期末在庫がなかったためその記載はない。売上高の七七八石一斗八升五合から六九七石を差し引いた八一石一斗八升五合が「売出し出石過上」とされ、利益分に相当すると考えられる。

〈収益・費用〉帳簿後半で「訳書」「諸入用」と題された部分は収益費用勘定に相当する。「訳書」ではまず期首在庫が記述される。次いで仕入内訳となり、米・大豆・稗・塩・醤油・酢などの原料及び商品の仕入実数が金額と共に記載される。続いて商品別に酒・焼酎・酢・大豆・米・糯米・粕・塩・醤油の売上実数が記載されている。ただし商品ごとの売上金額は記されず、全商品の売上合計一八〇四両二分ト七匁九分八厘が一括計上されている。この合計額と期末在庫を合算したものから仕入合計を差し引いて、売上総利益五一四両二分ト六匁八厘が算出される。

「諸入用」は費用の部である。その内訳は諸費用、飯米、薪・樽などの設備投資、大工・桶屋・縫物師などへの支払い、店の若者への貸金、日野本家からの借り金、給金引当などである。これら二〇口を合算すると、四一四両三分ト七匁一分九厘となり、これを売上総利益から差し引いた九九両二分ト一三匁八分九厘が、当期の純利益である。なお、店の若者への貸金の項目からその雇用人数をみると、平均一〇人が御殿場酒店の営業部門に従事していたと考えられる。蔵人などの人数は残念ながら不明である。

これまで分析をすすめてきた御殿場酒店の決算書「⑪店勘定細見帳」は、既述したように資産負債勘定と収益費用勘定を備えた複式帳簿の形式を採っている。複式の原理によって記帳される決算帳簿は中井源左衛門家、矢尾喜兵衛家、島﨑利兵衛など、多くの日野商人において見られる。しかし年二回決算を行い、かつ、下期の帳簿が中間決算で、翌年上期が本決算となっているケースは、遠州浜松や三ヶ日《みっかび》を中心に酒造業を営んだ階堂嘉右衛門家に見られるものの、珍しい事例といえる。こうした決算方法は小田原店においても見られ、山中家における酒造店で共通している。

主要取扱品　既述したように、御殿場酒店では酒・焼酎を醸造しており、酒・焼酎・粉糠・粕・醤油・酢・塩の販売を主としていた。商品の仕入先には山中家の他の支店もあった。たとえば天保八年下期から弘化二年下期までの間は、常に小田原店から醤油を仕入れていた。

〈米〉　天保期から明治初期までの平均を見ると、全商品の仕入総額のうち、本店からの仕入米は四八％、御殿場酒店の仕入米は三三％で、御殿場酒店においては仕入の八〇％以上が米によって占められていた。ただし、安政期までは本店からの仕入米が七〇％、御殿場酒店の仕入米が一二％であったのに対し、安政期以降は本店からの仕入米が二七％に下がり、御殿場酒店の仕入米が五四％となった。幕末は自店で米を仕入れる比重が高くなっている。米の仕入は蔵米のほか、長門米・加賀米・膳所米があり、遠隔地からも買い付けていることがわかる。なお、小田原店は酒造原料として米を仕入れているのみならず、商品としても米を大量に販売しているが、御殿場酒店における米の販売は極めて少ない。
〈酒〉 酒の販売はおおむね下期よりも上期に多い。安政期以降になると、酒を仕入れている場合が多く見られる。近世期の御殿場酒店が醸造あるいは仕入れた酒を、どこに販売していたかを確定することは困難である。ただし明治後期には山梨県郡内地方へ販売していたことを確認できる〔佐々木―二〇一〇〕。後述するように他の商品においても郡内は販売の重要地域であることから、恐らく近世期においても郡内地方が酒の販売先であったと推測される。
〈醬油〉 御殿場酒店では醬油は醸造していない。大豆を毎期仕入れているが、商品として仕入れ、販売していたと見られる。醬油の仕入先は小田原店や伊豆南条店であり、伊豆南条店よりも小田原店からの仕入の方が多く見られる。㊄醬油・㊓正油・不士一醬油・㊅醬油など、多種類の銘柄を扱っていたことを確認できる。
〈酢〉 天保期には沼津店や小田原店から酢の仕入が数回あるが、恒常的な仕入は見られない。しかしながら、天保期から明治初期まで一貫して酢の売上がある。また、天保一二年下期から安政四年上期にわたり、酢の在庫に「酢造込み」や「手酢」とある。このことから、御殿場酒店でも酢を造って販売していたと推測できる。天保九年上期から明治五年上期における酢の販売量は平均一二九石であった。
〈塩〉 米以外の商品の中で塩の仕入高は醬油や大豆を上回る。また、御殿場酒店の塩の仕入量は全支店の中で最も多く、斉田塩《さいたじお》・分け塩・塩取合などがある。塩は沼津の商人から仕入れていたと考えられる。現物は自店の蔵に保管されるものと、沼津商人の川村半左衛門や勝見屋孫兵衛などに預けられているものとがあった。大量の塩が郡内地方へ送られていることがあり、郡内が販売先であったと考えられる。

〈大豆〉 塩と同様その保管先には、御殿場酒店の蔵や沼津商人の川村方がある。たとえば嘉永五年二月に川村方に預けられた大豆は一七四俵にのぼった。ほかに、沼津の日野屋平兵衛方や山中家沼津店に預けられた場合もある。大豆の種類としては、小田原地域の特産品である相州大豆を扱っていたことがわかる。

〈粉糠〉 酒造りにおける副産物として、御殿場酒店では粉糠を大量に販売していた。一方、小田原店では、文久二年下期になるまで粉糠の売上は全くない。御殿場酒店と小田原店は山中家で共に酒造を営んでいた店ではあるが、このように取扱品や販売商品には違いがあった。

まとめとして、御殿場酒店の商品取引の関係を山中家の本支店別にみると、本店とは米・酒、小田原店とは醤油・酒・酢、沼津店とは大豆・粕・干粕・酢・焼酎、伊豆南条店とは醤油・大豆の取引があった。また、沼津商人との関係が認められる商品としては、米・塩・大豆・粉糠があった。なかでも川村半左衛門は沼津三枚橋町の船宿で、本店・伊豆南条店・沼津店との間で商品の受け取りや保管を担っていた商人であることが既に指摘されているが〔青柳―二〇一〇〕、川村が御殿場酒店とも取引していたことは明らかである。また御殿場酒店では塩代や粕代の内渡し金を川村に渡していたことも確認できる。

資金の流れと資産規模　小田原店では安政五年まで、三〇〇両の「株金」と五〇〇両の「土臺金」が本店から融資されており、安政六年以降は合算されて八〇〇両の「株土臺金」として融資されている。御殿場酒店でも本店から一貫して八〇〇両の長期融資を受けている。ただし帳簿の上では、「株金」あるいは「株土臺金」という費目で一括計上されている。また小田原店とは異なり、御殿場酒店では本店への利息払いはない。

御殿場酒店から日野本家へは、純資産のほぼ全額が為登金として計上される形をとっている。この為登金は、本家の決算帳簿「本家勘定目録控」の収益の部「徳用物覚」に転記されている。このことから、御殿場酒店の純資産が日野本家の所有であることを、本家はその都度確認していたと考えられるのである。だが慶応二年上期から為登金は純資産の七五％となり、残る二五％は「主法金」として本店に預けられる形となった。文久二年に行われた山中家の家政改革によって設けられた「主法金」は、奉公人に対する報奨金の支給制度であり、本店や支店で損金が出た場合、「主法金」から補填されるケースもあった。

全支店の帳簿がほぼ残る嘉永四年から明治五年における平均売上総利益をみると、御殿場酒店は一七九九両、小田原店は一九九一両、伊豆南条店は八〇八両、沼津店は三六七両である。醸造を営

図－2　御殿場酒店・小田原店純資産

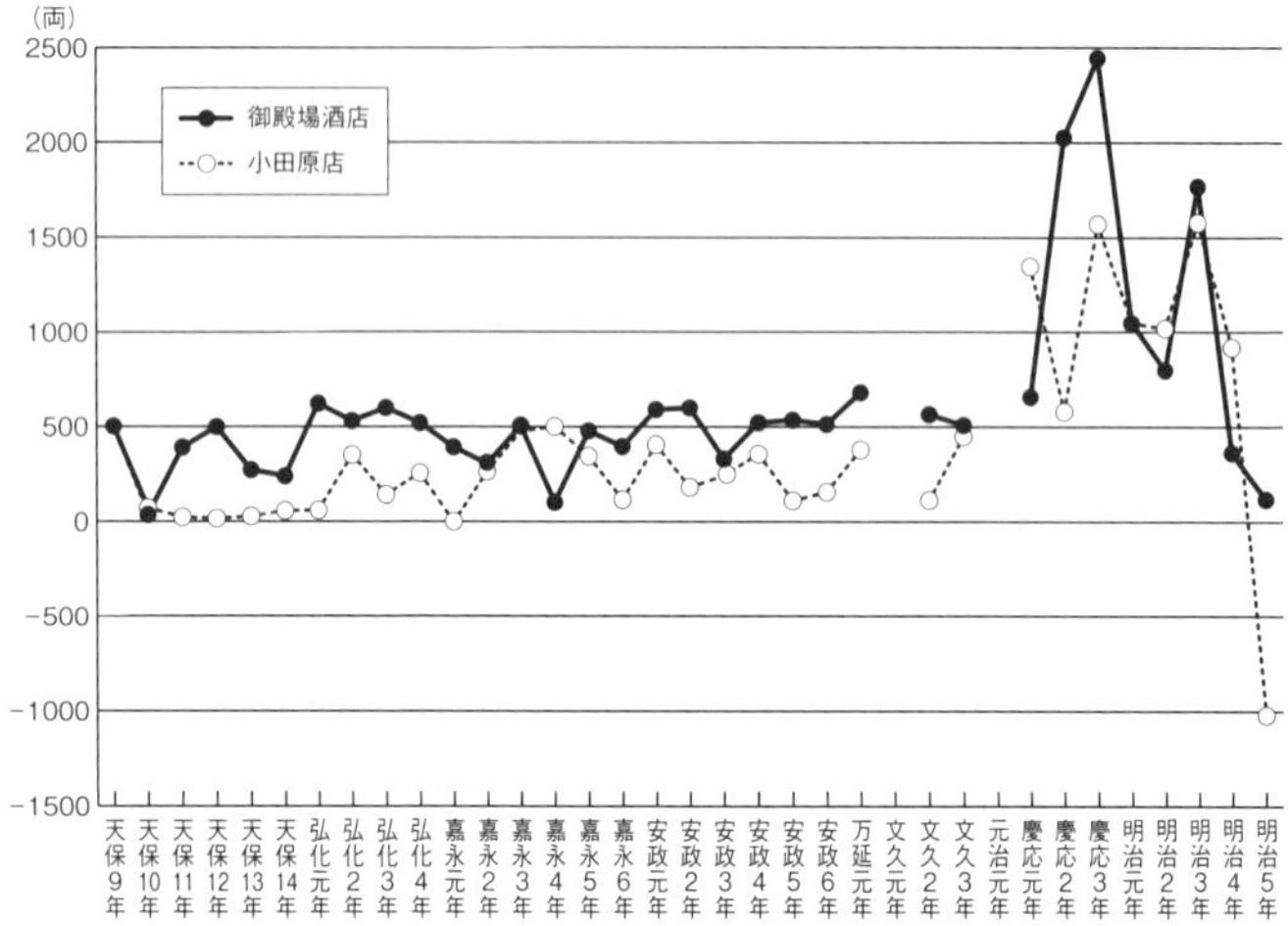

出典：「(山)店勘定細見帳」「(大)店勘定細見帳」（山中兵右衛門家文書、近江日野商人館所蔵）

んでいた小田原店、次いで御殿場酒店の売上総利益が伊豆南条店、沼津店を圧倒していることがわかる。

　四支店のうち、売上総利益の高い小田原店と御殿場酒店の純資産を比較したのが図－2である。天保九年から明治五年における平均純資産は、御殿場酒店が六二〇両、小田原店が三九五両であり、御殿場酒店は小田原店の一・五倍以上の純資産を有していたことがわかる。純資産の推移に波のある小田原店と比べれば、ゆるやかで着実な自己資本の成長を見せており、山中家支店中、御殿場酒店は最も安定した資本蓄積を遂げた店であるといえる。

おわりに

山中兵右衛門家における近世期の支店経営の実態を解明する試みとして、本稿では御殿場酒店の創業経緯を酒造株取得から検討し、決算帳簿「㊈店勘定細見帳」の分析によって、その経営特質を酒造業を中心に考察した。

山中家は本店の資産が潤沢かつ安定した寛政期に酒造株の購入を契機として御殿場酒店を開設し、酒造業を開始した。また、酒造株購入には地域の有力者たちに対する助成の側面もあった。

御殿場酒店では本店および自店で米を仕入れ、三種類の酒を醸造していた。酒の価格はこれらの仕入米価とほぼ連動して推移していた。天保期から明治初期における御殿場酒店の醸造高は平均七五六石であり、小田原店の約二倍に達していた。

決算帳簿は複式の形式をとっており、春に中間決算を、秋に本決算を行っていた。帳簿には商品ごとの売上金額は書かれていないが、それぞれの売上実数と、商品全体の売上合計額が記されている。仕入は商品ごとに実数と金額が記帳されているため、その実態を詳細に知ることができる。仕入総額のうち八割以上が米によって占められていることからも、御殿場酒店が酒造業を事業の中心に位置づけていた店であることは疑いをいれないが、酒・焼酎やその副産物である粉糠・粕以外にも、醤油や塩などを販売しており、製造業と商業の両業に携わっている点が明らかになった。多品種を取り扱う日野商人の特質が、山中家の一支店である御殿場酒店からも見てとれるのである。

御殿場酒店は本店から八〇〇両の元手金を長期融資されており、御殿場酒店から本店へは純資産のほぼ全額が為登金として計上される形をとっていた。全四支店における売上総利益の平均は小田原店が最も高いが、純資産は御殿場酒店が圧倒している。これによって、山中家の支店における主たる収益源は、酒造によって高利益をあげる御殿場酒店であったことが鮮明になった。

本稿では御殿場酒店の経営活動を分析してきたが、帳簿上、醸造高と在庫高を上回る量の売上高を記録している場合がしばしば見られ、酒造経営の内実には未解明の部分も残されている。したがって、米の仕入先や入手方法をより詳細に把握し、酒の製造販売および収益の実態をさらに精確に検討する必要がある。今後は山中家文書のさらなる分析をすすめると共に、他の酒造家との比較も視野に入れて、製造業と商業を兼業した経営活動の実相を明らかにすることが課題となる。

〔参考文献〕

青柳周一「近世御殿場㈹本店の取扱い商品とその輸送」（松元宏編『近江日野商人の研究―山中兵右衛門家の経営と事業』日本経済評論社、二〇一〇年）
宇佐美英機「山中兵右衛門家の奉公人」（松元宏編『近江日野商人の研究―山中兵右衛門家の経営と

事業』日本経済評論社、二〇一〇年）
御殿場市史編さん委員会編『御殿場市史八　通史編上』（一九八一年）
佐々木哲也「明治期御殿場⑪酒造店の事業経営」（松元宏編『近江日野商人の研究―山中兵右衛門家の経営と事業』日本経済評論社、二〇一〇年）
滋賀県日野町教育会編『近江日野町志』（滋賀県日野町教育委員会、一九三〇年）
末永國紀「幕末維新期山中兵右衛門家の支配人経営と家政改革」『近代近江商人経営史論』（有斐閣、一九九七年）
鈴木敦子「近江日野商人山中兵右衛門家の出店経営―小田原店を中心に」（『大阪大学経済学』第五八巻第一号、二〇〇八年）
筒井正夫・久岡道武・山口悠「明治期における近江日野商人山中兵右衛門家の支店経営―小田原店と伊豆南条店を中心に」（『滋賀大学経済学部研究年報』第一九巻、二〇一二年）
久岡道武「明治期における近江商人山中兵右衛門家の醸造品卸・小売業の展開―沼津叶店の事例に即して」（『滋賀大学経済学部附属史料館研究紀要』第四四号、二〇一一年）
日野町史編さん委員会編『近江日野の歴史　第七巻日野商人編』（滋賀県日野町、二〇一二年）
松元宏編『近江日野商人の研究―山中兵右衛門家の経営と事業』（日本経済評論社、二〇一〇年）
柚木学『酒造りの歴史』（雄山閣、一九八七年）

『株式會社山中兵右衛門商店小志』（私家版、一九三四年）
『山中兵右衛門商店二百五十年史　上・下』（私家版、一九七六年）
『株式会社山中兵右衛門商店二六〇年史』（私家版、一九八〇年）

近江商人の出店経営と閉店への経緯

―中井源左衛門家の相馬店について―

青柳 周一

初代中井源左衛門光武（滋賀大学経済学部附属史料館『史料館で近江商人たちと出会う』、2012年より）

はじめに

近江商人とは、近世における商人の一類型であり、「近江国に本宅を置いて、他国稼《たこくかせ》ぎをした商人」である。その経営活動上の特徴の一つとして、他国稼ぎにともなう出店の開設を挙げることができるであろう。近江商人は他国へ商品を持ち下って販売し、取引先が数多く存在する「得意場《とくいば》」あるいは「商い場」と称する商圏を確立すると、やがてそこに出店（支店）を開設して、その地域での活動の拠点とするのである。そして出店を複数開設すると、持ち下った商品や地方の産物を出店間で流通させる「産物廻し」の商法を展開するようになる〔日野町史編さん委員会―二〇一二〕。

蒲生郡日野《がもうぐんひの》（滋賀県蒲生郡日野町）の中井源左衛門《なかいげんざえもん》家は、近江商人の中にあって最大級の経営規模を誇った商家であり、その経営の中心となった仙台《せんだい》店（宮城県仙台市）をはじめとして、全国各地に多数の出店や枝店《えだみせ》（出店の支店）を開設した。後述する「中井家出店表」によれば、出店は延べ一八店、枝店は延べ二二店にものぼる。

中井家の出店に関する研究は、『近江日野町志　巻中』（一九三〇）や中川泉三「中井家史」第一〇～一二巻（「店舗之一」～「店舗之三」、一九三一）を嚆矢とする。そして江頭恒治氏は『近江商人中井家の研究』（一九六五）において、中井家の経営活動を構造的に分析しながら、各出店が果たした機能やそれぞれの特徴をも明らかにした。宇佐美英機氏を研究代表者とする科学研究費補助金の研究成果報告書『近世・近代商家文書に関する総合的研究』（二〇〇三）には、滋賀大学経済学部附属史料館蔵の中井源左衛門家文書（一九、八六九点）の目録とあわせて、史料調査の成果を反映させた出店・枝店の一覧表である「中井家出店表」や、本家―出店間での情報伝達に関する研究ノート（青柳―二〇〇三）などが収載されている。『近江日野の歴史　第七巻　日野商人編』（二〇一二）では、中井家の出店についても研究成果を踏まえて包括的に論じる。

しかし、多数に及ぶ中井家の出店の中にあって、その経営実態にまで踏み込んだ検討がなされているのは、仙台店のほかには石巻《いしのまき》店（宮城県石巻市）、天童《てんどう》店（山形県天童市）、香良洲《からす》店（三重県津市香良洲町）など数店に過ぎない（石巻市史編さん委員会―一九九八、天童市史編さん委員会―一九八七、小倉―一九六二）。近世における中井家の広範囲な経営活動は、本家と出店間に構築されたネットワークの具体相を解明することを通じて、その総体的な把握が可能となる。そのためには、まず個々の出店経営についての実証的研究を蓄積していく作業が求められるだろう。

そこで本稿では、中井家が陸奥国《むつのくに》宇多郡《うだぐん》中村《なかむら》（福島県相馬《そうま》市中村）に開設した相馬店を取り上げて、その経営内容や、開店から閉店に至るまでの経緯の概略を、史料に基づいて描き出すことを課題とする。なお筆者は、平成二二年（二〇一〇）に相馬市内で開催された「相馬中村開府四〇〇年プレシンポジウム『近江商人から見た相馬中村城下町』」（主催・相馬市教育委員会）において、「中井家当主の相馬店来訪―店廻り記録から―」という講演を行った。本稿はその内容に基づきながら、後に得られた知見を合わせて大幅な改訂を施したものである。

相馬店の開店とその商品輸送ルート・商圏

相馬店について　相馬店は、中井家初代当主である源左衛門光武《みつたけ》（良祐《りょうゆう》）によって開設された店である。天明二年（一七八二）一二月、「近江屋源左衛門」（光武）と、中井家の手代で相馬店の支配人となる徳兵衛が、中村大町で「質・古手《ふるて》・繰綿《くりわた》類商売」を営むことを、現地を治める中村藩に願い出ている。近江屋源左衛門は相馬店の店名である。藩から許可が下りたのは同三年の二月頃であった（「乍恐以書附御願奉申上候」・「指上申一札之事」、中井源左衛門家文書、滋賀大学経済学部附属史料館蔵。以下、本稿での引用史料はすべて同文書から。本稿では「中井家文書」と略す）。

相馬店が立地する中村は、中村藩六万石の城下町である。浜街道や中村街道が通過し、東廻り航路の湊《みなと》である原釜湊《はらがま》（福島県相馬市原釜）からも近い交通の要衝でもあった。ここで、相馬店ほか本稿で言及する主な出店や場所の位置を地図で示しておこう（図Ｉ―１）。

相馬店では質屋と古手・繰綿商売のほか、木綿も商ったようである。立谷村《たちや》（同県同市立谷）にも質屋を設け（後述）、さらに枝店として中村田町の近江屋権兵衛店（酒・醤油醸造業）が文政元年（一八一八）以前から、鹿島宿（同県南相馬市鹿島区）の鹿島店（繰綿・古手・質屋商売）が天保元年

図－1　中井家の主な出店と江戸・銚子の位置

（一八三〇）以前から、それぞれ開業していた（研究代表者・宇佐美―二〇〇三）。

また、相馬店では円満院名目金《えんまんいんみょうもくきん》も扱っていた。名目金（銀）とは、門跡《もんぜき》寺院や摂家・親王方、御三家・御三卿などが貸付資金に祠堂《しどう》金・修復御用銀といった名目を付し、武家や町人・農民に貸し付けたものである（三浦―二〇一二）。円満院は園城寺《おんじょうじ》（三井寺、滋賀県大津市）の最高職である長吏《ちょうり》の住房で、三井三門跡の一つであるが、近世には盛んに宮門跡名目金の貸付を行った。

天明二年一二月、中井家ではこの地域への進出にあたり、以前から出入の関係にあった円満院に中村藩への口添えを依頼している（「乍恐奉願口上書」）。後に中井家は中村藩による円満院名目金の拝借に関与しており、そこから藩領内での名目金貸付にも従事したようである。また後年の史料には、そもそも相馬店は円満院名目金を資金に組み込んで開店した店であったとも記されている（後述）。

中井家の出店　初代光武にとっての最初の出店は、延享二年（一七四五）頃に開設した下野国越堀《しもつけのくにこえぼり》店（栃木県那須塩原市越堀）である。それから寛延二年（一七四九）に同国大田原《おおたわら》店（同県大田原市）、明和六年（一七六九）には仙台店を開設している。江頭恒治氏によれば、この仙台店と、同時期に開設された伏見《ふしみ》店（京都府京都市伏見区）と後野《うしろの》店（同府与謝郡与謝野町後野）、それに大坂取次店を拠点として、中井家による「京阪・奥羽間の産物廻しの商法」が展開され、次第に盛況を呈していった。そこで、商品をさらに集散する基地が必要となり、開設されたのが相馬店や今市《いまいち》店（天明八年〈一七八八〉開店、栃木県日光市今市）、江戸店（寛政三年開店）などであった。

また相馬店は、天童店（享和三年〈一八〇三〉以前に開店）や石巻店（文化三年開店）と共に、仙台店から融資を受け、その統制下に置かれた店でもあった〔江頭―一九六五〕。

相馬店の商品輸送　相馬店で扱っていた商品は、どのようなルートで現地まで輸送されたのであろうか。管見の限り、その実態を具体的に知ることができる史料は、中井家文書中には見出せない。しかし、中井家の各出店は現地での状況報告のために日野本家へ定期的に書状を送っており、相馬店や仙台店からの書状の中には相馬店の商品の海上輸送に関する記述が散見される。書状には年代が記されていないことが多いものの、貴重な情報源と言い得るだろう。

たとえば文政一二年末以降、仙台店から日野本家へ送ったと推測される書状によれば、仙台店と江戸の松坂屋小三郎（中井家の中継所としての役割を担っていた商人）、および相馬店の商品をめぐって以下のようなやり取りがなされた（青柳―二〇〇三）。

仙台店から江戸表へ、相馬店が仕入れた綿荷物については「直々当地（仙台）へ積下し候様」にと書状で申し伝えた。しかし、「右綿は十月廿七日相馬舟へ積下ケ候訳ケを以、銚子《ちょうし》川下ヶニ罷成候」と松坂屋小三郎から相馬店に連絡があり、その旨を相馬店から仙台店に伝えてきた。そのため仙台店では相馬店に「荷着之上、何れとも取計《とりはからい》可申」という指示を出した。ここから、江戸方面より相馬店へ向かう商品輸送ルートには、次の二通りがあったと考えられる。

(1)江戸から石巻へ帰帆する石巻穀船《こくぶね》（仙台藩が江戸廻米にあたって石巻とその周辺地域の船などを雇い、回漕にあてたもの）に商品を積み込んで送り、石巻から仙台店を介して相馬店へ送るルート。

(2)江戸から利根川《とねがわ》・江戸川《えどがわ》水系を利用して銚子へ商品を輸送し（「銚子川下ヶ」）、銚子からは「相馬舟」を利用して直送するルート。

「相馬舟」については未詳であるが、銚子から相馬店への商品を海上輸送したことが記されている書状は数点発見することができた。たとえば、ある書状（一一七三三「状留」。中井家文書中の書状は目録上で「状留」という表題を付けていることが多いので、区別のために史料番号を記す）の中には、銚子から熊野丸・愛敬丸・金比羅丸という船に相馬店の繰綿二〇駄余を積み送ったところ、海上で時化《しけ》に遭遇したが三艘とも無事であったと記されている。ここに登場する船が「相馬舟」であろうか。

別の書状（一一七三八「状留」）には「江戸買繰綿十駄追注文申遣候処、当浜原釜へ夏物荷物一所無事着岸仕候」といった記述もあり、相馬店は原釜湊を商品輸送に用いていたようである。

また、「木綿船積之儀、昨年難事旁《かたがた》ニ付、当年より海上積御差留之趣被仰付、委細奉承智《（ママ）》候、何分陸取り可仕と奉存上候」と、ある時期に相馬店では海難事故による大きな損失を被り、そのため本家より木綿の海上輸送を停止させられることになったとする書状（一一七三七「状留」）もある。

この海難事故と同一か不明であるが、「水戸領桜井（茨城県北茨城市中郷町下桜井・上桜井）と中処之沖合」で、「木綿・古手、其外荷数都合百箇程」を積んでいた「当国船愛吉丸」が破船した一件を知らせた書状（一一七三三「状留」）がある。ここで流失した積荷の内、相馬店の商品は江戸の松坂屋小三郎からの古手と、名古屋の美濃屋初七からの木綿であった（「松小殿出中古手拾弐箇、名古屋美濃初殿出木綿弐箇」）。ここに見られる江戸や名古屋のほか、相馬店へは中井家大坂店からも商品が送られていた（江頭―一九六五）。

相馬店の得意先商人と商圏　次に、相馬店と現地の商人との取引関係について見てみよう。文政一三年（天保元年）の「御得意取引高控」には、相馬店の得意先商人二八人の名前と居住地、さらに相馬店との取引を開始した年と、文政七年から一二年までの各年の取引額が記されている。二八人の内訳は、やはり中村に居住する商人が多く（一三人）、それ以外にも幾世橋《きよはし》村（三人、福島県浪《なみ》江町《えまち》幾世橋）や、浜街道の宿駅である原町《はらのまち》宿（二人、同県南相馬市）・鹿島宿（三人）・小高《おだか》宿（一人、同県同市）、中村藩と境を接する仙台藩領の駒ヶ嶺《こまがみね》宿（二人、同県相馬郡新地町《しんちまち》）・新地宿（二人、同県同郡同町）、また金山《かねやま》宿（一人、宮城県丸森町《まるもりまち》）、角田《かくだ》宿（一人、同県角田市）の商人もいる。

江頭氏は、相馬店の開店にともなって、それまで仙台店が仙台以南に確保していた得意先が移されたと推測しているが〔江頭─一九六五〕、右の史料中の仙台藩領内の商人がそうした者たちであろうか。ひとまず、一九世紀前半頃の相馬店の商圏は、中村を中心として主に浜街道に沿って南北に広がる構造となっており、一部仙台藩領を含む範囲にまで及んでいたということができる。

中村藩への貸付・上納について

中井家文書「口上書」をめぐって　中井家の各出店では、それぞれ現地の領主に対して多額の貸付や上納を行っていた。たとえば仙台店は仙台藩に対して、天明四年（一七八四）の飢饉時に他領米の買い入れのため一〇〇〇両を融通し、その後も長きにわたって融通を重ねた結果、明治四年（一八七一）段階での仙台藩債は一五万七二四一両余に達していた〔江頭─一九六五〕。

ここでは、相馬店による中村藩への貸付・上納について検討する。まず、年未詳の「口上書」を取り上げることにしよう。これは「日野屋可七郎」（中井家二代当主源左衛門光昌《みつまさ》）から「中井源左衛門様」（初代光武）へ、中村藩からの貸付金の要請をめぐる状況を説明し、あわせて現地での対応を報告した史料である。年代の記載はなく、「五月廿三日」という日付だけがある。ただし、「天明二年壬寅十二月　相馬一件袋」と記された紙袋に収められている。天明二年一二月とは、先述の通り、中井家が相馬店開店に向けて中村藩と円満院への働きかけを開始した時期である。

この「口上書」の内容を整理して、当時の中村藩と相馬店との間に生じていた事態を時系列順に示すと、以下の①～④の通りとなる。

①「辰五月中」に、相馬店の支配人である徳兵衛が岩城方面で金七〇両分ほどの米を買い付けたところ、藩から「殿様御国廻り」に必要であるとして、その米を借り受けたいとの申し入れがあった。仕方なく貸し出したが、未だにその代金が返済されない。

②先月、中村城下の検断《けんだん》から相馬店に対して、長持七〇棹分の「殿様御のふ将束（能装束）」と引き替えに、藩へ五〇〇両を貸すようにとの申し入れがあった。相馬店では容赦を願ったが聞き入れられず、光昌が中村へ出向いて直々に交渉に当たることになった。

光昌に対して、検断の「上役侍」である「男ナ《おと》役人」は、藩の要求に応じないのであれば、閉店せずには済まされないと述べるなど強硬であったが、郡代《ぐんだい》は円満院と相馬店との関係を重視して、御用に従わなくとも穏便に取り計らうようにと「男ナ役人」へ指示した。

③その後、光昌に対して、郡代衆らの内意として、円満院名目金を三〇〇両拝借する手助けをしてほしいとの申し出があった。これは、「若殿様御入国」があるにも関わらず、そのための資

金が不足しているという事情によるものである。

藩は、三〇〇両は年貢米で返済すると誓約した。これに対して光昌は、円満院へ依頼して返事が来るまで四〇日ほど待ってほしいと返答したが、藩はそのような余裕はないとして、三〇〇両から①の米代金を引いた額を調達するように強要した（「三百両才覚いたし呉《くれ》申候ハヽ、去夏中之米代金ヲ引落し、残りヲ差上申様ニ被仰渡候」）。光昌はやむを得ず承諾した。
④こうして光昌は、当面は藩への貸付金を立て替える一方で、円満院へ名目金の拝借を願い出ることになった。さらにその名目金は、現地で行方郡《なめがたぐん》五ヶ村へ貸し付けて利殖を図ることにしたようで、光昌も村々へ出向いて判を取っている（「行方郡五ヶ村へかし付ニ仕候、則御役人ト拙者同々（同道）ニて参申候て、別紙之通り判ヲ取申候」）。
この「口上書」の作成年は未詳であるが、相馬店の開店以降であり、しかも初代光武が存命中であるから、天明三年から文化二年（一八〇五）の間ということになる。そして①の文中に「辰五月中」とある点について、この期間中には辰年が天明四年と寛政八年（一七九六）の二回ある。③の「若殿様御入国」を、天明五年四月の九代藩主相馬祥胤《よしたね》による入部（中村への到着は六月一七日）と見てよいならば、「辰五月中」とは天明四年の五月中ということになるであろう。

また中井家文書中には、④で名目金三〇〇両を貸し付けられた行方郡五ヶ村のうち、その一村と思われる岡田村《おかだ》（福島県南相馬市小高区岡田）の天明五年五月付の証文写が残る（「奉拝借金子之事」）。

以上から、①は天明四年五月、②〜④は天明五年四月から五月に起きたこととしておきたい。

中村藩の名目金借り入れと中井家　中井家では中村への進出にあたって、円満院による口添えを受けていた。そして、同五年七月に円満院側から中井源左衛門宛に発給された史料（「覚」）によれば、中村藩は中井家を通じて円満院名目金の借り入れを依頼し、円満院はこれを承諾している。

ここで藩が名目金を必要とした理由について、史料中には「相馬家より御殿御金御拝借被成度御頼ニ付」としか記されておらず、具体的には不明である。しかし「口上書」の検討を通じて、同五年に藩は「若殿様御入国」の資金を調達するために、相馬店へ円満院名目金をめぐる依頼をしたことが明らかとなった。「覚」もまた同年の作成である以上、同じ依頼に関わる史料と見るのが自然である。天明の飢饉の影響により、当時の中村藩の財政はきわめて逼迫していた。たとえば天明四年一二月、藩は凶作を理由に幕府への拝借金願いを繰り返し、藩主祥胤と先代恕胤《もろたね》が謹慎を命じられるに至っている〔相馬市史編纂会―一九八八〕。

「覚」の解釈　この「覚」には、「金子は其元方ニて相働キ、御殿以御名目貸附可被致候」という一節がある。ここから江頭氏は「完全に町人の金であるものが名目金の名において貸し付けられていて、名目主からは一文の金も出てはいない」ことが判明するとして、この史料を商人の出資金が名目金として流通したことの一般的な事例と見なしている〔江頭―一九六五〕。しかし、「口上書」の③④の通り、中井家では円満院から名目金を借り受けることを前提に、藩へ三〇〇両を立て替えて納めている。つまり、ここでの「金子は其元方ニて相働キ」とは、中井家が金子を立て替えたという具体的な事実を指すのであり、円満院はそれを名目金として扱うことを了承したと読むべきであろう。

実は、江頭氏が引用する「覚」の差出部分には印判がなく、おそらく下書の類と思われる。中井家文書中には、同様の内容で印判のある「覚」がもう一通あり、実際に中井家へ発給された正文はこちらの方であろう。そこでは「奥州相馬家へ無拠《よんどころなく》被用立候銀子有之候趣、返済相滞候ハヽ、当方より取立之儀、且此後迚《とて》も右被用立候節は、当方御用銀之趣ニ取計被申度旨願之趣、聞届置候」と、今回中井家が中村藩へ用立てた銀子を「当方御用銀」（＝円満院名目金）として、返済金の取立なども円満院が行うこととし、今後用立てる銀子についても同様とすることが明確に認められている。

また、この「覚」では、藩への貸付のほかに「在町共、無拠筋合を以借用之儀相頼候時は、当方御用銀之趣を以借附《(ママ)》」ることも許可されている。行方郡五ヶ村への貸付は、先の岡田村の事例によれば天明五年五月に行われており、同年七月の「覚」よりも先行しているが、藩への貸付金と同じく名目金として扱うことが事後承諾されたのであろうか。

藩が借り入れた名目金三〇〇両は、文化五年より無利息三〇年賦で相馬店へ返済することとなり、天保九年（一八三八）に返済が終了している。もっとも、相馬店は藩に毎年冥加金《みょうがきん》を一〇両納めていたので、これを藩からの返済分と相殺していたようである（天保一一年「相馬店閉店ニ付貸金之内御殿御組込金丈取立相願候下調」）。円満院への利息は相馬店で立て替えて納めており、これが次第に滞って店の経営を苦境に陥れることになる（後述）。

天保期の中村藩への貸付・上納　中井家三代当主光熙《みつひろ》の代である文化一三年に、中村藩は「御国中一統十ヶ年賦御貸上ヶ」を申し付け、この時に相馬店では二〇〇両を「上納限ニ差上」るかわりに「以来、御用金不被仰付」という約定書を得た（同前）。しかし、天保四年以降には再び飢饉となる中で、藩は近江屋権兵衛や、相馬店にも上納金を課すようになる。

天保五年に中井家四代当主光基《みつもと》（光茂《みつしげ》）が相馬店を訪れた際の記録（「二番諸事日下恵」）によれば、前年に近江屋権兵衛は藩から「飢饉困民救之ため」に一五〇両の上納を要求され、これを拒否している。すると藩は、翌五年に中村での酒造を再開させるにあたって、権兵衛には二〇〇両を上納すれば酒造を許可するとした。光基は、これは明らかに前年上納を断られたことへの意趣返し（「是全前文之御含と被存候」）だとしている。

一方、天保四年には相馬店でも「飢饉ニ付、困民為救」、一〇〇両を上納している。そして翌五年、光基への挨拶のため、藩の使者として中村の「町長役」である氏家春多、および検断と十人役の三人が店を訪れたが、彼らが礼として持参したのは「鮭魚弐尾」だけであった。

中村の「町長」と「検断」　ここに登場する町長役について、『相馬市史 一 通史』（一九八三）には「村には肝煎（肝入とも）を置いた。中村においた肝入は町長と呼ばれた。村を統括する役で、他藩の名主、庄屋と同じであるが、他藩では多く世襲であるが、相馬では藩庁で任免した」とある。

このように『相馬市史』では、町長を村における肝煎と同様の存在としているが、天保一一年の「相馬店方要用集」という史料では、町長と検断を以下のように説明している。

上方ニて之無足《むそく》　町長　門馬市郎左衛門様
　但し町奉行之下役ニて、町方諸政事司
上方ニて之庄屋　倹（ママ）断　平野五治右衛門殿　同　青田彦兵衛殿
　但し町長之下役、町方惣年寄ニて、政事之取次、尤是ハ上方庄屋とも少し違、御役被召上候ても、給人と申、帯刀致し、野馬追之せつハ甲冑ニて出候、併夫而已《しかしそれのみ》、公儀ニ対し帯刀ハ不相成、此表ニハ致商売候ナリ

中井家側では、町長とは町奉行の下で「町方諸政事」をつかさどる役職であり、身分的には上方での「無足」、すなわち領地を持たない軽輩の武士に等しいと認識していたのである。こうした史料からすれば、中村藩における町長の身分や職務についての『相馬市史』での見解には、再検討の余地がある。

検断についても、役職は「町方惣年寄」であるが、身分的には「給人」とする。先述の「口上書」に登場した「男ナ役人」は、検断の「上役侍」とあることから、おそらく町長のことであろう。

「不都合之店」としての相馬店　天保五年、光基は相馬店を訪れる前に仙台店で長期滞在しており、

その間に相馬店から店卸帳を取り寄せて目を通していた（天保五年「初下り諸事手扣　壱番」）。

今日相馬善兵衛、同店昨年之店卸持参ニ付、及聞見候処、莫太《ママ》之損金、誠ニ〱当惑之到、尤昨年来飢饉不作とハ乍申《もうしながら》、余り之事ニて口綴候事、則損金

三百五拾三両三分弐朱・弐匁弐分、全損金（中略）

夫而已《それのみ》ならす店法甚以《はなはだもって》不締、御領主よりハ色々御無心、可申様なき不都合之店也

この時点で相馬店は慢性的に多額の損金を出すようになっており、光基も口をつぐんで絶句するほどであった（「余り之事に口綴候」）。しかも奉公人が遵守するべき「店法」も弛緩し、本稿で見てきた通り、藩のさまざまな「御無心」すなわち貸付金や上納の要求までもが重なっていたのである。前年に当主となったばかりの光基にとって、相馬店は「不都合之店」として強く印象づけられた。ここから相馬店は、光基による改革の俎上に乗せられることになるのである。

天保期の相馬店の改革と閉店

相馬店の改革とその背景　光基は天保五年（一八三四）から明治四年（一八七一）にかけて、「諸事日下恵《ひかえ》」という表題で統一された詳細な日記を書き残している。さらに、各出店についての関連記事を「諸事日下恵」から抽出して、「要用記」（要用録、要用集）という表題を付けて編集している（江

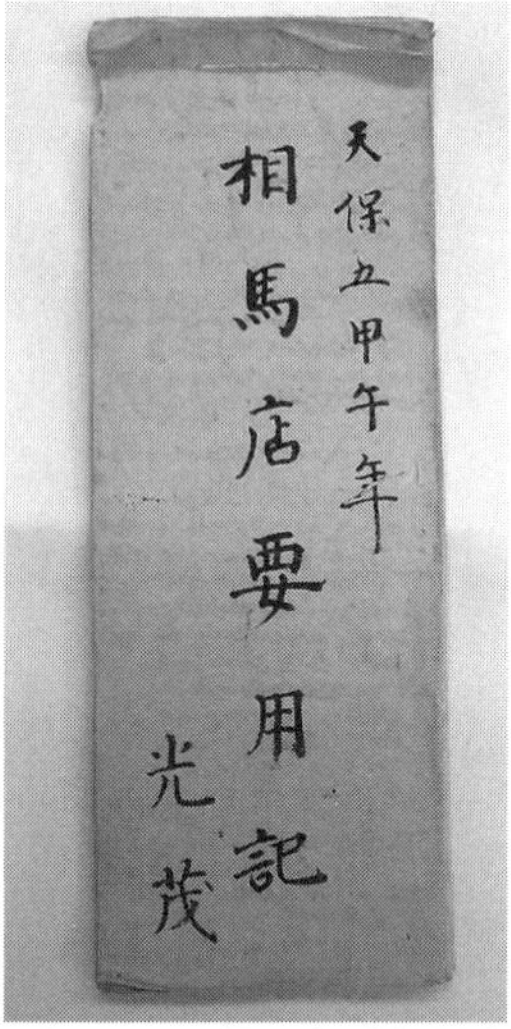

写真－1　天保５年「相馬店要用記」（中井源左衛門家文書、滋賀大学経済学部附属史料館蔵）

頭―一九六五）。そのうちの一冊が、相馬店の経営改革と閉店、およびその後の諸経緯に関する天保五年から嘉永二年（一八四九）までの記事をまとめた「相馬店要用記」である（写真－1）。

　この「相馬店要用記」の、天保六年の記事には、以下のような一文がある。

相馬店木綿・古手・綿之三商（中略）、追年かし金相嵩《かさみ》不融通、為其店卸年増不勘定（中略）此侭《このまま》年を送り候ハ、莫太之大借ニ可相及、如何様ニも見詰無之

すなわち、この時期の相馬店では、木綿・古手・繰綿商売にともなう「かし金相嵩不融通」―得意先商人などに対する多額の貸付金の返済が滞り、経営を圧迫していたのである。同じく「相馬店要用記」によれば、天保五年段階での得意先である中村の商人二五人への貸付金は二一五六両二分と八匁三分五厘であり、これに在方の得意先商人一五人への貸付金などを全て合わせると、その総額は二六七五両二分と八分四厘にも達していた。

　そこでこの年、光基は相馬店の木綿・古手・繰綿商売を停止して、質屋だけを存続させる決定を下し、立谷村の質屋も閉鎖し統合した（「右三商相休、尚立谷質店も相分り居候てハ自然失却多分相掛

可申間、本店へ引取」）。奉公人の数も半分にして、店の「造用」（諸経費）にも上限を設けて倹約を徹底させ、それでも存続の見込みが立たなければ店を引き払うとしている。

　そして、貸付金の回収については、相手方との「熟談」による解決を求めながらも、場合によっては訴訟も辞さない気構えであった（「其上不訳之分ハ、御上へ御訴訟奉申上候てなりとも可致取都《とりすべ》」）。

閉店の噂と返済交渉　相馬店の経営縮小は、地域の中で閉店の噂（「世間之風評、近江屋店ハ立谷質店も引取、古手・木綿・綿致休商候ハ、追々ニ店も引払候積ニ可有之」）を生み、藩の耳にも入ることとなった。

　同年六月、町奉行は相馬店の杢兵衛と近江屋権兵衛たちを内々に呼び出し、中村の商人への貸付金については、半分は現金で、半分は年賦で返済されるよう取り計らうことにしたいとの意向を伝えている（「貸金半高位当金為致済方、残半高年賦済位ニ訳立相付候ハヽ、上方主人へ其方共言分ケ可相立歟」）。先に挙げた相馬店による貸付金の総額は、こうした町奉行の内意を受けて、相馬店側でまとめ上げて報告したものである。

　しかし、その後返済は順調に進まなかった。一一月には近江屋権兵衛が、借金をしている商人と中村の町長とが結託している（「借方之者、町長をだき込候ものと被存候」）と光基に訴えている。権兵衛によれば、町長は現金五〇両程度を集めただけで、借りた側も十分努力しているのだから、相馬店側はこれで勘弁するようになどと発言したようである。

少額の返済で幕引きを図る町長に対し、相馬店では円満院との開店以来の関係に言及して、円満院の意向を聞かずに決定することはできないと返答している。町奉行は円満院との関係を重視して（「宮家より御付ケ合と相成候得ハ、事六ツケ敷《むつかしく》」）、町長へ慎重に交渉するよう促している。

再度の交渉の結果、貸金の三分の一は現金で返済し、残りは一五年賦とするといった返済案で、天保七年二月頃には合意に至ったようである。しかし、この年は深刻な飢饉となったため、返済も大幅に遅れることとなった。年末になってようやく総額の「三ヶ一之又三ヶ一」、つまり九分の一だけが相馬店に渡されており、これでは全くの焼け石に水である。

相馬店、閉店へ　天保九年には、もはや相馬店は質屋経営による利益も見込めない状態に陥った。その一因には、中村での質屋の増加もあったようである（「店方段々貸込ニ相成、不廻り之上、貸方皆無同様ニ付、不勘定之上、御城下質屋沢山ニ相成、一旦ハ質も大ニ減し、其上取次質多ニ付、利廻り至て不宜」）。

こうして同年閏《うるう》四月、光基は相馬店を近々閉店する方針を固め、その上で取質の停止を指示している。実際に閉店へと至るのは、さらに二年後の天保一一年のことである。「相馬店要用記」には、「当店開店　天明三年卯二月十七日開店　当天保十一子年迄、都而《すべて》五十八年ニ成ル」と、開店から閉店までの年数が書き込まれている。こう記しながら、光基は店の歴史を回顧したのであろうか。

名目金にともなう苦境　しかし、依然として貸付金はほとんど未返済のままであった。こうした苦境へさらに拍車をかけたのが、円満院の存在である。この点について、天保一一年に中井家が藩に提出した願書には以下のような文章がある（「相馬店方要用集」）。

円満院宮様御用金之内、御組込ニて出店仕罷有候処、当店より年々之納金、追々相畳《かさな》り、弐千六百両之滞ニ相成、弥増《いやまし》不勘定ニて、納金為登も一切無之ニ付、私方へ厳重之御催促有之（中略）去ル戌（天保九年）八月中より当店取質為相止、請金ヲ以段々相納メ、当時千七百三十両余之残金ニ相縮申候

ここでは、相馬店は円満院名目金を資金に組み入れて開店したと述べている。ただし相馬店による名目金の運用状況は史料的に明らかではなく、今後の課題である。天明五年（一七八五）の藩による名目金借り入れ以降、円満院には相馬店から毎年二〇両を納めていたようであるが（「覚」）、次第に滞りがちとなり、やがて円満院への借金は利息を合わせて二六〇〇両にも膨れ上がっていった。

天保九年に九〇〇両程度を返済したものの、円満院の取り立ては厳しさを増す一方であり、相馬店は藩に貸付金の返済を働きかけ続ける。しかし、これに対して藩は、無尽講を催して借金のある者たちを入講させ、落札金を相馬店へ渡して返済に充てるという仕法を提案している。この仕法は、講が満会にならなければ落札金を一切受け取れない規定になっているなど、解決策としては不十分なものであった（「相馬店要用記」・「相馬店方要用集」）。

幕府評定所への出訴　天保一一年、光基はいよいよ相馬店を閉店するため現地へ向かい、この時に

検断へ願書を提出して、無尽講によらない早期の返済を重ねて要求している。

その傍らで、中井家では訴訟による解決を目指して着々と準備を進めていった。天保一二年「相馬御領分貸金調」という史料では、二五人の貸付金の相手について、それぞれの未返済額を書き出した上で、店の経営状況や資産、また個人的な性格などまでを加味して、どの程度の回収を目指すのかを個別に分析している。その例を以下に挙げよう。

石田屋善多という商人は、金二〇七両一分・八匁一分三厘が未返済であり、ほかに利息も残っていた。この者は「当時身上柄《しんじょうがら》宜、質屋金主、金貸等致居」るので、訴訟となれば全額返済（「皆済」）が申し付けられるであろうが、「甚《はなはだ》不人情成ル人物」であるとして、注意を促している。

平野五治右衛門は、一二両二分二朱・三貫六一六文が未返済であった。この頃は暮らし向きが「極難」となっていたが、検断役を務めた人物であった。相馬店にとっては「殊ニ極悪人」であり、今回の件がこじれた責任もこの者にあるという「意恨（遺恨）」から、皆済が当然であるとする。

大田屋清左衛門も、六九両一分・一二匁三分と三六貫二〇二文が未返済で、かつ暮らしが「難渋」であった。しかし、その家屋敷は「凡十四五両計《ばかり》」の値打ちがあることから、一五両を限度として返済交渉をするべきだとしている。

こうした分析を踏まえて、天保一二年七月、中井家（訴訟人は相馬店の元支配人の杢兵衛）は三郡二町四村の範囲に及ぶ二五人を相手に、総額一三〇五両一分一朱・一〇八匁三分一厘・五一一貫三六二文の返済を求めて幕府評定所へ出訴するのである（「乍恐以書付御訴訟奉申上候」）。「相馬店要用記」によれば、この訴訟は翌一三年四月に決着した（「四月中、事済ニ相成候事」）。中井家は訴訟を通じてどの程度の額を回収できたのか、そのことを明記した史料は発見できていない。しかし「要用記」には「前々相馬表ニ而被申出候位之高ニ外不参、不都合千万也」などと記されており、光基にとっては不満が残る結果に終わったようである。

おわりに

本稿では中井家相馬店の経営活動とその盛衰について、専ら中井家文書中の史料に依拠して論じてきた。そのため、とくに閉店から訴訟へと至る経緯の叙述は、史料を作成した主体である中井家側の認識に則した部分が多くなってしまっている。

現地の人々は、相馬店による貸付金の返済要求をどう受け止め、対応しようとしたのであろうか。この点について、天保六年一二月段階での町長と相馬店との交渉の中で、町長が作成した書付の一節の内容を取り上げてみよう（「相馬店要用記」）。

相馬店で以前に貸し出した金や品物代金などの勘定が滞り、追々催促に及んでも返済されないと聞いているが、これは不実の至りである。しかし、御承知の通り、この中村の町は長年にわたって衰微してしまっている。特に近年は不作続きで、しかも寅年（天保元年）の火災による不景気に「巳之凶歳」（同四年の凶作）が重なった。住民たちは家族の間での扶助も厳しい状況で（「家内之扶助も曽々之体《かつがつ》」）、仕方なく借金についても不義理をすることになったのだろう。

また町長は、「元金を返済したら身代が潰れる者も多いので、慎重に調査して熟談に及びたい」（「元金高相応之御勘定為立候向ハ潰ニ相立候もの数多（中略）誠ニ無拠可《かなり》也之調ヲ以及御熟談ニ候事ニ候」）とも述べている。ここからは、中村の町行政の責任者として、相馬店への未返済は不実の至りとしながらも、飢饉の中で困窮する住民たちを保護しようとする町長の意識を読み取り得る。

危機的状況にあって自分たちの生活を維持するため、いわば守りを固めていた地域社会に対して、相馬店は自らを閉鎖・整理して出訴する以外、貸付金の有効な回収手段を持ち得なかったのである。

ところで、一八三〇年代以降、中井家は出店の整理期に突入している。この時期には、天保二年に尾道店（広島県尾道市）、四年以降に鹿島店、一〇年以降に名古屋枝店、一一年に相馬店、同年以降に湊店（石巻店の枝店）や近江屋権兵衛店、一二年に石巻店、弘化三年（一八四六）に名古屋店、嘉永七年（安政元年、一八五四）に香良洲店と、次々に閉鎖していったのである。

このうち、天保の飢饉による惨禍に見舞われた石巻地域に立地する石巻店と湊店は、地域住民からの施米・施大豆の要求や、藩による上納金の強制を受ける中で閉店に追い込まれていった（『石巻市史編さん委員会―一九九八』）。相馬店もまた、飢饉の影響下で閉店した事例と見なし得る。

中井家が北関東から南東北地方にかけて設置した出店にとって、同地方を襲った飢饉の影響は決して小さくはなかったであろう。無論、各店における具体的な影響の現れ方やその程度については実証が必要であるが、天保期以降には多くの出店が経営危機を迎えていたことは確実である。たとえば天童店では天保五年以降の天童藩による上納強要が経営を著しく悪化させたとされ〔天童市史編さん委員会―一九八七〕、大田原店では同六年の火災によるダメージからなかなか回復できず、閉店を志向するまでに至っていた〔青柳―二〇一四〕。

こうした状況下にあっては、出店同士が十分に連動しあうことで機能する産物廻しの商法にも困難が生じたと想像される。そのため中井家では出店の整理に踏み切って、次第に仙台店と京都店の維持に専心する方向へと転換していった〔日野町史編さん委員会―二〇一二〕のではなかろうか。

中井家ほか近江商人の経営史と、各商家が進出した地域での飢饉などを含めた歴史とをいかに接続させて論じ得るか、さらに検討を重ねていきたい。

〔参考文献〕

青柳周一「中井源左衛門家における出店経営と情報収集―「月〆報告」を事例に」（研究代表者宇佐美英機『近世・近代商家文書に関する総合的研究』（平成一二年度〜一四年度科学研究費補助金（基盤研究（B）（2））研究成果報告書、課題番号12410089、二〇〇三年）

同「移動する商人―南東北地方における日野商人・中井源左衛門光熙の店廻りについて」（安達宏昭・河西晃祐編『講座東北の歴史一　争いと人の移動』清文堂、二〇一二年）
同「日野商人・中井源左衛門光基の旅日記について―東北地方での商業活動と地震の記録」（『彦根論叢』三九五、二〇一三年）
石巻市史編さん委員会編『石巻の歴史二　通史編（下の1）』（石巻市、一九九八年）
江頭恒治『近江商人中井家の研究』（雄山閣、一九六五年）
小倉榮一郎『江州中井家帖合の法』（ミネルヴァ書房、一九六二年）
仙台市史編さん委員会編『仙台市史　通史編5　近世3』（仙台市、二〇〇四年）
相馬市史編纂会編『相馬市史一　通史編』（相馬市、一九八三年）
天童市史編さん委員会編『天童市史　中巻（近世編）』（天童市、一九八七年）
日野町史編さん委員会編『近江日野の歴史七　日野商人編』（滋賀県日野町、二〇一二年）
三浦俊明「寺社・御三家名目金と近世社会」（高埜利彦・安田次郎編『新体系日本史一五　宗教社会史』山川出版社、二〇一二年）
※本稿を執筆するにあたっては、相馬市史編さん室よりご教示をいただきました。記して感謝申し上げます。

奥州瀬上宿・近江屋与十郎家の同族関係と経営

荒武賢一朗

安永五年「分散配当割合帳」(内池輝夫家文書、福島県歴史資料館保管)

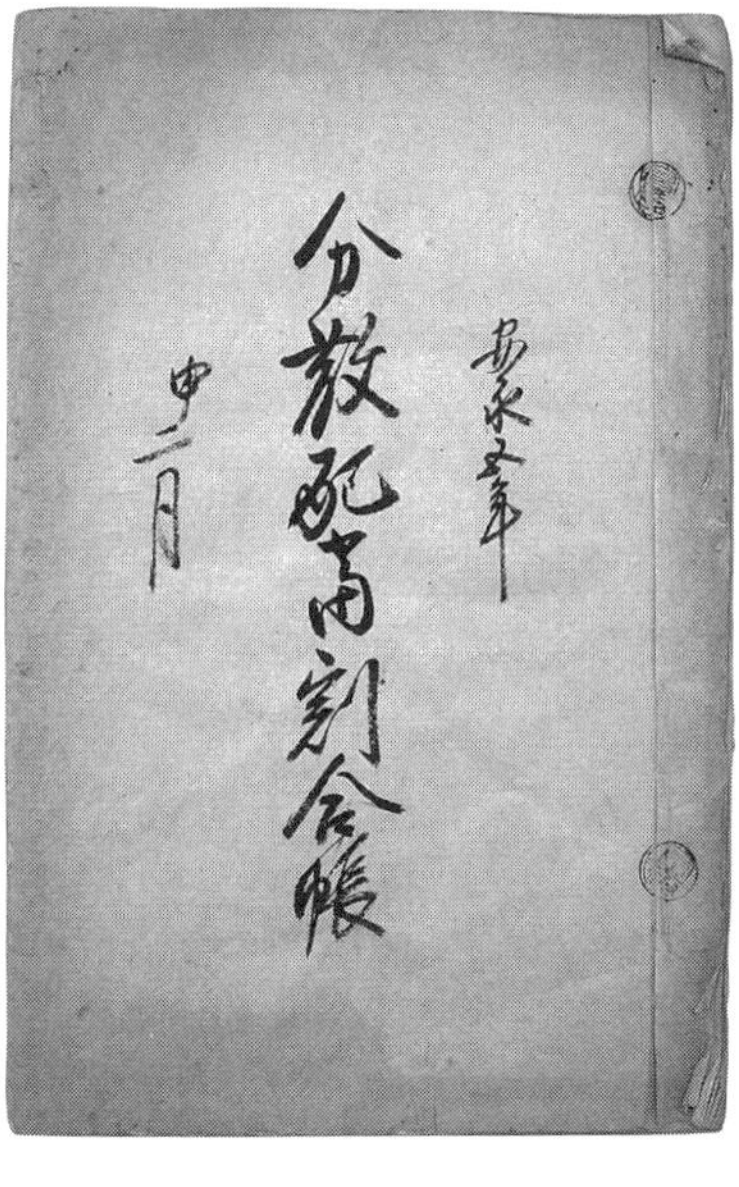

はじめに

本稿では、江戸時代前期に陸奥国《むつのくに》信夫郡《しのぶぐん》瀬上《せのうえ》宿（福島県福島市瀬上町）に拠点を持った内池（近江屋）家一族を取り上げ、近江国八幡（滋賀県近江八幡市）から同地へ定着し、商業を展開する過程を明らかにしていきたい。

江戸時代に活躍した近江商人については、戦前から多くの研究者が注目し、日本経済史・経営史全体において重要な課題となっている〔上村―二〇〇〇〕。その内容は、商業活動から物流をはじめ、商家の家訓、地域文化の担い手など多様な分野にわたり、現在に至っている〔上村―二〇一四〕。東北地方へ進出する商家についても、各地に点在する商人たちの分析がなされてきた〔森―一九八七〕。とりわけ、日野商人・中井源左衛門家の仙台店や東北地方一帯に商いを拡大していく様子を論じた江頭恒治の研究は、近江商人の存在意義を示すのに大きく貢献したといえるだろう〔江頭―一九六五〕。（江頭の手掛けた中井家の研究は近年関係文書の調査および整理が格段に進み、宇佐美英機や青柳周一の史料分析によって、さまざまな角度から活動状況を知ることができるようになった〔宇佐美―二〇〇五、青柳―二〇一三〕。）

本稿では、これらの秀逸な研究成果を参照しながら、八幡出身の奥州瀬上宿・内池家について検討を加えていきたい。具体的には同家の家系、瀬上で展開する商業活動の実態、そしてこれらを通して故郷・近江との関係などを明らかにする。同家については、『福島市史』で概要と一部史料が紹介されているほか、蔵書と文化的活動に注目した松尾由希子の好論がある〔福島市史編纂委員会一九七三、松尾二〇〇七〕。これら先学の成果と、福島県歴史資料館に保管されている内池輝夫家文書を活用する。この内池輝夫家文書には内池与十郎家のほか、三十郎家、惣十郎家など同族の歴史的経過を示す史料が含まれており、親族間の動きや商売の実情などを知る重要な手がかりといえる。それでは今日まで伝わる諸史料から、具体的な様子を述べていくことにしよう。

奥州瀬上宿・近江屋内池家

近江屋与十郎家　東北地方各地には、祖先が近江出身だとする商家・企業が現在も数多く存在している。本稿が取り上げる福島城下およびその周辺地域にも江戸時代から経営の拠点を置いた近江商人たちが生活していたものと推測できるが、商家の歴史を詳しく論じている書籍は意外に少ない。まずは、内池（近江屋）与十郎家（以下、「与十郎家」と省略）の歴史について紹介したい。

与十郎家の由緒を語る「内池氏伝説」では、近江国日野城主であった蒲生《がもう》氏の配下にあった内池備後守という武士の末裔で、「近江国八幡山」に住んでいたとある（内池輝夫家文書一六一、以下、「内池一六一」のように略す）。この事実を確認できる史料はほかに見当たらないので、真偽のほどは定かでないが、戦国武将として有名な蒲生氏郷を輩出する蒲生家に属した武士を先祖に持つことになる。このような戦国時代には「武士」だった者が、江戸時代になって商人へ「転職」する由緒は多い。八幡に移り住んだ内池家はおそらく商売を営んでいたと考えられるが、その三代目にあたる浄清《きよずみ》の二男、与十郎浄薫《きよしげ》（四代）のころに、陸奥国瀬上駅（宿）に店を開いたとされる。この「伝説」は六代延年《のぶとし》の時代に書かれているが、浄薫の瀬上宿への進出は寛文・延宝年間（一六六一～八一）だと思われる。

瀬上宿と内池家　瀬上は奥州街道の宿場町で、福島の城下町から北へ一つ目の宿駅であった。ここは出羽国山形へ通じる山形道や、保原《ほばら》・相馬へつながる中村道との分岐にあたり、交通の要衝である。また、これら陸上交通とともに、現在の福島県から宮城県へと流れる阿武隈川《あぶくまがわ》と支流の摺上川《すりかみかわ》が合流するところで、瀬上河岸《かし》と呼ばれる船着場があり、水運とも接点を持つ商売をするには最適の町だったのである。瀬上村は村高千五百石余りの大きな村で、天保九年（一八三八）には人口八二四人を数える。近隣の村々と比較しても群を抜く規模を誇っていた。また同村は江戸時代初期から幕府領であり、この地域の幕府領を管轄する桑折《こおり》代官所（福島県伊達郡桑折町）の支配を受けていた。

与十郎家と桑折代官所との関係は、文政一一年（一八二八）正月一三日付けの「申渡」という代官所からの通達でわかる（内池一六六）。この代官所から与十郎に宛てられた文書では、与十郎を真面目な人物で親孝行を尽くし、家の経営も心がけが良いと聞き及んでいる、と述べている。その品行方正な姿勢を賞し、格別の取り扱いとして一代限りの「帯刀御免」を命じている。この帯刀御免とは、代官所などの公的な場面で武士と同じように刀を差すことが許されたことを示す。一代限りとあるので、家にではなく個人として褒美を受けたことになる。帯刀御免を申し渡したあとの文章では、「御用達調達方」の仕事をいっそう励むように、と添えてある。この御用達調達方とは、桑折代官所に出入りして、代官所の運営資金などに従事することを示していて、ここでは与十郎が代官所の出入り商人であったことが確認できる。つまり、親孝行をする、また経営もうまくやっていることを理由としながらも、代官所への貢献から帯刀御免を許可されたのである。

足守木下氏が領主になる　寛政一二年（一八〇〇）に備中国足守《あしもり》（岡山県岡山市北区）を治めていた大名、木下氏の領地となり、奥州の領内村々を支配する陣屋がこの村に設置された。木下氏はこの領地替えで本領足守の三か村を残し、大部分の所領を奥州の信夫郡と伊達郡に移されたため、備中へ領地を戻したいという希望を持っていた。そこで幕府に歎願書を提出し、天保二年（一八三一）に所領二万五千石のおよそ半分にあたる一万一千石を旧領に戻すことが命じられている。しかしながら、瀬上村はそのまま木下氏の奥州領として、明治維新を迎えた。その背景は明らかではないが、陣屋が設置されている奥州領の中心地であることと、陣屋の御用達商人に与十郎家と永倉（塩屋）幸吉という地域のなかでも有力な二つの商家が居住していたことも関係があるだろう。

それを示唆するのは、安政二年（一八五五）の江戸大地震に関する史料である〔福島市史編纂委員会―一九七二)。同年一〇月二日、いわゆる「安政江戸大地震」が発生し、最大震度六と推定される大規模な災害が起こっている。木下氏は現在も東京都内に「木下坂」という地名が残るように、港区南麻布に江戸屋敷を持っていた。この江戸屋敷は地震によって大きな破損を受けたため、修復のために領内村々に御用金八百両を課したほか、大工・左官・石工《いしく》・人足が動員された。御用金は村落ごとに割り当てられたが、これとは別に陣屋と緊密な関係にある地域の有力者から、合計一二六両の地震見舞金が献納されている。地震見舞金は個人として各村の名主や商人が差し出したとみられるが、このなかで与十郎家と塩屋幸吉は最高金額の二五両ずつを納めていて、領主と近しい存在であったことと、経営規模が極めて大きかったことを想像することができる。ちなみに見舞金五両を献上する内池与五郎なる人物も確認できることから、この与五郎家も同族だったと考えられる。

瀬上・近江屋惣十郎家　瀬上宿には与十郎家のほか、内池姓を名乗る商人が数名おり、いずれも近江から当地に店を構えた同族だったと考えられる。次に紹介するのは、惣十郎(宗十郎・宗重郎とも記載)家である。安永三年(一七七四)三月、惣十郎から当時瀬上村を支配した幕府の桑折代官所へ宛てた文書では次のようなことがわかる(内池一二七「乍恐以書付奉伺候事」)。

惣十郎自身が述べるところでは、同家はこの時より一三五年前とあるので、寛永一六年(一六三九)ごろに江州八幡より瀬上村に移り住み、百姓仕事をおこない、そのほかに木綿・小間物・酒造などの商売をしてきたという。先に紹介したように与十郎家は、寛文・延宝年間に八幡から当地に店を開くとあるので、惣十郎家はそれより少なくとも二〇年ほど前に瀬上へやってきたことになる。そのように考えると、惣十郎家が瀬上で経営基盤を作った後に、親族である与十郎が当地に遅れて移ってきたとみるべきだろう。また、百姓を勤めたとあるので、田畑の耕作・経営を手掛けながら、木綿や日用品・化粧品などの小間物、そして酒造業の経営に乗り出していたことも理解できる。関東や東北地方に拠点を持ち、その後に土着化していく近江商人は酒造や醤油などの醸造業に規模を拡大することが多いので、惣十郎家も同じような展開をしていたことを裏付けている。

多角的に商いを繰り広げたと思われる惣十郎家であったが、次第に商売がうまくいかなくなり、たくさんの借金を抱えて経営を維持することが困難になった。これより一五年前（宝暦九年〔一七五九〕）からは借金をしながら商売を続けてきたが、その後は大きな損金を出してしまい、膨大となった借金で破産状態になったとある。そして、安永五年（一七七六）には、破産手続きと「分散」が実施され、その後は近江に戻っていることが確認できるが、この点は追って後述することにしよう。

福島・米屋（近江屋）三十郎家　瀬上宿に近い福島には、与十郎家・惣十郎家の親族にあたる内池（米屋、近江屋の両方の屋号を使用）三十郎家が出店《でみせ》（支店）を構えていた。同家は、与十郎浄薫の二男三十郎が八幡で独立し、その手代の治兵衛を派遣し、福島に進出したのは明暦五年（一六五五）だといわれる（福島市史編纂委員会―一九七三）。天保五年（一八三四）一二月、同族の惣十郎、与十郎から福島の領主である大名、板倉甲斐守様福島御役所宛に提出された文書から三十郎家の様子をみていきたい（内池二二七「乍恐以書付奉願上候事」）。三十郎家は、およそ百年前（享保一九年〔一七三四〕ごろ）に福島の出店を設けたが、最近になって「困窮」したとある。

三十郎家は、文政年間（一八一八〜三〇）に経営が思わしくないことが伝えられており、その状況が天保五年まで続いていたものと考えられる。そして、当主とその息子たちまでが相次いで亡くなり、残された家族は江州の本宅に帰ることになった。ここで注目されるのは、亡き三十郎の所有していた屋敷（福島出店）のことであった。三十郎は以前に役所の「御台所御用（金銭出納）」を勤めるなど領主との関係も緊密であったことから、惣十郎と与十郎は何とかこの屋敷を三十郎と近い血縁の者に引き継がせることを考えた。しかし、家督を相続できるような人材はおらず、三十郎の店で奉公をして、その後独立した近江屋四郎兵衛なる人物に屋敷を相続させることにした。この四郎兵衛も役所の御用を勤めるほどの商人であり、彼ならば三十郎の先祖も喜び、親類の私たちも安心して任せられるという内容を述べている。この提出文書と合わせて、四郎兵衛からの願書も作成されており、結果として三十郎の福島出店は近江屋四郎兵衛が引き継いだ。四郎兵衛を迎えた三十郎家はその後も福島で存続し、現在に至る。ここまでのところ、内池三家をつなぐ詳細な縁戚関係は明らかではないが、「親類」であることがわかり、三十郎家の家督・屋敷相続につき惣十郎と与十郎が尽力していることが確認できる。

内池三家の関係と故郷八幡

惣十郎家の分散一件　三十郎家の福島出店相続で紹介したように、惣十郎、与十郎、そして三十郎の三家は親戚であり、また各家の危機には互いに協力していたことが示唆される。経営の危機については、惣十郎家が安永三年（一七七四）に直面した破産状態への対応を読み解いてみよう。

同家の項で、安永三年に記された文書で多額の借金を抱えているところまで紹介したが、その続きを考察してみたい（前掲内池一二七）。借金がかさんでとうとう商売を続けることが難しくなった惣十郎は、金主（借入先）たちからたびたびの催促を受けながらも返金ができない状態だった。これは安永三年に始まった話ではなく、数年間にわたっていたようで安永元年（一七七二）に惣十郎から金主たちにある提案をしている。それは、惣十郎が所有する家財・商品などを調査し、その代金をもって「分散」をしてくれるように頼んだのである。ここでいう分散は金主たちがそれぞれ惣十郎に貸しつけている金額に応じて、「有り金すべてを分けてくれ」という意味だった。分散願いを受けた金主たちは、「得心の者」と「不得心の者」に意見が割れて、結果として惣十郎の申し出は失敗に終わってしまったようである。

それ以来、惣十郎家は商売ができなくなり、当然ながら利息も支払えず、負債額はさらに増えていく。この状態が三年間続いていたわけで、家財や商品を切り売りしながら生活費を捻出したため、財産はさらに減っていった。この状況を打開するには分散しか他に方法はない、というのが惣十郎の判断であり、桑折代官所に金主たちとの調停を願い出たのである。ここまでが安永三年三月に惣十郎が作成した文書の内容だった。その後、代官所が金主たちに調停を試みたのかどうかは定かではないが、おそらく惣十郎の意向は受け入れられなかったのだろう。

分散と借金の総額　惣十郎の希望が現実となったのは、さらに二年が過ぎた安永五年（一七七六）二月のことだった。それを説明するのは「分散配当割合帳」という史料である（内池一三〇）。この文書は表題の通り、惣十郎の所有品などを売却した代金を金主たちに割り当てることを詳しく示している。惣十郎本人と金主たちの署名・押印が記載されているので、分散はここで完了したといえる。冒頭には多分の損金によって五年前に「身上引潰し」となり、金主各位に迷惑をかけたことを詫び、分散配当に応じてくれたことに敬意を表している。また、この五年間で所有品が目減りしてしまい、重ねて詫びを入れた。ひとまず、これにて一件落着となったが、注目は借金の総額が金二千四百両を超えていることだ。現在の貨幣価値に江戸時代の金一両を換算することは難しいが、仮に金一両を現在の五万円とすれば、一億二千万円になる（日本銀行貨幣博物館ホームページ参照）。実に巨額であるとともに、惣十郎家がそれだけの事業を展開し、そして当初は金主たちと信用関係を築いていたことを証明していよう。惣十郎がどのような形で借金をふくらませたのか不明だが、そもそも返ってくるアテがなければ、資金を貸しつけることはあり得ないし、借主の人柄の善し悪しも影響

表－1　安永5年（1776）近江屋惣十郎家の分散と金主たちの配当額

通番	金主の名前	金主の居所	惣十郎への貸付金額	分散による配当金額
1	堀切善兵衛	上飯坂村	450両	11両3分
2	武田新之丞	掛田村	318両3分	8両1分
3	内池三十郎	福島	315両	8両1分
4	冨田屋万七	伏黒村	314両	8両1分
5	菅野新左衛門	簗館村	210両	5両2分
6	熊坂権蔵	御代田村	128両	3両1分
7	井筒屋勘右衛門	出羽国山形	109両	2両3分
8	冨田屋忠左衛門	伏黒村	100両	2両2分
9	石川庄兵衛	江戸大伝馬町	100両	2両2分
10	佐々木伴右衛門	桜本村	80両	2両
11	安田八郎兵衛	下野国久下田	75両2分	1両3分
12	金谷庄次郎	簗館村	63両2分	1両2分
13	須田善吉	会津	53両2分	1両1分
14	所平	御代田村	40両	1両
15	関東屋儀左衛門	梁川村	20両	2分
16	佐藤弥五右衛門	新田村	17両2分	1分
17	伊藤屋重兵衛	下総国堺（境）河岸	8両1分	永227文1分
総計			2403両2分	63両1分

出典：内池130「安永五年二月　分散配当割合帳」（福島県歴史資料館保管）
注：＊1「居所」で村名のみはいずれも瀬上村の近隣。＊2「配当金額」は永以下を切り捨て（17をのぞく）。＊3「総計」は史料記載のままとした（1～17の総計と合わない）。

してくるだろう。

分散の配当　ところで二千四百両の借金に対する分散配当額はどれだけのものだったか。まずは、表－1を紹介し、その内容をみていくことにしよう。

この表には、惣十郎に資金を貸した金主たちの名前、彼らの居住地、それぞれの貸付金額、そして分散の配当金額を整理している。金主は一七名で、そのうち過半数の一一名は瀬上村近隣（陸奥国信夫・伊達両郡など）であり、親族関係にある福島の内池三十郎（3）も三一五両を貸していた。貸付金額の首位は信夫郡上飯坂村の堀切善兵衛で、四五〇両の巨額を融資している。堀切家は天正六年（一五七八）より同村に居住し、土地経営のほか、金融・生蠟・真綿・漆・鉄などの商売を手掛け、酒造業にも着手している地域の有力者である〔福島市史編纂委員会―一九七三〕。明和年間から天明年間（一七六四〜八九年）における毎年の勘定帳には金一万両以上の金額が計上されており、瀬上村など近隣村々への貸金だけでなく、相馬・白河・福島などの大名家にも「大名貸」をおこなっている。ちなみに近代に入ってからの当主善兵衛は衆議院議長などを務め、すぐ下の弟・善次郎も内務大臣などを歴任した。さらに彼らの弟・久五郎は内池三十郎家の養子となり、内池久五郎として事業の傍ら衆議院議員に当選している。堀切家と内池三家の縁戚関係も示唆深いが、ここで堀切家の紹介は終えることにしよう。

上位には堀切、内池三十郎のほか近隣地域の顔ぶれが揃っていることがわかる。また、山形の井筒屋勘右衛門（7）、江戸大伝馬町の石川庄兵衛（9）など遠隔地からも多額の融資を受けている。これら遠方の金主は商業取引の関係からであろうと推測できるが、問題になるのは分散による配当金額だった。惣十郎家が屋敷に残していた商品の売却代金は六三両であり、貸付金四〇両に対して配当は一両という計算となっている。六三両も決して少額とはいえないが、二千四百両と比べれば驚くべき数字だろう。四五〇両を貸していた堀切善兵衛はわずか一一両しか取り戻すことができなかったのである。

近江・西光寺との関係　瀬上宿にて身上引潰しとなった惣十郎家であるが、どうやらその後は近江国へと戻り、子孫が代々継承していたようである。それを示すのは、先述の天保五年（一八三四）

に三十郎家が四郎兵衛を後継者にしたことを示す文書である（前掲内池二三七）。これは三十郎亡き後に惣十郎と与十郎が連名で役所に提出したものだが、惣十郎の居住地は「江州八幡町、当時同国同郡竹村（天保五年現在、近江国蒲生郡竹村）」に住んでいると書かれていた。名前は「米屋宗十郎」とあり、三十郎の「本家」であることも明記されている。瀬上宿時代から内池惣十郎は、近江屋または米屋の屋号を、そして名前も惣十郎または宗十郎という表記を使用しているので、安永五年に身上引潰しとなった惣十郎の子孫であろう。竹村（近江八幡市竹町）は、八幡町の近隣に位置しているので、何らかの縁によって同村へ移住したと察する。

惣十郎家が竹村に移ったことを確認できるもう一点の史料は、寛政一一年（一七九九）三月作成の往来宗旨《しゅうし》手形である（内池一九三）。これは、一般的に往来手形と呼ばれる江戸時代に旅行者が所持した身分証明書・通行許可証であり、居住地から旅に出掛ける者は必ず檀那寺《だんなでら》（江戸時代前期以降、人々は必ずどこかの寺院に登録）からこの許可証を発行してもらう規則になっていた。

ここで紹介する手形の発行者は、同じく八幡町に近い蒲生郡中村（近江八幡市中村町）にある浄土宗西光寺《さいこうじ》で、竹村・内池宗十郎の母りつ、娘のぶ両名の信州善光寺参りのための許可をおこなっている。このことから西光寺が惣十郎家の菩提寺だということがわかる。

西光寺の墓所　惣十郎家が西光寺を檀那寺にしていたことは、つまり与十郎家や三十郎家も西光寺と関係があったとみるべきだろう。

三十郎家は天保五年に当主およびその息子たちが相次いで亡くなり、後継者がいない危機に直面したことは前述の通りである。それ以前から同家の経営はうまくいっていない時期があり、次に紹介する文化一一年（一八一四）二月一三日付けの「店家屋敷譲状之事」は、その様子を物語っている（内池二二五）。この史料は下書きであり、宛先は「近江屋」としか記されていないが、発信者は江州八幡・米屋三十郎の代理で瀬上駅親類・近江屋与十郎となっている。これによれば、三十郎の所有する八幡の本家（その後の記述では「近江屋三十郎店家屋敷」とも書いている）を家内諸道具など一括にて屋敷ごと金八〇両で売却するとした。そのうちの一〇両は三十郎家の墓所守料として西光寺に渡すとあり、同家もやはり西光寺に墓所を持っていたことがわかる。

さらに時は流れて安政五年（一八五八）一二月には惣十郎に宛てられた「西光寺より過去帳・墓調書」なる文書が作成されている（内池一六二）。これは、惣十郎からの依頼に応じて西光寺の住職が過去帳や墓所の調査結果を書状にして返信したものである。手紙の書き出しでは惣十郎の先祖だと思われる「八蔵居士」の一七回忌法事に金一両を献納したことや、日頃の御懇志（お布施）に対する謝意を表している。そして本題の惣十郎が西光寺に尋ねていた三十郎家にかかる累代の戒名や墓地石塔の数は入念に調べたものの、一切わからなかったと報告した。西光寺に古くから出入りをしている者に問い合わせたところ、以前に三十郎が石塔を数か所にしていると、「ゆくゆく煩わしく」なるので一か所にまとめて石塔を建立したとのことであった。最初は三十郎家から挨拶があったものの、そのうち連絡がうまくとれず、今回の依頼で確認をとってようやく明らかになったとしている。この石碑はおよそ三尺（約九〇㎝）、正面に「代々墓」、背面に「内池氏」と銘打っていることも記す。

また惣十郎家の墓石に関しても西光寺で調査したところ、文字が見えなくなっていて、二、三本のなかで何とか先祖の戒名を見つけ、それを詳しく別紙で送付するとあった。惣十郎が三十郎家の墓石や過去帳をなぜ知りたがったのか。これについては全く想定することができないが、自らの家と三十郎家の縁類関係を調べる必要があったのだろうか。いずれにしても、三十郎家の墓所をめぐり、与十郎と惣十郎がそれぞれ関わりを持っていたことは明らかである。

与十郎家の商業活動

江戸時代中期の商い　これまで内池三家の親族関係や相続などについて考察をしてきた。それでは彼ら瀬上宿や福島に土着化していた商人たちの経営動向はどのようなものだったのか。与十郎家の経営帳簿などを中心に具体的な内容を探ってみよう。

与十郎家が書き記す安永九年（一七八〇）の勘定帳では、次のような特徴がわかる（福島市史編纂委員会―一九七三）。当時同家が持っている商品・有金の総額は金九九六両余りであった。この金額は与十郎家の全財産ということがいえる。主体となる商いとしては、商品売買と貸金業であったことも着目できる。具体的な産品が明らかでないのが残念だが、茶の取引はかなりの高額（金八〇両）だった。

続いて天明五年（一七八五）の勘定帳をのぞいてみよう。この年の取引商品には、「鬢付け油（一二両）」「水油（六両二分）」「その他商品（六両二分）」「米（六両）」が上位を占める。これらの産物が江戸時代中期における与十郎家の商いを支えていたのかもしれない。売上高は大きなものであったが、一方の支出では家計費（七七両二分）、飯米代（五五両二朱）など高額な費目が並んでいる。結果、この年の収支決算は九三両の赤字となった。他の年次と比較すると、明らかに飯米代金が増大している。これには天明三、四年の凶作と米不足が影響し、米価高騰に連動する諸物価上昇にともない、生活費が膨張したと考えられる。

八幡本店との関係　右に述べてきた勘定帳は瀬上近江屋の資産および収支であるが、江州八幡の本店との連絡はどのようになっていたのか。少なくとも年々にわたって半期に一度は瀬上店の収支明細を送り、商況などにつき意見交換をしていたはずだが、具体的なやりとりについては不明である。その点でひとつ注目できるのは、江戸時代後期に作成したものと推測する「書翰案文《しょかんあんもん》」だ（内池二四九）。書翰は手紙のことであり、案文は下書きを意味するが、発信者や宛先などは全く書かれていない。ただ、文章の表現や手紙の内容からおそらく瀬上店から八幡の本店へ書き送ったものの案文ではないかと考えている。たとえば、いくつか事例を挙げてみよう。

①去年の暮れにお願いしていた本家相続金に関する御調べ書を、私に送ってください。

②今年は最近では珍しい豊作にございます。蚕の方も相応の売れ行きが見込めますが、まだ売買の段階にはなっておらず、資金不足で困っています。

③中村屋の件についておっしゃってくださった内容はたしかに承知しました。去年の秋に隠居と与左衛門の名前にて手紙が届いたことがあります。金之丞様には借金がたくさんあるようで約八百両だということです。中村氏の相続も難しいとのことで奥州へ下りたいとの希望が書いてありました。

右には現代語訳による書翰案文を三点書き起こしている。いずれも当事者同士が心得ているだろう案件で詳しい背景が説明されておらず、これ以上分け入った史実をつかむことはできない。しかし、一貫して丁寧な文言で書かれていることから瀬上店から八幡へ送付した書翰の原案だと想定している。①では本家への依頼、②は瀬上宿の状況、③おそらく八幡か近江の商人仲間である中村屋なる商家の経営状況、といった内容だった。今後、勘定帳や大福帳の微細な分析をおこなうことでこれらの情報が何を意味しているのかを確認できるかもしれない。

幕末の多角的経営　再び与十郎家の大福帳を通じて、今度は幕末期の経営状態をみておきたい〔福島市史編纂委員会─一九七三〕。嘉永三年（一八五〇）春から翌年の商品出入勘定では、江戸時代中期と比べて質・量ともに拡大した経営の実態を知ることができた。まず、このときの有金は二七三七両余りで安永九年と比較すると、実に三倍弱の成長を遂げたことが理解できるだろう。

本稿ではあまり詳しく触れていないが、土地経営は大きな柱になっており、この嘉永三年においても揺るぎない収入源であった。江戸時代後期に至るまで徐々に瀬上村や隣村の宮代村にて田畑を買い取り、自作地と小作地に分けて経営を展開した。ここでは一例として自作地の収支を示しておこう。「自作地」といっても与十郎自身が農作業をする手作りではなく、ここでは自ら経営する田畑という理解だが、この年には金一八五両の収入があり、経費を差し引くと六八両の利益が出た。農地経営は豊作・凶作に左右されるので、リスクの高い事業であるものの、一定の収入が見込めるし、土地の運用にも効果的だったといえるだろう。

瀬上店の商品販売の売上高は二二九八両、利益は三二両であった。取引による大きな資金は派手に動くが、儲けとなれば自作地経営よりも少ないというのが印象的である。ほかにも醤油・灯油売買は二品目を合わせても金一両程度の黒字だった。商売だから当然仕入れ価格によりけりで、販売相手との折り合いも難しいところである。

当時、与十郎家の経営に最も貢献したのは酒造業だった。売上高は四百両以上、利潤も一三〇両余りで、同家の台所をしっかりと支えたといえるだろう。また、この時期の特色としては質屋が挙げられる。質屋商いでは質物と有金を合わせて三〇九両が計上されている。その他、幕末から明治初年における与十郎家の取引商品を記録する「萬手控《よろずてびかえ》」には秋田の名産・千木と一緒に「鯉瀧登乃図」や水晶大玉といった品々もあった（内池二〇一三）。

仕入と会計　先には経営上の収入を述べてきたが、支出の方もみていくことにしよう。嘉永三年から四年にかけて最も大きな支出は飯米・味噌・塩（金六五両余り）であった。これは一家のほか、奉公人や酒造蔵の労働者たちの食生活を満たすものであったろう。次いで多大な支出は法事に関する入用で三二両三分が投じられた。さらにこの時期には屋敷や酒蔵の修復をおこなっていたようで、屋敷普請の費用（金一一両三分）、酒蔵上塗り（壁の上塗り、金一二両）が充てられた。興味深い支出項目には酒呑（一〇両）のほか、薪木伐りの人件費（一〇両）、勝手男女（店ではなく家の使用人）の給金（五両）などもあり、合計一五〇両の費用がかかっていた。

おわりに

東北地方の町々を歩いていると、必ずといってよいほど「ここにも昔、近江からやってきた人たちの子孫がいるよ」と声を掛けられる。近年、山形で近江商人の子孫が刊行された書籍も好評を博しているという（榎森二〇一三）。東北地方で商いをしていた人々の歴史的足跡について、研究が進みつつあるなか、本稿では現在の福島市で経営を展開した人々に焦点を当てて、その系譜を明らかにしてきた。

江戸時代前期に奥州瀬上宿や福島に店を構え、当地に定着していく内池与十郎家、惣十郎家、三十郎家の三家を中心に、八幡出身の商人における同族関係をとらえたのが本稿のもっとも大きな「売り」である。惣十郎の奥州入りから、与十郎の瀬上店、そして与十郎家から独立する三十郎の系譜は互いに関係を取り持ちながら近世日本の商業世界に参加していた。本稿では彼らの親族関係によるつながりや、経営危機および相続問題の内実を明らかにして、東北で活躍する商家の姿をできるだけ具体的に述べたつもりである。また、惣十郎家の身上引潰しおよび分散による経営規模の確認や、与十郎家の勘定帳による取引商品などは東国における商人の経営状況を示す一例になった。

瀬上や福島に限らず、また東北地方のみではなく、近江商人の歴史的事象を丹念に追っていく作業を今後も継続していきたい。

〔参考文献〕
青柳周一「日野商人・中井源左衛門光基の旅日記について—東北地方での商業活動と地震の記録—」（『彦根論叢』三九五、二〇一三年）
上村雅洋『近江商人の経営史』（清文堂出版、二〇〇〇年）

同　『近江日野商人の経営史―近江から関東へ―』（清文堂出版、二〇一四年）
宇佐美英機　「「中井源左衛門家文書」と「近江商人」研究」（『滋賀大学経済学部附属史料館研究紀要』三八、二〇〇五年）
江頭恒治　『近江商人中井家の研究』（雄山閣、一九六五年）
榎森伊兵衛　『山形商人―江戸期からの系譜―』（山形新聞社、二〇一三年）
福島市史編纂委員会編　『福島市史三（近世Ⅱ）』（福島市教育委員会、一九七三年）
福島市史編纂委員会編　『福島市史九（近世資料Ⅲ）』（福島市教育委員会、一九七一年）
松尾由希子　「近世後期商家の蔵書形成と活用―陸奥国内池家の事例より―」（『日本の教育史学―教育史学会紀要』五〇、二〇〇七年）
森嘉兵衛　「南部藩近江商人の研究」（『森嘉兵衛著作集一　奥羽社会経済史の研究／平泉文化論』法政大学出版局、一九八七年）

近江八幡市域の商家にみる諸儀礼について

桂　浩子

旧八幡町の町並み（滋賀県近江八幡市、筆者撮影）

はじめに

滋賀県近江八幡市。八幡山の東麓にひろがる旧八幡町は、天正一三年（一五八五）に豊臣秀次が八幡山城とともに築いた城下町である。碁盤の目状の町割りはほぼ当時のままの形で残され、その一部は重要伝統的建造物群保存地区にも指定されている。なかでも新町通りには古い商家が軒をつらね、白壁の蔵や木塀からのぞく見越しの松が往時の風情を伝えている。旧八幡町にみられるこうした町家は、かつて近江商人の本宅・本店として用いられていた。

近江商人は近江国（滋賀県）に本宅をおき他国稼ぎをした商人の総称で、発祥地や活躍した時代、取り扱った品により八幡商人・日野商人・湖東商人などに区別されている。発祥地のひとつである近江八幡からは江戸時代に安南（ベトナム）へ渡航した西村太郎右衛門や、蚊帳や畳表を扱い三都へ店を設けた西川利右衛門家など多くの商人が輩出された。八幡商人については代表的な商家の概要が『近江八幡人物伝』（一九八一）に記されるほか、西川利右衛門家、西川甚五郎家、西川伝右衛門家などは家訓や店則、奉公人といった経営の諸相について様々な研究もおこなわれている。

日本各地に商いの場をひろげた近江商人。近世商人の一類型である彼らが興味の尽きない対象であることは、積み重ねられた多くの研究が裏づけている。本稿では八幡商人の一事例として、商家史料の記録をもとに暮らしの諸儀礼を紹介するものである。

町並みと八幡商人

旧八幡町の町並み　南北一二筋、東西四筋からなる旧八幡町は、天正一三年に城下町として造られた。町を構成したのは安土城下の商人や近在の村から移住した人びとで、文禄四年（一五九五）に八幡山城が廃城となってからも、八幡堀を用いた水運や朝鮮人街道など、地の利を活かし商人の町として栄えてきた。

本稿では旧八幡町に本宅を持つ八幡商人のなかから、仲屋《すわい》町上の西川伝右衛門家（図−1、A）と為心《いしん》町上の谷口兵左衛門家（同図B）をとりあげる。使用した西川伝右衛門家文書、谷口家文書は、滋賀大学経済学部附属史料館収蔵のもので、近江八幡の真崎重右衛門氏が収集、昭和三九年（一九六四）に史料館へ寄託された史料群の一

図−1　旧八幡町の町割り

部である。

西川伝右衛門家　蝦夷地（北海道）で代々場所請負経営に携わった商家である。場所請負とは松前藩特有のもので、家臣に知行として与えられた漁場とアイヌとの交易権を商人が代行し、毎年運上金を知行主（家臣）に支払う制度のことである。

　西川家の先祖は蒲生郡津田村（近江八幡市津田）から八幡山城築城を機に居を移し、初代の父吉重は主に越後地方への行商をおこなっていた。寛永四年（一六二七）生まれの初代は慶安年間に松前へ渡り、松前藩家老下国《しもくに》安芸《あき》との縁から福山古松前町に住吉屋と称し支店を構えた。寛文年間には小樽に近い忍路《おしょろ》・高島両郡の漁業場請負の許可を得て場所請負をはじめている。三代目昌奉のころには松前に進出していた他の近江商人と両浜商人を構成した。文化一三年（一八一六）に磯谷・歌棄《うたすつ》を、天保八年（一八三七）には他家と共同で択捉《えとろふ》場所を請負ったが、磯谷・歌棄は嘉永二年（一八四九）に他家へ譲り、択捉場所も損失が多く七年で返上している。明治二年（一八六九）の場所請負人制度廃止後も、西川家は忍路・高島の漁場を借り経営をおこなっていた。

　西川伝右衛門家については同家に勤めた近松文三郎氏による伝記『西川貞二郎』のほか、『近江商人の経営史』が幕末から明治にかけての各店の経営状況を明らかにしている〔上村―二〇〇〇〕。

谷口兵左衛門家　宝暦年間に仙台城下で店を構えた商家で、九代目惣兵衛以外は代々兵左衛門と称していた。『近江商人事績写真帖』（一九三〇）や『近江八幡人物伝』、『近江商人の経営史』によれば、

表－１　西川伝右衛門家歴代当主

代	名前	生没年（享年）	備考	
初代	昌隆	寛永４—宝暦６年２月(83)		
２代	昌興	延宝６—元禄15年８月(25)	元禄９年	相続
３代	昌奉	天和２—宝暦５年10月(74)	宝暦５年	隠居改名：市左衛門
４代	昌福	正徳５—寛政11年９月(85)	２代目西川善九郎 養子	
			安永５年２月	相続
			宝暦３年11月	婚礼（妻ひさ）
５代	昌康	宝暦４—文政８年７月(72)	通称：吉五郎	
			明和９年２月	元服
			安永５年２月	婚礼（妻ちよ）
			文化９年	隠居改名：伝左衛門
６代	昌房	明和２—文政７年10月(60)	幼名：亀太郎	
			寛政５年２月	婚礼（妻さと）
７代	昌順	寛政６—天保７年12月(43)	岸辺伝七 養子	
			文政２年１月	婚礼（妻いく）
８代	昌廉	文政９—弘化２年４月(20)		
９代	昌武	天保４－文久２年８月(30)	幼名：作次郎、粂蔵	
			安政２年12月	相続
			安政５年11月	婚礼（妻ゑい）
10代	貞二郎	安政５—大正13年３月(67)	井狩唯七　養子、幼名：定次郎	
			明治10年４月	婚礼（妻すみ）

出典：近松文三郎『西川貞二郎』家譜より作成。

初代は八幡山城築城に際して移住した商人で、七代目のころ仙台大町に大黒屋と称して支店を開き、綿古着を販売。仙台城下においては蒲生郡日野の近江商人中井源左衛門とともに有力な商家とされていた。九代目は弘化年間、大坂に支店を設け砂糖や呉服を扱ったが、明治期には仙台・大阪の両店を閉鎖、以後商業に関与することなく素封家として八幡で過ごしたとある。

商家の儀礼研究について　商家史料を用いた儀礼研究では、京都の薬種問屋岡田家の祝儀・不祝儀文書から諸儀礼と贈答を明らかにした『近世商家の儀礼と贈答』〔森田―二〇〇一〕や、大坂の両替商助松屋の贈答記録を用いたもの〔布川―一九八三〕、福島県会津地方の「慶弔帳」を対象としたものがある〔増田―一九九九〕。また儀礼における贈答については、信州の村落に残る「不幸音信《いんしん》帳」の分析をはじめ〔有賀―一九六八〕、民俗学・歴史学など様々な分野で研究がおこなわれてきた。

八幡商人の儀礼では『近江八幡の歴史』〔近江八幡市史編集委員会―二〇一二〕に「商家の祝いと贈答」として西川利右衛門家・西川伝右衛門家の元服や婚礼、出産の事例が紹介されている。

次節からは西川伝右衛門家と谷口兵左衛門家の史料を用いて①妊娠から出産②成長の諸儀礼③婚礼④法体・葬儀に区別し、各儀礼について述べてゆこう。

人生儀礼　①妊娠から出産

お産の記録と儀礼　西川伝右衛門家文書〔滋賀大学経済学部附属史料館収蔵〕で出生年や名前が明らかなお産の記録は、文政五年（一八二二）「安産諸用記餅配幷祝儀到来扣」から明治一三年（一八八〇）「安産諸用記餅配幷祝儀到来扣仮帳」までの八点である。

このうち文政五年「安産諸用記餅配幷祝儀到来扣」は七代目昌順の娘なおの記録である。帳面は帯祝《おびいわい》にはじまり、誕生後の餅配り・髪たれ・枕下げ・宮参りなどの儀礼のほか振舞の献立や雇人への支払い、到来物まで詳細に記されている。本節では彼女の記録をもとにお産の儀礼をみてゆこう。

表－2　西川伝右衛門家にみるお産の習俗

名前	出生日	髪たれ	枕下げ	宮参り	備考
なお	文政５年９月16日	９月18日	９月21日	10月21日	７代目娘
亀吉	文政９年10月３日	10月５日		11月４日	
すゑ	文政11年９月20日	９月23日	９月27日	10月23日	
作次郎	天保４年12月８日				９代目
与吉	天保９年11月20日	11月22日	11月26日	12月23日	
つる	天保12年２月27日	２月29日	３月３日	４月９日	
つや（産婦）	明治９年４月25日	日付なし			９代目娘
きみ	明治13年３月25日		３月30日		11代目娘

出典：文政５年９月「安産諸用記餅配幷祝儀到来扣」・文政９年10月「安産諸用幷到来之扣」・文政11年９月「安産到来諸色覚」・天保４年12月「安産祝儀幷到来之扣」・天保９年11月「安産到来諸色覚」・天保12年２月「安産祝儀諸事控」・明治９年４月「艶女安産見舞至来記」・明治13年３月「安産諸用記餅配幷祝儀到来扣仮帳」より作成。

尚、各習俗の補足資料には『日本産育習俗資料集成』（日本図書センター―二〇〇八、以下『資料集成』と略記）を用いた。これは昭和一〇年（一九三五）に全国を対象とした産育習俗の報告書であり、滋賀県では坂田郡柏原村、愛知《えち》郡稲枝村、神崎郡北五個荘村、犬上郡、滋賀郡堅田町地方が回答している。

帯祝　妊娠五か月目の戌の日に腹帯を締める安産祈願の習俗で、『資料集成』には里方から帯や赤飯などを持参し、産婆を招いて着帯させたのち饗応するとある。

なおの記録では帯祝として四月一一日に御隠居（六代目昌房）から紅白の纐帯《ゆはたおび》と焼鯛、二七日には七代目昌順の実家である大尼子村（犬上郡甲良町）岸辺家から纐帯や紅絹《もみ》・鯣《するめ》・酒などが贈られた。また記録には「嶋ノ郷　婆々」に対し金子と一飯振舞とあることから、この人物が産婆とみてよいだろう。

出産　文政五年九月一六日になおが誕生。一八日には岸辺家より豆餅五二個、白餅五〇個、酒、松茸などが贈られ、豆餅白餅は一重《ひとかさね》で町内四一軒に配られた。この配り先には西川伝右衛門家の檀那寺である津田村の真念寺もふくまれている。

出産に際し餅を配る例は他の記録にもみられた。天保一二年（一八四一）生まれのつるは誕生の翌日に走餅《はしりもち》として「一軒ニ付三ツ宛」五九軒に、明治一三年のきみは豆餅と白餅を四〇軒に届けている。また文政一一年（一八二八）のすゑには出産の二日後に西川本家より走餅「白廿一豆四十三」が届けられ、これに対し銭五〇銭と紙二折を「ため」としている。「ため」はおためとも言い、贈答品に対しその一部を返すことで、近畿地方によくみられる習慣である。すゑの記録では西川本家のほか複数の贈り主に「ため百文遣ス」などと書き添えられていた。

髪たれ　「髪多礼」、「神入」とも記される。なおの場合、一八日に竈祓《かまど》いにつづき産婆や近隣女性を招いた祝宴が開かれている。『資料集成』では産毛剃りとして昔は産後三日目にすべて剃ったこと、毛はへその緒と保存すること、髪を剃る意味は物覚えがよくなるようにとある。近世の風俗をまとめた『守貞謾稿《もりさだまんこう》』には「男女児出産して第七日目にて初めて髪を剃り、百会に髪を残すを芥子という」とあるが、西川伝右衛門家では表Ｉ−2のように生後二、三日の間におこなわれている。

枕下げ　なおの出産から五日目の九月二一日に枕下げがあり、髪たれと同様祝宴が開かれている。『日本国語大辞典』では「籾俵などによりかかって行う座産で、七日目にまくらを下げて横臥したことから、出産後七日目の祝い、七夜祝い」、また七夜祝いは「御七夜。第一次の忌明けにあたり、赤子の初外出や名つけの日にするところが多い」としている〔日本大辞典刊行会編―二〇〇三〕。

　枕下げについて『資料集成』から産前産後の状況とともにみてゆこう。お産の体勢は座産が基本とされ、産婆や力のつよい男性にうしろから腰を抱いてもらい分娩した。出産後はその位置のまま正座し、足を延ばすと強血になる、眠ると脳溢血で死ぬとして禁じられた。そして一日ずつ産婦がもたれていた藁などを減らし数日かけて平臥位をとったのである。尚、『資料集成』では枕下げを「三十年前」あるいは「現今はしない」習俗として扱っている。

　西川伝右衛門家の記録では儀礼の表記を「枕下ケ祝」で統一するものの、産婆や近隣女性への謝礼は「七夜祝渡」と書いており、名つけの日であったか否か実態については不明である。

宮参り　生後約一か月ごろの宮参りは、新生児が初めて氏神に参る日であり、お産が穢れとされた時代は宮参りをもって忌明けともしていた。なおの場合は宮参りに先駆け一〇月一三、一四日に町内一四四軒に産家《うぶや》餅を配り、「十月十八日正當ニ候へ共少々差支御座候付十月廿一日ニ振舞いたし候」として日を改め宮参りをしている。宮参りの振舞では焼物に鯛を用いるほか式三献がおこなわれ、献立からも宮参りがひとつの節目とされていたことがうかがえる。

　産前産後の儀礼をみてきたが、これらの記録からは産婆のほか医師や近隣住民もお産に関わっていたことが明らかになった。

産婆　なおの産婆である「嶋ノ郷　婆々」は髪たれ・枕下げ・宮参りに客として招かれ、折々に金銭や餅などの謝礼を受けている。他の記録でも「嶋郷婆々」や「取揚祖母」、「嶋郷ばゞお谷との」と名前が記されるほか、谷口家文書（滋賀大学経済学部附属史料館収蔵）でも、明和七年（一七七〇）「おくに出生逐一書付」に「嶋郷むばとの」とあり、近隣のお産を担う産婆が嶋ノ郷（近江八幡市島町、北津田近辺）にいたことがわかる。

家庭分娩が常であったころ産婆はお産に最も深く関わる者であった。『資料集成』にも「明治新政により衛生行政の実行される以前、村落の産婆はトリアゲバアと称し経験を重ねた老婦で、村の上流の家はその老婦を頼んだ」とある。この衛生行政とは、明治二三年（一八九〇）発布の産婆規則や産婆名簿登録制度のことで、これらを契機に産婆から資格を持った助産婦（現呼称は助産師）への変化が進んだのである。尚、「明治期の産婆規則」では産婆と法規制の推移について滋賀県の事例をあげている〔宇佐美―一九九〇〕。

近隣住民　文政五年の西川なおの記録には、「出入方産家内祝渡」としてお産に関わった者の名前と謝礼が次のように記されている。

十月廿三日　為心丁おそのとの
一　九月十六日昼ゟ夜伽
此三百疋

夜伽《よとぎ》とは夜通しそばに付き添うことをいい、お産の場合は枕下げまで不眠を強いられた産婦の付き添いのことであろう。おその以外にも複数人に夜伽の文字がみられ、交替制であったこともうかがえる。他の記録でも、出産時の腰抱きや産後の夜伽に関わった女性は髪たれや枕下げに客として招かれていた。商家のお産では産婆とともに近隣の人びとの協力が不可欠であったことがわかる。

医師　前節で既存の儀礼研究としてとりあげた京都の薬種問屋岡田家の文書には、文化八年（一八一一）の出産に際し産婆と産科医が立ち会った記録がある〔増田一一九九九〕。西川家では、なおの記録に医師として小西執蔵、水原三折の名前がみられた。このうち水原三折は数々の産科器具を発明した産科医である。『お産の歴史』によると天明二年（一七八二）近江八幡に生まれた彼は二〇歳のとき京都へ赴き、漢方医術や産術、蘭学などを学び、一〇年後に帰郷してから二〇年間産科を開業した人物とある〔杉立一二〇〇二〕。

文政五年の記録では、小西執蔵に対し出産時の腰抱きと見舞の礼として金一〇〇疋と餅一重を、水原三折には産前産後の見舞礼に金三〇〇疋、小児クサの治療に餅一重が渡されている。産前産後の儀礼で度々金銭や物品を受ける産婆と異なり、医師への謝礼は一度きりであった。

尚、九月一六日の出産後におこなわれた餅配りの記録には、上下二段で書かれた配り先の上段筆頭に医師の小西と水原が、その下段に「嶋ノ郷　婆々」とあり、医師と産婆の立場が明確に区別されていたこともうかがえる。

人生儀礼　②成長の諸儀礼

初節供と初誕生　西川伝右衛門家文書には文政一一年九月に生まれた西川すゑの初節供と初誕生の記録が残されている。

　文政一二年（一八二九）二月の「初節供配り扣」では白米五升と糯米二升を用いてよもぎ餅一八二個、白餅九二個を作り、よもぎ餅一〇個、白餅五個ずつを七代目昌順や親類、産婆など一七軒へ配っている。余った餅については「家内中祝」として神様・如来様・不動様・ひいな（雛）様に供えたとある。また同年九月の「誕生之飯花餅配り扣」でも白米二升七合と糯米四升五合で二七五個の餅を作り、一五軒に配っている。

　初節供に配られたよもぎ餅は上巳《じょうし》の節句にちなむもので、ふたつの儀礼では餅の総数や配り先に大きな変化はみられなかった。また産婆に対しては初節供・初誕生ともに餅を配っており、生後一年ごろまではお産に関わる儀礼と捉えられていたことがうかがえる。

元服　男児を一人前と認める元服について『近江八幡の歴史』では、親類縁者や商売上の関係者を招き数日にわたっておこなう元服祝いを、嫡男の元服により今後ますます安泰となる商家の繁栄を「見せる」儀礼だったとしている〔近江八幡市史編集委員会―二〇一二〕。

　西川伝右衛門家の元服史料は、明和九年（一七七二）吉五郎（五代目昌康）の「元服寿諸色覚之帳」、

桒蔵（九代目昌武）の嘉永二年「元服至来物」、慶応二年（一八六六）「音治郎元服扣」の三点である。このうち吉五郎の記録は座敷飾りから宴の献立、招待客の名前や到来物、買物控えという構成になっている。また谷口兵左衛門家では、文化七年（一八一〇）「寅吉初下初登諸式書付」に「四月八日九日元服振舞」として招待客の名前と献立、到来物が記されている。

では元服に際してどのような品物が贈られたか、各記録をみてみよう。尚、到来物は多くが「鰹ふし一連」「まんちう廿」というように品目と数量が記されているが、本稿では個別の数量ではなく「鰹節一」「饅頭二」として品目のみを数えた。また酒に関しても二升樽・三升樽・諸白などはまとめて酒類とした。

明和九年の吉五郎は五四人から七二点が贈られ、内訳は酒類三八、扇子九、鯛八、昆布二、鰹節・赤貝二、鯣・饅頭・大根・杉原紙などが一であった。嘉永二年の桒蔵は五二名から九一点で、酒類四六、扇子一九、鯣五、巻のし・奉書紙・金子二となっている。谷口家の寅吉は二八人から五二点を贈られ、酒類・扇子一五、酒切手八、美濃紙二、帯地一、鯣・鰹節・串貝などが一であった。寅吉の記録にある酒切手は現在の商品券にあたるもので、江戸時代には酒や饅頭、鰹節など様々な切手が発行され、贈答に用いられることもあった〔江後―一九九九〕。

西川伝右衛門家、谷口兵左衛門家の元服祝いでは酒類や扇子が上位を占め、とくに酒類は吉五郎、桒蔵では五割、寅吉の場合は酒切手を合わせると半数近い数となった。扇子は縁起物として婚礼にも用いられ、鯣や鰹節なども同様であった。到来物には「はかた帯地」などもみられたが点数が少なく、元服祝いには縁起物など儀礼的な贈答品が選ばれていたようである。

初下り　近江と他国の出店を行き来することは近江商人によくみられ、奉公人が数年ごとにおこない、昇進や解雇の判断基準とされる在所登り制度のほか、商家当主も各支店を視察するため定期的に旅をおこなっていた。西川伝右衛門家文書、谷口家文書にはともに、初めて出店へ赴く「初下り」の記録が残されている。

前項でとりあげた谷口家文書の文化七年「寅吉初下初登諸式書付」は八幡から仙台店への初下りと、八幡へ帰郷する初上りの記録である。寅吉の初下りは文化七年八月八日。出発に際しては一七人から二二点の餞別が贈られ、元服同様酒類が半数を占めるなかで十一面観音入りの御守袋などもみられた。初下りから五年後、文化一二年（一八一五）三月の帰国後は餞別の贈り主をふくめ三七か所に土産を渡している。江戸絵や浅草のり、煙管、茶碗など配り先によって土産の組み合わせを変えているほか、「町内不残」として茶碗、青のり、いを（魚）も配っていた。

西川伝右衛門家文書では、嘉永二年「松前初下り餞別土産物扣」と明治四年「松前屋初下り餞別土産物扣」の二点があり、前者はのちに九代目となる榮蔵の、後者は一一代目となる貞二郎の記録となっている。榮蔵は元服後の四月一八日に八幡を出立、同年八月一七日に松前を発ち一〇月二三日に帰国。貞二郎は明治四年五月六日に出立し、二年後の明治六年九月二一日に帰国している。両人とも下向の際は餞別を受け、帰国後に棒鱈や帆立貝などを町内に土産として配っている。これらの記録では出立に際しての出振舞の詳細にくわえ、「店江初下り 又兵衛」や「下り人唯兵衛」など榮蔵、貞二郎とともに初下りをする者の名前も記されていた。

西川伝右衛門家では榮蔵が一五歳、貞二郎は一三歳でそれぞれ初下りをおこなっている。谷口兵左衛門家の寅吉の年齢は不明であるが、初上り・初下り・元服の記録を一冊にまとめた点は、初下りが元服とともに重要な節目であったことがうかがえる。

人生儀礼 ③婚礼

西川伝右衛門家文書のなかでも婚礼に関しては祝儀目録や覚帳など様々な史料がみられた。ここでは、五代目昌康の安永五年（一七七六）「婚礼式諸色覚帳」や六代目昌房の寛政五年（一七九三）「婚礼式諸色覚帳」などから商家における婚礼の流れをたどってみよう。

結納　五代目昌康の結納は安永四年一一月二〇日におこなわれ、翌年二月五日には嫁入り道具が届けられている。結納品は扇子一箱、絹織物の紅綸子《りんず》・紕繻子《ぬめしゅす》一表、紅絹一疋、真綿一把、帯地二筋、昆布二束、鯣二連、鯛一掛、御酒一荷の一〇品であった。六代目の結納は寛政五年二月一二日、品物や点数は五代目の結納と同様であった。つづく二四日には「道具参ル」として衣桁《いこう》一組、簞笥三棹、長持二棹、小袖櫃一荷、櫛笥《くしげ》一、中櫃一、雛長持一棹の七品が届けられている。

また谷口家文書では文化一二年「婚姻諸式控」の結納目録に御酒一荷、生鯛一掛、五嶋鯣三巻、昆布二把、白綸子一巻、紅羽二重一疋、帯地一本の七品が記されている。西川家と比べると扇子がなく絹織物も少ないが、そのほかの結納品については両家ともほぼ共通している。今日の結納でも扇を「寿恵廣《すえひろ》」、するめや昆布を「寿留女」「子生婦」、結納金の名目を帯料や小袖料とするなど、縁起物を用いる点は大きく変わっていない。

婚礼式と振舞　「婚礼式諸色覚帳」には、安永五年二月九日におこなわれた五代目昌康と妻ちよの婚礼式の献立や盃事の座順などが記されている。式後の一二日には町内の女性を中心した女中振舞が、一六日は町振舞、一八日親戚振舞とつづき二一日には料理人や家中への振舞もおこなわれた。二七日は妻の実家である小幡《おばた》町へ里帰りをしたほか、新婦へ部屋見舞として贈られた品についても事細かに記録されている。対して寛政五年二月二七日の六代目昌房の婚礼式では振舞の記述がなく「里帰リ二月晦日朝」とあるのみであった。

婚礼式の盃事については寛政一〇年（一七九八）の五代目昌康と後妻ひさの婚礼史料に壱から四まで番号がつけられた一紙があり、新郎と新婦、新婦と家族など盃を交わす順番が記されている。婚礼式後にみられる各振舞からは、商家にとって婚礼が元服と同様周囲に対して「見せる」儀礼であったことがうかがえる。新郎や新婦はつつがなく披露目ができるよう、盃事の順番をはじめ数々のしきたりを覚え、式に臨んだのであろう。

婚礼の到来物　五代目の婚礼では覚帳のほか「婚礼祝儀到来帳」が残されている。三九九名、五〇七点からなる到来物の記録は町や村ごとに書き分けられ、旧八幡町をはじめ北之庄、嶋ノ郷や津田村など近在の村々のほか八日市《ようかいち》、京都、大坂といった遠方からも祝いの品が届けられている。

このうち旧八幡町からの到来物を抜粋すると二六一名、三一五点であった。町別で最も多いのは西川伝右衛門家のある仲屋町二八、西元町・北元町・西末町・北末町の総称である寺内《じない》二四、小幡町二一とつづき、数の多少はあるがほぼ町全体から贈り物がなされている。到来物の内訳は酒四一、昆布五一、鯣三九、扇子三五、美濃紙一〇、鰹節・鯛九などであった。これに対し旧八幡町外からの到来物は酒五六、扇子二五、鯛一七、鯣一六、黒豆一二、黒大豆八、牛蒡七であり、縁起物のほか農作物が多くみられた。

人生儀礼　④法体・葬儀

法体祝い　法体《ほったい》は剃髪し僧形になることで、西川伝右衛門家では三代目昌奉、四代目昌福と妻ひさの記録が残り、法体祝いとして町内に餅や蒸物を配っている。それぞれ人数は三代目が宝暦五年（一七五五）三月二日に二八六人、四代目は天明七年（一七八七）三月二八日に二一〇人、翌四月には妻ひさが一五〇人であった。

餅の配り先には複数の寺院がふくまれ、三代目は二〇軒、四代目は一六軒であった。このうち魚屋《うわい》町正福寺、新町中宝積寺《ほうしゃくじ》、小幡町上善住寺、寺内洞覚院《とうがくいん》、博労町願故寺《がんこうじ》、宮内町晋門院（願成就寺）や西川家の檀那寺である津田村真念寺については三代目、四代目ともに餅を配っている。寺院の多くは浄土宗や浄土真宗で、西川伝右衛門家の宗旨が浄土真宗であることから、同系宗派を中心に配ったものであろう。

葬儀　今日のように専門職が担う以前の葬儀は、親類や近隣住民の扶助で成り立つものであった。葬式を知らせる告げ人や葬具の準備、食事の用意などあらゆる場面で動くのは葬式組と呼ばれた組織や手伝いに訪れた近隣の人びとであり、喪家は一切を彼らに任せたのである。谷口家文書にもこうした葬儀の記録は残され、仏事史料一一六点のなかには香典帳や買物帳とともに、野辺送りに用いた道具やそれらを担う人びとの名前を記した役人書（役割帳）などもみられた。

谷口兵左衛門家の葬儀関係史料のうち、法名が明記されているのは享保一二年（一七二七）から嘉永二年までの二二名。人により記録の種類や点数はことなるが、香典帳については宝暦四年から嘉永元年までの一一名に共通してみられた。香典帳は元服や婚礼にくらべて品目が多岐にわたり、各記録の詳細と点数を表－3に、香典の品目を線香類、野菜・穀類、加工品、菓子、酒・金銭などに大別し、その推移をまとめたのが表－4である。

到来物①線香類　香典とは本来死者に供えるお香をさし、その意味で線香は葬儀に適した品といえよう。また蠟燭についても夜通しおこなわれる通夜や葬儀に不可欠であった。

蠟燭は文化三年（一八〇六）妙圓をのぞく香典帳にみられ、寛政八年貞心の記録では「仙台飛脚中」から蠟燭五〇丁が届けられている。また「御仏前」と書き添えられた線香や、白檀・沈香など香木の名が記された焼香もみられた。

香典帳全体に占める割合は宝暦、嘉永のころは減じるものの、ほぼ一割前後であった。

表－3　谷口兵左衛門家香典帳

年月日（享年）	法名	点数
宝暦４年10月29日	浄貞	73
宝暦７年１月12日	智性	52
明和７年10月29日	智旭	69
寛政８年７月６日	貞心	91
文化３年12月２日	妙圓	48
文化13年９月18日	了貞	149
文政５年５月25日（16）	真翠	97
文政７年11月８日	只知	94
天保３年８月21日（３）	清夢	71
天保３年９月４日（５）	光寿	89
嘉永元年７月２日（29）	教意	38

出典：宝暦４年「釈浄貞香奠帳」・宝暦７年「釈智性尼香奠帳」・明和７年「釈智旭香奠帳」・寛政８年「釈貞心香奠帳」・文化３年「釈妙圓御香奠帳」・文化13年「釈了貞居士香奠帳」・文政５年「釈真翠香奠帳」・文政７年「釈了知香奠帳」・天保３年「釈清夢香資控」・天保３年「釈光寿香儀帳」・嘉永元年「釈教意香奠帳」より作成。

②野菜・穀類　表－4にとりあげた大根や牛蒡、かもうり（冬瓜）にくわえ、なすびや人参、くわいなども贈られている。このうちかもうりは五月から九月の香典帳に、大根や牛蒡は一〇月から一月の記録にのみみられたことから、季節ごとの農作物を持ち寄ったので

表－4　香典帳品目別推移

年代		宝暦4	宝暦7	明和7	寛政8	文化3	文化13	文政5	文政7	天保3	天保3	嘉永元
	法名	浄貞	智性	智旭	貞心	妙圓	了貞	真翠	只知	清夢	光寿	教意
線香類	蝋燭	4	5	7	8		7	3	4	5	5	1
	お香		1		3	1	1	4				
	線香			2	3	1	5	2	1	2	1	
	焼香					3	1		1	1		
野菜・穀類	山の芋	2	3	1		1						
	大根	2		3		1	1					
	かもうり				2			1		1	1	
	かもうり切手										1	
	牛蒡	2	1	1					1			
	米	3	1	1	2	4	1	2				
加工品	豆腐	2		4	8	3	4	2	7	9	3	
	豆腐切手							3	2		1	
	揚げ豆腐		2						1			1
	油揚げ			3								
乾物	小豆	11	10	1	4	4	5		6	2	1	
	黒豆	6	1		2			2	1	1	1	
	黒大豆						7		2	2	1	
	白ごま	3			1	2	4	1	1		2	
	黒ごま	1				1						
	かんぴょう	3			1	1					2	
	ゆば			1	9	7	28	19	6	6	8	1
	ぜんまい		1	1	5	1	5	1			3	
	昆布	2	2			1	3					
	丁子麩				2	4	2	2	1			
	焼き麩				1			1		1	1	2
	氷豆腐						2			1		
菓子	菓子	8	5	8	2	1	3	1	2			
	小豆餅		1									
	麦餅										1	
	落雁	5	1	5	4		2					
	外郎餅	2	5	4	1							
	饅頭			6	7	6	16	20	16	32	14	23
	饅頭切手				1			10	10		31	1
酒類	酒	2	1		1	2	2	2	5	1	3	1
	酒切手						4	9	6	1	2	1
金銭	金銭	4	6	9	10	2	22	4	1	1	1	3

出典：表－3に同じ。

あろう。

全体としては減少傾向にあり、米については文政七年以降の香典帳に記載はない。

③加工品・乾物　大豆の加工品や乾物は精進物として弔問客への料理に使用されていた。加工品の多くは豆腐で宝暦七年の智性、嘉永元年の教意をのぞく香典帳にみられた。乾物では白ごまやぜんまいのほか近江八幡の名物である丁子麩《ちょうじふ》も贈られていたが、明和七年からはゆばが増加。巻ゆば、丸ゆば、かせゆばなどその種類も多く、文化一三年の了貞では最多となっている。

文化三年には香典帳の五割を占めた加工品や乾物も、文政七年以降ゆるやかに減少している。

④菓子　宝暦から寛政までは「菓子」とだけ記されたもの、落雁、外郎《ういろう》餅、小豆餅などがみられたが、明和七年からは饅頭の割合が年々増加し、天保三年ごろでは菓子はほぼ饅頭のみとなっている。また寛政八年から登場した饅頭切手には「塩瀬」「丸大」など店名が書き添えられた記録もあった。

⑤酒・金銭　明和七年をのぞく香典帳にみられた酒類だが全体に占める割合は低く、切手をふくめても文政期に一割を越える程度であった。

金銭の割合も酒と同様に低いが、こちらはすべての記録にみられ、銭（鳥目）、南鐐《なんりょう》、包金銀などその種類も多い。米とあわせて贈る例もあったが多くは金銭のみであり、文化一三年了貞の香典帳では「大坂柏屋」、「江戸ちいせや」など遠方の商家からも金銭が届けられていた。

香典帳にみる変化　宝暦四年から嘉永元年までの香典帳の特徴として、饅頭の増加と切手類の利用があげられる。とくに天保三年以降は饅頭以外の菓子がほぼみられない状況であった。切手類はかもうり、豆腐、饅頭、酒など様々な種類があり、文政年間では全体の二割、天保三年では香典の四割を占めていた。切手類は記録に連続性がなく増加傾向にあると言い難いが、同じ品物が集中することを避け、いつでも交換可能な切手を選択肢のひとつとした贈り手の意識の変化がうかがえる。

おわりに

西川伝右衛門家、谷口兵左衛門家の史料を用い商家の儀礼を中心に紹介してきた。西川伝右衛門家の記録からは髪たれや枕下げといったお産の儀礼にくわえ、産婆や産科医などお産に関わった人びとの存在も明らかとなった。元服や婚礼に際しては縁起物が多く贈られ、安永五年「婚礼祝儀到来帳」では旧八幡町内のほか京都や大坂からも祝いの品が届けられている。また西川伝右衛門、谷口兵左衛門家に残る初下りの記録は他国に出店を持った近江商人ならではといえよう。谷口家文書の仏事史料からは多岐にわたる香典の品とともに饅頭の割合の増加や、切手類の利用といった変化もみられた。

本稿でふれた人生儀礼は暮らしのごく一部でしかない。病気や普請の見舞、八朔《はっさく》や玄猪《げんちょ》といった折々の儀礼や贈答など、両家には興味深い史料が数多く残されている。個々の商家事例にとどまらず、他の八幡商人や旧八幡町の地商いとの関係にまで範囲をひろげることが可能になれば、彼らの暮らしぶりはより鮮やかに浮かび上がるだろう。
商家史料を通して、近江商人の暮らしや儀礼を見つめる研究が増えてゆくことを期待している。

〔参考文献〕

有賀喜左衛門「不幸音信帳から見た村の生活―信州上那郡朝日村を中心として―」(『有賀喜左衛門著作集五　村の生活組織』所収、未來社、一九六八年)
上村雅洋『近江商人の経営史』(清文堂出版、二〇〇〇年)
宇佐美英機「明治期の産婆規則―滋賀県の事例―」(『社会科学』四五、一九九〇年)
江南良三『近江八幡人物伝』(近江八幡市郷土史会、一九八一年)
江後迪子『隠居大名の江戸暮らし―年中行事と食生活―』(吉川弘文館、一九九九年)
近江八幡市史編集委員会編『近江八幡の歴史第一巻　街道と町なみ』(近江八幡市、二〇〇四年)
同『近江八幡の歴史第五巻　商人と商い』(近江八幡市、二〇一二年)
恩賜財団母子愛育会編『日本産育習俗資料集成(復刻版)』(日本図書センター、二〇〇八年)
喜田川守貞『近世風俗志二(守貞謾稿)』(宇佐美英機校訂、岩波書店、二〇〇一年)

木村至宏ほか『近江人物伝』（臨川書店、一九八七年）
新谷尚紀・関沢まゆみ編『民俗小事典　死と葬送』（吉川弘文館、二〇〇五年）
滋賀県教育会編『近江人物志』（臨川書店、一九八六年）
滋賀県経済協会編『近江商人事績写真帖』（世界聖典刊行協会、一九七九年）
杉立義一『お産の歴史―縄文時代から現代まで―』（集英社、二〇〇二年）
近松文三郎『西川貞二郎』（八幡町、一九三五年）
日本大辞典刊行会編『日本国語大辞典一二』（小学館、二〇〇三年）
布川清司『近世町人思想史研究―江戸・大坂・京都町人の場合―』（吉川弘文館、一九八三年）
増田昭子「南会津における祝儀・不祝儀の「野菜帳」」（『史苑』六二（一）、二〇〇一年）
同「会津の慶弔帳を読む―倉田家の慶弔帳を中心に―」（『会津若松市研究』創刊号、一九九九年）
森田登代子『近世商家の儀礼と贈答―京都岡田家の不祝儀・祝儀文書の検討―』（岩田書院、二〇〇一年）
山口睦『贈答の近代―人類学からみた贈与交換と日本社会』（東北大学出版会、二〇一二年）

近世の米取引を支えた商秩序

—江州水口小豆屋又兵衛一件を素材に—

高槻 泰郎

堂島米市場跡記念碑（大阪府大阪市北区、筆者撮影）

はじめに

江戸時代の湖国経済と聞いて、何を思い浮かべるだろうか。近江商人と総称される商人群の商いや、当該地域に特徴的な農業・手工業生産、そして琵琶湖舟運などを思い浮かべるのが一般的であろう。無論、これらは重要な要素であるが、湖国を鳥瞰したとき、近傍に重要な経済都市の存することが分かる。京と大坂である。

もっとも、京が経済・金融の面で強い影響力を持ったのは十七世紀までのことで、それ以後は大坂が全国市場の中心としての役割を果たし続けた〔高槻―二〇一四〕。この最大の市場であった大坂に近かったということは、湖国経済を考える上で無視できない要素である。

米取引を例にとろう。大津にあった幕府公認の米会所、御用米会所では、同じく幕府公認の大坂堂島米会所と極めて似通った取引仕法を採用しており、かつ、大坂で形成された米価を、飛脚や旗振り通信などの手段によって速報を受けた上で価格形成を行っていた〔高槻―二〇一二〕。また、近江国蒲生郡鏡村《がもうぐんかがみむら》（滋賀県竜王町）に居住し、農業と商業を営んだ玉尾藤左衛門家では、一八世紀中葉から幕末に至るまで、五代にわたって大坂と大津の米相場を日記帳に書き連ねており、ことに一八世紀末から一九世紀初頭にかけての当主は、米の投機取引に積極的であった〔高槻―二〇一三〕。

このように、江戸時代の湖国に住まう人々は、中央市場・大坂を身近に感じていたのであり、実際に玉尾家のように大津と大坂をまたにかけて取引を行う者も存在した。米という財ひとつをとっても、大坂と湖国は密接に結びついていたが、取引が盛んになればなるほど、増えてしまうものがある。それが取引を巡る紛争である。

江戸幕府が享保五年（一七二〇）に実施した調査によれば、享保三年の一年間に江戸町奉行所に提起された訴訟は四万七七三一件で、その内、債権債務関係に関する訴訟が三万三〇三七件であった〔曽根―一九八〇〕。もう一度確認しておくが、一年間に、である。これは江戸の数値とはいえ、当時の人々は、紛争が発生すれば御奉行様に願い出るということを当たり前のことと認識していたことが窺える。また同時にそれだけの紛争が生じるほどに経済取引が活発であったことも示唆している。

中央市場・大坂と深く結びつき、活発な経済活動を展開していた湖国においても、商業上の紛争は数多く発生していたとみてよい。では、それらはどのようにして解決されていたのであろうか。全て御奉行様ないし御代官様が裁いたのであろうか。

この問いに関連して、近年、興味深い研究を発表したのが宇佐美英機である〔以下、宇佐美―二〇〇八〕。宇佐美は、京を素材として、町《ちょう》共同体による「噯《あつかい》」（紛争の調停）が市場の平和を担保していた中世から、幕府司法に包摂される形で町による「噯」が行われる江戸時代への移行を描いている。中世京都において、紛争を解決する主体は町であり、そこに領主権力は介在しなかったが、江戸幕府が京都所司代を設置するに及んで、究極的な紛争解決主体は京都所司代となった。しかし、町による紛争解決機能が失われたわけではなかった。むしろ、江戸幕府は京における町の調整能力を活かしつつ、これを幕府司法の末端に位置づけることを目論んだ。紛争が発生すれば、まずは町に解決を図らせ、もし解決できない場合には出訴を認め、必要に応じて「裁許《さいきょ》」（＝判決）を下す。これが江戸時代の京における紛争解決のあり方であったと論じたのである。

宇佐美は、権力法が究極的には秩序維持を担ったとしても、実際に紛争解決を現場で担っていたのは町共同体であり、そこでは法のみならず、様々な慣習・慣行が参照されながら、紛争解決が目指されていたことを強調する。江戸時代における紛争解決のあり方を調べることは、司法を提供した領主階級の支配思想のみならず、当時を生きた人々の慣習や価値観をも明らかにすることにつながるというわけである。この主張に学ぶならば、紛争が解決した場面のみを取り出して観察するのでは不十分である。紛争がどのように生じ、そしてどのような形で解決に至ったのか、その過程こそ重要ということになる。

右の議論を前提として本稿は、ある紛争の解決過程を観察することで、湖国経済と大坂経済との結びつき、そしてそれを支えた商秩序について理解を深めていきたい。ここで取り上げる紛争は、大坂の米仲買、米屋助次郎と、近江国水口の商人、小豆屋《あずきや》又兵衛との間に発生した米の代金未払いを巡る紛争であり、まさに湖国経済と大坂経済の結びつきの中で生まれた紛争である。事の発端から解決に至るまでの経緯を書き留めた記録が今に残されているが（「江州水口戎町小豆屋又兵衛殿正米買持損銀出入京都御番所へ願出候一件下書」・「水口小豆屋又兵衛殿一件」、いずれも冨子《とみこ》家文書、大阪大学経済史・経営史資料室所蔵）、訴訟上の原告にあたる米屋助次郎が残した記録であるため、その点は割り引いて読む必要がある。とはいえ、紛争解決に至るまでの過程を詳細に記した好史料であるため、紙幅の許す限り丁寧に経緯を追っていくことにしたい。以下、特に断りのない限り、右の記録に基づく叙述であることを了承されたい。また、史料文面をそのまま引用する際には、書き下し文になおし、適宜送り仮名やルビを補ったことを断っておく。

京都町奉行所への出訴

紛争の発端　寛政五年（一七九三）の三月、近江国水口戎町（水口藩・加藤家の領分）の商人、小豆屋又兵衛が、大坂尼崎町二丁目の米仲買、米屋助次郎を通じて、筑前米《ちくぜんまい》という銘柄の米切手を二〇〇石分発注した。小豆屋又兵衛の素性や生業《なりわい》は不詳だが、米屋助次郎（本姓・冨子）については、大坂から京都へ米を積み登せる上積問屋《かみづみどんや》を営む一方で、米仲買としても米取引に関わっていた家であることが分かっている〔大阪大学経済学部経済史・経営史研究室―一九八〇〕。

ここで売買された米切手とは、年貢米を大坂で売却した諸大名が発行したもので、大坂米市場では米俵ではなく、切手によって売買が行われていた〔高槻―二〇一二〕。

図１−１に従って紹介しよう。諸大名は大坂に蔵屋敷という倉庫設備を持っており、ここに国元で

集めた貢租米を格納し、販売していた。米を落札した米仲買は、米俵ではなく米切手を受け取り（①）、それを堂島米会所（本稿扉絵参照）に転売したり（②）、必要に応じて質物として預けて資金融資を受けたりしていた（②′）。この資金融資について、詳しくは後述する。米を必要とする商人は、米切手を堂島米会所を通じて調達し（③）、当該切手の発行主体である大名の蔵屋敷に持参すれば、一枚あたり一〇石（約一五〇〇キロ）の米と交換してもらえた（④・⑤）。それが精米業者を経て、最終的に消費者に届くのである（⑥）。

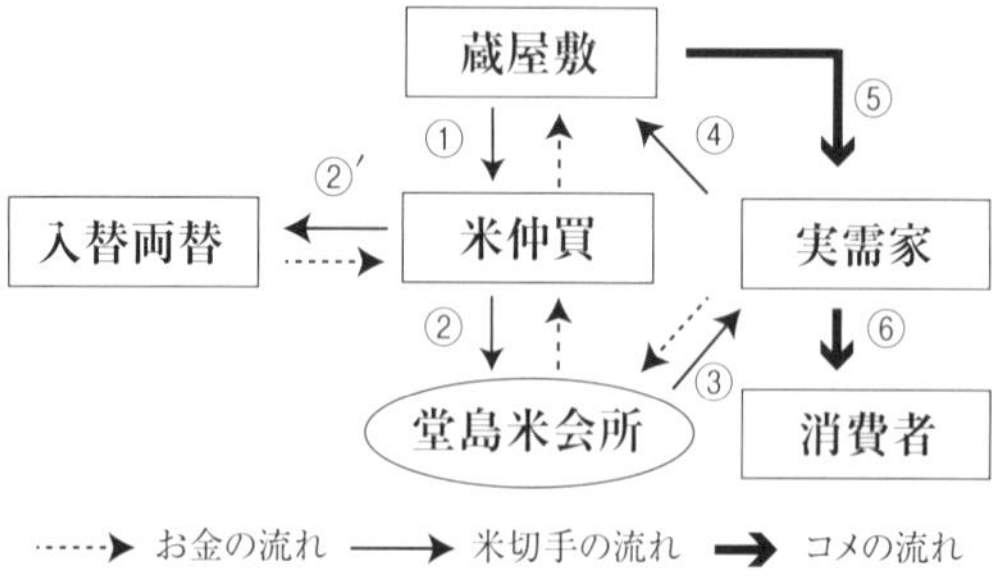

図ー1　米切手取引の流れ
出典：高槻泰郎『近世米市場の形成と展開―幕府司法と堂島米会所の発展―』（名古屋大学出版会、2012年）の記載内容を元に筆者作成。

　米現物が必要となるまでは、米切手のまま保有し続けることができ、その間、米の保管費用は大名が負担した。米切手は、倉庫設備を持たない者でも米取引に参加することを可能にする画期的なものであり、大津米市場でも採用されていた。

　大坂で盛んに取引された米切手に対する江戸幕府の保護は手厚く、享保一六年（一七三一）以降は、米切手の売買を巡る紛争は、例外なく大坂町奉行が訴訟として受理しており、宝暦一一年（一七六一）以降は、米切手と米との交換を巡る紛争についても、例外なく大坂町奉行が訴訟として受理することが定められていた〔高槻―二〇一二〕。この意味で米切手は安全な資産だったのであり、全国各地から売買を希望する者の注文が大坂に集まっていた。水口の小豆屋又兵衛もその一人だったのである。

小豆屋又兵衛は、米屋助次郎を通じて筑前米二〇〇石分（米切手にして二〇枚）を発注したのだが、米屋助次郎は米切手を水口の小豆屋に送ることはしていないし、この時点で代金を請求することもしていない。小豆屋は米そのものが欲しかったわけではなく、米切手を通じて投機を行うことに主眼があったと考えられる。米俵を取引するのではなく、米切手という紙片を取引するがゆえに、こうした投機も盛んに行われたのである。

この、いわゆる買持ちを小豆屋がしたのは、将来時点での売却を念頭に置いてのことであり、したがって買注文を出した時点では、小豆屋から米屋への支払いは発生しない。いずれ売却した時点で、買注文を出した時の価格と、売注文を出した時の価格の差が、両者の間でやり取りされるのである。当然、値上がりしていれば小豆屋の利得、値下がりしていれば小豆屋の損失となる。小豆屋としては将来時点の値上がりを期待して買持ちをしたのであろうが、事態は小豆屋の望む方向には進まなかった。

小豆屋が米切手の買注文を出してから三か月後にあたる寛政五年六月頃より、筑前米の価格が下落してしまった。小豆屋が米切手を売却しない限り、損失は確定しないが、潜在的に損失を抱えている状態（含み損の状態）に陥ってしまったのである。この事態を憂慮した米屋助次郎は、損失分をカバーするための不足銀を大坂に送るか、あるいは早々に米切手二〇〇石を売却して欲しいと小豆屋に伝えた。小豆屋に代わって米切手を発注した米屋としては、損失分をしっかりと負担してもらわなければ、自分が負担しなければならなくなるため、決して他人事ではなかった。

米屋の要求に対する小豆屋の返答はなく、購入時点では、一石あたり銀八一匁前後であった米価も、七月頭の時点で銀六十八匁前後まで下落してしまった。下落はこの後も続くと見た米屋は、損失を確定させるべく、やむなく七月五日に米切手二〇〇石を売却した。その上で、発生した損失分を小豆屋に請求すべく、同年八月に水口まで出向いている。

米屋に難詰された小豆屋又兵衛は、「なにぶん御用捨《ごようしゃ》御用捨とばかり申し、その余り何も申さず」といった有様であった。そこで米屋は、本件を「表向」きにして、あなたのお名前を出しますよ、と警告した。表向きにするとは、奉行所に訴え出るということである。先に述べた通り、米切手の売買を巡る訴訟は、例外なく大坂町奉行所で受理されたのであり、米屋の警告は単なる脅しではない。しかし、この警告もむなしく、事態は好転しなかったため、米屋助次郎は出訴の意を固めた。

大坂町奉行所への届け出　寛政五年（一七九三）一一月一一日、米屋は次の点を記した書面を大坂町奉行所に提出する。すなわち、水口藩領の水口戎町に住む小豆屋又兵衛を相手取り、米切手取引の損銀未払いを巡って京都町奉行所に明日一二日に訴え出たい旨、京都町奉行所に持参する添え状（「御添翰《てんかん》」）を発給して頂きたい旨の二点である。提出者の名義は米屋助次郎であるが、当主が幼少であることから、栄蔵という人物が代理で提出している。右に記した小豆屋との交渉も、全て栄蔵が担当していたと見てよい。以後の交渉についても、全て栄蔵が担当しているため、以下の記述では米屋助次郎側の主語は全て栄蔵に統一する。

大坂町奉行の添え状は即日発給され、栄蔵は一一日の夜には大坂を出立し、京に向かっている。今回のケースは、大坂町奉行の支配する大坂に居住する米屋助次郎が、京都町奉行の支配する近江国に居住する小豆屋を訴えており、本来ならば「支配違出入《しはいちがいでいり》」といって、江戸にある評定所で裁判が行われるのが原則である。しかし、債権・債務関係を巡る訴訟については、被告人が居住する地域を管轄する奉行所で裁判を行うことが例外的に認められていた（神保―一九八七）。したがって、この場合では、大坂町奉行所の添翰を受けて、京都町奉行所が裁判を担当することになるのである（「支配違出入」の原則と神保論文の示す例外については小倉宗氏の教示による）。

京都町奉行所への出訴　一一月一二日早朝に京に着いた栄蔵は、早速「筆工」（後述）のもとを訪れ、京都町奉行所へ提出する訴状（「御願書」）の作成を依頼している。この時作成された訴状は、紛争の経緯がよく分かるものであると同時に、当時の取引慣行をよく伝えるものであるため、一部省略しつつ、現代文に改めて左に引用する。

恐れながら御訴訟

〔訴訟人・相手方の名前・住所略〕

私は大坂において米仲買株を頂戴し、諸国より米穀の注文を受けて、買い付けや売却、輸送業務に従事して暮らしている者でございます。この度の被告人、小豆屋又兵衛より、今年の三月一八日付の書状によって買注文を受けましたので、筑前米二〇〇石分の米切手を買いました。買注文を受ける場合、現銀を用意する必要がございます。そのため、購入した米切手を質として預け、お金を借りるものでございます〔①〕。〔この後、米価が下落し、ついに売却に至った経緯については既出のため、略〕

又兵衛に不足銀二貫四六九匁八厘を催促しましたところ、不実なことばかり申しまして、渡そうとしません。米の売買というものは、正しい道筋をもって正しく行われると、諸国の人々が信じているからこそ、注文が集まるものでございます。又兵衛もそのことはよく分かっているとは思いますが、損銀を支払うことを厭い、無理ばかり申し立てます。下で解決することはできませんので、やむを得ず、恐れながら訴え出た次第でございます〔「下にて仕るべきよう御座なく、止むを得ざる事、恐れながら御訴訟申し上げ奉り候」〕〔②〕。

取引内容につきましては、小豆屋と交わした書状が残っておりますので、吟味の時に詳しく申し上げます。御憐憫《れんびん》をもちまして、右の願いを聞き届けて下さり、不足銀を渡すように又兵衛に仰って頂けましたらありがたきことと存じます。

訴訟人

米屋助次郎

代　栄蔵　印

付添人　伊兵衛〔尼崎町二丁目町年寄〕

寛政五年丑一一月一三日

御奉行様

まず注目すべきは、小豆屋より米切手の発注を受けた米屋が、小豆屋のために買い求めた米切手を質に預けて現銀を調達している点である（①の部分）。これは図-1でも示した通り、大坂では広く行われていたことで、「切手入替《いれかえ》」と呼ばれた〔高槻―二〇一二〕。米切手を質物として預り、現銀を融資する業者は入替両替と呼ばれ、投資資金を市場に供給する役割を負っていた。米切手を入替両替に預けて現銀融資を受け、その現銀でまた米切手を買い、また預ける。この繰り返しによって、次々と米切手を買い進めることができるのであり、米屋助次郎のような稼業の者は盛んに利用していたのである。小豆屋が損銀を負担してくれないと、自分も入替両替から融資を受けている身なので困る、ということを奉行に訴えているのである。

次に注目すべきは、「下」では解決できなかったので、やむを得ず出訴したとしている点である（②

の部分)。これは江戸時代の訴状に頻繁に見られる文言であるが、紛争は原則として「下」で解決すべきであり、それができなかった場合にのみ、やむを得ず奉行所に訴え出るべきものである、という江戸時代のルールが、この一文に表現されている。

では、ここでいう「下」とは何を指すのであろうか。「下」での交渉は、当事者の居住する町を単位として行われるのが原則である〔宇佐美―二〇〇八〕。そのため、出訴に至る前に栄蔵が水口まで出向いた際も、水口戎町の年行司を通じて小豆屋との面談を申し入れている。右に掲げた訴状末尾に、付添人として尼崎町二丁目の町年寄、伊兵衛の名前が出てくることもしかりである。町として当事者間の話し合いを取り持ったけれども、解決に至らなかったので、やむを得ず出訴に至ったということを証明するために、町年寄が訴訟に付き添っているのである。

京都町奉行の裏印　右の訴状を「筆工」に作ってもらった栄蔵は、一二日の内に、これを町代部屋《ちょうだいべや》(後述)に提出し、明日一三日の明け六つに来るように言い渡される。これを「帳付」と呼ぶらしいと、史料には書き留められている。大坂にはない慣行だったのであろう。なお、右に掲げた訴状には一一月一三日とあったことを想起されたい。栄蔵は、一二日の段階で、一三日付の訴状を出したことになるが、これはあらかじめ町代部屋に、明日このように出訴する、と申告したことを意味する。

町代とは、江戸時代の京における町組役職の一つで、一定の報酬を得て、町または町役人の代りとして、役所向きの雑務を勤めたものであり、京都町奉行所内には町代部屋が設けられており、上京と下京の各町代が交替して詰めていた（『国史大事典』「京都町代」の項）。右に出てくる「筆工」は、訴訟上の書類作成を代行する業者と考えられ、これも町代部屋に詰めていたと考えられる。また、町代部屋は、訴訟を提起する人々の控え所としての機能を果たしており、その人々を奉行所の呼び出しに応じて奉行所に案内することも町代の職務の一つであった。

翌一三日、町代部屋を訪れた栄蔵は、前日提出しておいた訴状をいったん返却され、これを奉行に渡すようにと町代から指示される。しばらく町代部屋で待っていると、奉行所より呼び出しがあり、付添人の伊兵衛と共に奉行の前に出て、訴状を奉行に提出している。すると奉行より「訴えの内容について、二二日の裏印《うらいん》をくれる」と言葉があり、両名は退出している。この裏印とは、訴訟人である栄蔵が提出した訴状の裏面に、京都町奉行が左の文章を書き記し、署名・捺印を施すことを意味する。

表に書いてある通り、訴訟を受理する。当事者同士で話し合って解決ができるようであれば、そのように済ませなさい。解決できなかったら、その旨を返答書として提出し、二二日の明け六つ時に奉行所まで出頭して、双方が対決することになる。もし指定期日に出頭しなかった場合は曲事《くせごと》とする。

出訴しても、まずは当事者同士の話し合いが勧奨されていることが分かる。訴状に裏印を受けるということは、訴訟が正式に受理されたことを意味する。栄蔵は、この裏印つきの訴状と、京都町奉行から大坂町奉行への返書を受け取ってから町代部屋を離れ、その足で水口に向かっている。そして、水口戎町の年行司と、小豆屋又兵衛の所属する五人組の組頭に訴状を渡し、受取書を書かせている。小豆屋又兵衛に直接渡すのではなく、小豆屋の所属する町が窓口となっている理由は、先に述べた通りである。

一一月一三日にこれらを済ませた栄蔵は、一六日に大坂に帰着し、大坂町奉行所に京都町奉行からの返書を提出しつつ、二二日に対決が行われることを報告している。大坂町奉行が発給した添え状が、確かに京都町奉行の手元に届いたことを証明するために、また訴訟の進行状況を把握するためにも、この手続きが必要になるのであろう。

相手方との対決・示談

京都町奉行所での対決　小豆屋に裏印つきの訴状を届けて以後、栄蔵と小豆屋が示談をした形跡はない。京都町奉行の指示に従うならば、二二日の対決の前に示談による解決を図るべきであるが、それをしていないということは、対決は対決で行ってから示談をすべきと双方が考えたのであろうか。このあたりの真相は分からないが、いずれにせよ、対決は不可避となった。

栄蔵は大坂町奉行所に届け出た上で一一月二〇日の夜より京へ向い、翌二一日、訴訟で用いるための証拠物として、小豆屋又兵衛よりの発注書一式を町代部屋に提出している。そして二二日、対決に向かうべく、町代部屋に入っている。

町代部屋で呼び出しを待つ間に、昨日提出した証拠物がいったん返却されている。訴状にせよ、証拠物にせよ、いったんは町代部屋に提出し、下げ渡されてから、また改めて奉行に提出するという手続きをとるのは、奉行に差し出す書類について、町代部屋が事前に内容を吟味する慣行にあったからであろう。

奉行所に呼び出された栄蔵は、奉行から見て左側に座り、相手方の小豆屋又兵衛は右側に座る。奉行所与力が訴状文面を読み上げた後、奉行が栄蔵に質問を行い、それから双方に対して尋問がなされている。そして奉行が「又兵衛の主張内容は不分明である。追って裁許（＝判決）を申しつける」と述べ、栄蔵と小豆屋は、それぞれの付添人と共に退出している。

その後、再び奉行所に呼び出された栄蔵に対して、京都町奉行所与力が「又兵衛の方がはなはだ不埒《ふらち》に見える。両者で対談するのがよいのではないか（「又兵衛方甚だ不埒に相見え候、対談致し然るべき」）との言葉をかけている。京都町奉行所は、どちらかと言えば債務者保護の色彩が強い法規定を適用することが指摘されているが〔宇佐美―二〇〇八〕、それは債権をないがしろにするという意味では決してなく、債務者に非分がある場合は、これを非分と認め、債権を尊重した上でのことであったことが、右の発言から窺える。

このやり取りを経て、小豆屋又兵衛は、二五日まで奉行所での吟味を待って欲しいと申し出たため、栄蔵もそれを承諾し、その旨を京都町奉行所に書面で届け出ている。

相手方（被告）と訴人（原告）の直接対談　ここからは、栄蔵と小豆屋の一騎打ちということになるが、もはや純粋な一騎打ちではないことに留意が必要である。奉行による「又兵衛の主張内容は不分明である」との言葉、奉行所与力による「又兵衛の方がはなはだ不埒に見える」との言葉を背に、栄蔵は小豆屋と対峙していることを念頭に置かねばならない。右の発言から明らかなように、京都町奉行所としては、栄蔵側に理があると見ており、このまま示談が調わなければ、小豆屋にとって厳しい裁許が下される可能性もある。ということを小豆屋は十分に理解するはずである。

奉行所の判断を背にして、示談交渉を進めること。これこそ栄蔵が出訴に踏み切った理由であり、たとえ奉行の「裁許」が下されなくても、有利な形で和解が成立すれば、栄蔵としては出訴した甲斐があったというものなのである。そしてそれは、対談を勧める与力の発言からも窺えるように、京都町奉行所が望む解決のあり方でもあった。

「仕合証文」の慣行　さりながら両者の交渉は難航し、奉行所に申告した期日である一一月二五日までには示談は調わなかった。そこで再び延期願いを出して、二七日を期限とすることが認められるも、やはり交渉が調わず、一一月二八日に、栄蔵は以下の願書を京都町奉行所に提出している。一部を抜粋の上、現代語訳に改めて示す。

二二日の対決以来、両者で示談交渉を続けて参りました。又兵衛は、不足銀二貫四六九匁八厘のところを、銀一貫で容赦して欲しいと言っておりますが、少々の手数料でもって米切手の買注文を受ける我々の生業《なりわい》において、このようなことを認めては他の売買にも差し障りが生じます。少々の金額であれば「仕合《しあわせ》証文」にして容赦を致すべきでしょうが（「仕合証文ニいたし、用捨仕るべく候えども」）、不足銀の過半を容赦して欲しいというのでは話がまとまりません。恐れながら、又兵衛に銀高を用意して渡してくれるように仰って頂けましたらありがたく存じます。

主張内容としてはわかりやすい。示談交渉が難航し、まとまりそうにないと見た栄蔵が、奉行による介入を依頼しているものであるが、ここで留意すべきは「仕合証文」なるものの存在である。「仕合証文」とは、別名「出世証文」とも呼ばれ、いわゆる出世払いを約束する証文である。現段階で最も網羅的な検討を行っている宇佐美英機によれば、「仕合（出世）証文」とは、債権の放棄（消滅）を示すものと捉えるべきではなく、「将来の不定時において債務を弁済することを約束した証文」と捉えるべきものであり、上方地域、とりわけ近江国に多く伝来していることが確認されている〔宇佐美―二〇〇八、二〇一〇〕。「仕合」と名がつく理由は、「仕合（出世）証文」の多くが、返済の時期について、「私が仕合わせになりましたら」とか「私が出世しましたら」などの文言を含むことによる。京都でも、遅くとも一七五〇年代には存在が確認されているが、ここで栄蔵が京都町奉行所に対して「仕合証文」の言葉を、特に説明を加えずに使用していることと整合的である。それだけ一般的であったということであろう。

栄蔵にしてみれば、多少の銀高であれば、「仕合証文」によって債権を凍結（放棄ではない）してやらないこともないが、不足銀総額の半分にも満たない銀一貫で容赦して欲しいとする又兵衛の主張には納得がいかなかったのである。

栄蔵の願いを受け、京都町奉行所では小豆屋又兵衛と付添人に対して説得を行っている。当事者同士の示談交渉が勧められているとはいえ、常に奉行所への報告は行われていたのであり、このように必要に応じて奉行所からの介入もなされていた。訴訟と言っても、全て法廷で争われるのではなく、かといって当事者同士の示談のみによって争われるのでもない。奉行所の存在を前提としつつ、町を窓口として当事者相互で話し合いを行い、解決を目指す。これこそ、江戸時代における紛争解決のあり方だったのである。

「下済」での落着

「済状」の提出　一一月三一日、ついに栄蔵と小豆屋又兵衛の間で示談が成立する。不足銀の内、一貫二六九匁八厘は即時に返済、残り一貫二〇〇匁については二〇年賦での返済という内容である。この内容を両者の連名で書類を作成し、奉行所に提出しているが、そこには左のような文言が記されている。書き下し文と現代語訳を掲示する。

出入り下済み和談仕り、双方互に何の申し分少しも御座なく候間、連判済状差し上げ奉り候
（出入が下において済みまして、双方互いに少しの申し分もございませんので、両者連判の済状を提出致します）

出入が「下」で和談に至る。これがいわば目指すべきゴールであった。この「済状」だけを見れば、奉行による裁許を待たずに、当事者で示談が成立し、訴訟が取り下げられたように見えるが、奉行所の外で示談が成立したと単純に解釈してはならない。「済状」が提出された後、栄蔵と小豆屋の両名が奉行所に召し出され、奉行より「双方申分無イカ」と声をかけられ、栄蔵は「ヘイ難有御ざります」と返答している（写真－1の傍線部参照）。

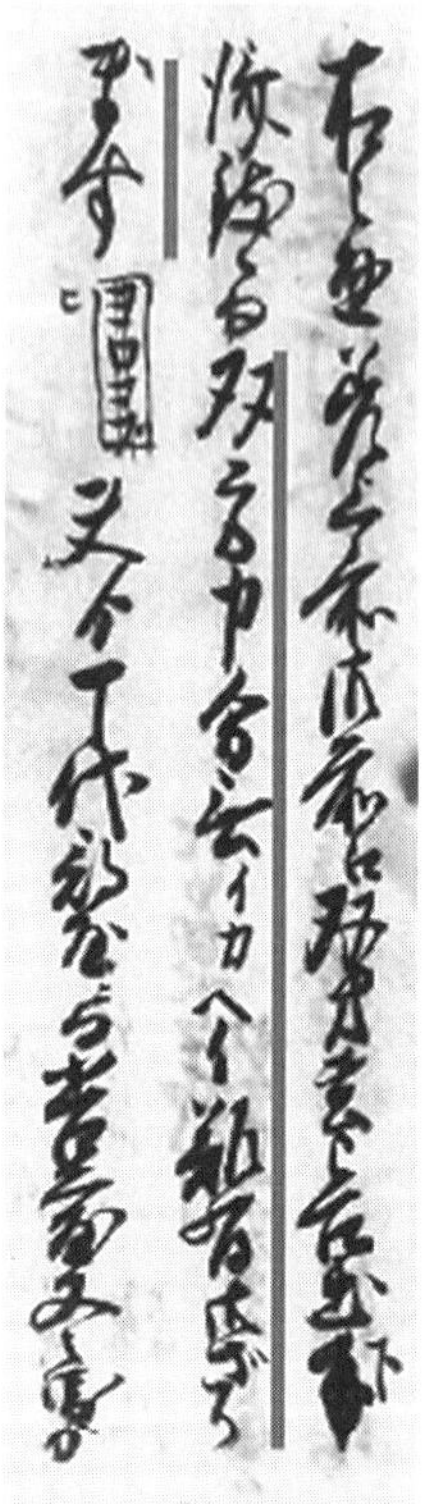

写真－1　奉行の言葉
「江州水口戎町小豆屋又兵衛殿正米買持損銀出入京都御番所へ願出候一件下書」（冨子家文書、大阪大学経済史・経営史資料室蔵）。なお、傍線は筆者が書き加えたものである。

江戸時代の史料に口語が記されることは珍しいが、ここでは奉行の言葉と栄蔵の返答が、あえて口語で記録されている。奉行の「御前」において対決が行われ、奉行の監視下において対談が進められ、奉行の「御前」において双方申し分のない形での和談が成立する。決して奉行所の外ではないのである。

一二月一日の朝、大坂に戻った栄蔵は、大坂町奉行所に出向き、「申し分なく出入り相済み申し候」と報告をしている。大坂町奉行所は、自らの支配する住民の訴訟について、その発端から決着に至るまで、このような形で把握していたのである。

奉行所への期待　今回参照した史料には、右の落着が記録された後に、微笑ましい狂歌が記されている。このうち、筆者が佳作と認定する二首を原文のまま掲示する。なお、変体仮名や片仮名は平仮名に改め、適宜送り仮名と振り仮名を加えた。

小豆又を　いい米助や　御前にて
勝ち通しとは　小気味栄蔵
御《ご》伊勢いは　京都いものじや　よしあしの
なにわのわけが　さつぱりと済む

笑いどころをあれこれと解説することは無粋であろうから、解釈は読者諸賢に委ねるが、今回の吟味を担当した京都町奉行が、三浦伊勢守であることだけは補足しておく。

むしろここで議論したいことは、商人が奉行所に抱いていた期待である。右の狂歌は、事実上の勝訴に近い和談を成立させた達成感が詠ませた無邪気なものであるが、紛争の発生から解決に至るまで、米屋助次郎（栄蔵）は終始、奉行所への信頼を持ち続けていた。一一月二八日に、和解が成立しそうにないと奉行所に願い出るなど、奉行所であれば、理非の通った判断を下してくれるに違いないという期待が、言動の端々に滲み出ていた。こうした奉行所への期待と、奉行所を巧みに利用するしたたかさがあればこそ、大坂の米商は諸国からの注文を大量に、かつ円滑に捌くことができたのであるし、湖国の商人も大坂を商圏として視野に入れることができたのである。ここでの例を見る限り、奉行所はその期待に十分に応えていたといえるだろう。

おわりに

以上、水口の小豆屋又兵衛と、大坂の米屋助次郎の間に生じた、米切手取引を巡る紛争について、その一部始終を観察してきた。江戸時代の民事訴訟に不案内の読者におかれては、出訴から「和談」の成立に至るまで、かなりの程度、奉行所が面倒を見ていることに気付かれたのではなかろうか。一方、江戸時代の民事訴訟に通じた読者におかれては、何を当たり前のことを冗長に述べているのか、との印象を持った方もいるかも知れない。江戸時代における民事訴訟が、当事者間の「内済《ないさい》」（＝和解）を目指すことを本是とするものであったことは、先学によって強調されてきたことであり〔大平―二〇〇五〕、今回の観察結果も、その理解を裏打ちしたに過ぎないといえばそうかもしれない。

しかし、ここで考えねばならないのは、和解に至るまでの過程である。和解の成立が本是であるとして、いかにして和解に至ったのかが問題なのである。今回取り上げた事案から窺えることは、和解が成立する上で、領主権力が重要な役割を果たしていたということである。

奉行所が紛争解決の方向性について、ある程度の判断を示しつつ、あとは当事者間の話し合いに委ねる。ただし、放任するのではなく、経過報告を義務づけ、必要に応じて介入も行う。和解が成立するまでの間、奉行所が監督・指導するのが、民事訴訟の実態であった。確かに、奉行所による「裁許」（＝判決）は与えられなかったが、「内済」（＝和解）を本是とする民事訴訟とは、決して領主不在の民事訴訟ではないのである。

もっとも、わずか一例でもって、結論を急ぐ必要もあるまい。江戸時代における紛争解決のあり方を調べることは、司法を提供した領主階級の支配思想のみならず、当時を生きた人々の慣習や価値観をも明らかにすることにつながるという、冒頭に示した問題意識を念頭に置きつつ、今後も事例の探求にいそしまねばならない。

〔参考文献〕

宇佐美英機『近世京都の金銀出入と社会慣習』（清文堂出版、二〇〇八年）
同「商家奉公人の「立身」と「出世」」（宇佐美英機・藪田貫編『〈江戸〉の人と身分1 都市の身分願望』吉川弘文館、二〇一〇年）
大阪大学経済学部経済史・経営史研究室編「冨子家（旧大坂両替商）旧蔵文書目録」（『大阪大学経済学』三〇―一、一九八〇年）
大平祐一「内済と裁判」（藤田覚編『近世法の再検討―歴史学と法史学の対話』山川出版社、二〇〇五年）
神保文夫「近世私法史における「大坂法」の意義について―大坂町奉行所の民事裁判管轄に関す

る一考察―」（平松義郎博士追悼論文集編集委員会『法と刑罰の歴史的考察』名古屋大学出版会、一九八七年）
曽根ひろみ「享保期の訴訟裁判権と訴―享保期の公儀―」（松本四郎・山田忠雄編『元禄・享保期の政治と社会』有斐閣、一九八〇年）
高槻泰郎『近世米市場の形成と展開―幕府司法と堂島米会所の発展―』（名古屋大学出版会、二〇一二年）
同「財市場と証券市場の共進化―近世期地方米市場と土地市場の動態―」（中林真幸編『日本経済の長い近代化』名古屋大学出版会、二〇一三年）
同「近世中後期大坂金融市場における「館入」商人の機能」（『日本史研究』六一九、二〇一四年）

第2章

地域の暮らし

琵琶湖の船株

—浅井郡月出浦の事例から—

東　幸代

月出集落図（中川雲屛画『湖中勝景』、長浜城歴史博物館所蔵）

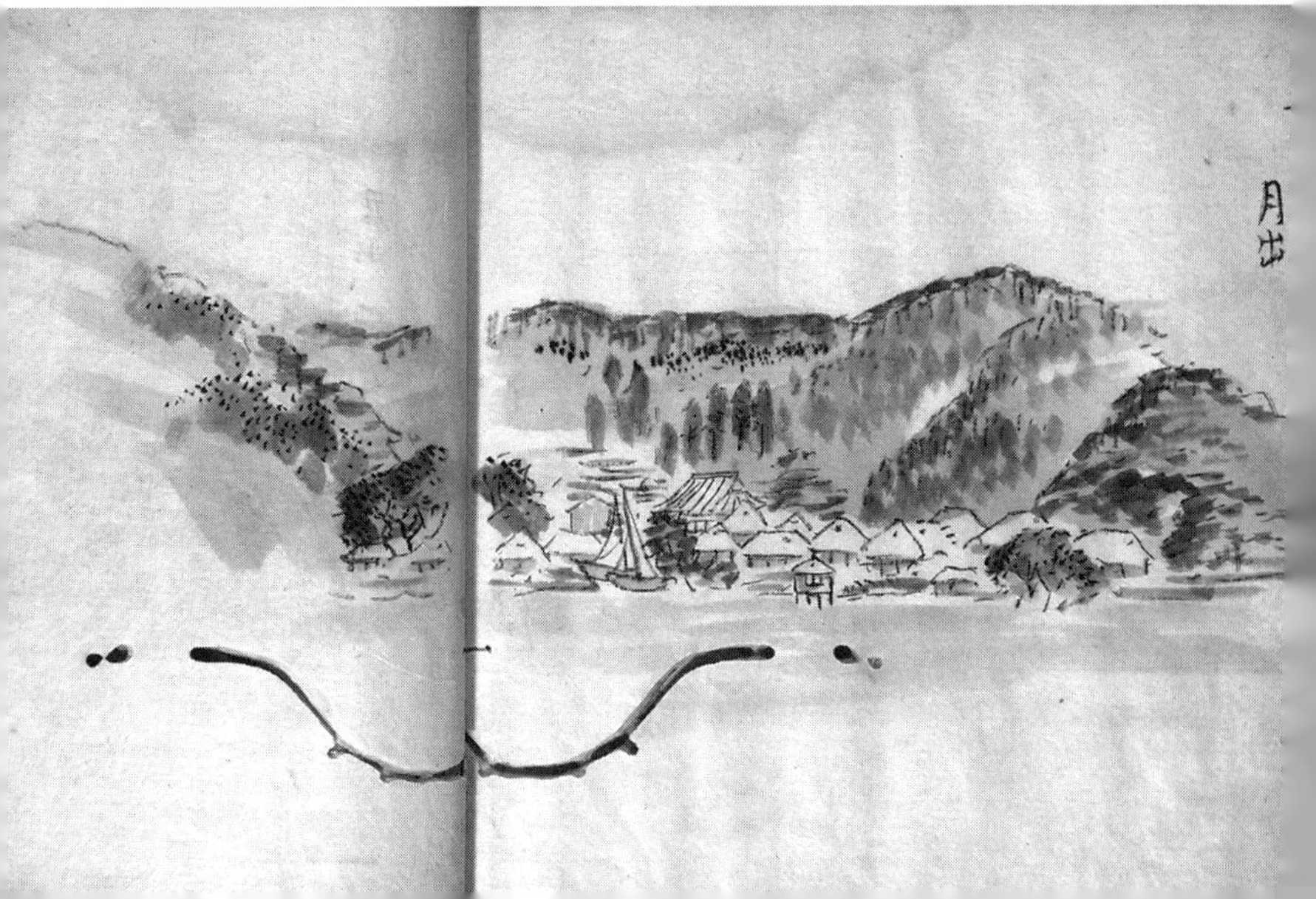

はじめに

前近代の琵琶湖において、荷物や人の輸送に主として用いられた船を丸子船《まるこぶね》という。この丸子船輸送に関して、喜多村俊夫氏が早くから船株の広範な存在を指摘し〔喜多村―一九四六〕、その後『新修大津市史』〔大津市―一九八〇〕等が船株に言及してきたが、その実態は明らかではなかった。近年、杉江進氏は、船株の性格について検討し、実態に迫ろうとした〔杉江―二〇一一〕。

杉江氏は、寛保三年（一七四三）に実施された江戸幕府の船奉行による船株調査の関連史料「湖水浦々船株改控」（木村家文書、個人蔵）と寛延四年（一七五一）「湖水中浦々船株覚書」（神田神社文書、神田神社蔵）とを分析し、船株調査は各湊（浦）の申告に基づいてなされたため、記される船株の由緒は区々であり、船株数と所持船実数との乖離が見られるなど曖昧なものであったと評価した。また、船株は、先行研究では丸船（丸子船）を持つ権利であると理解されてきたが、実際には荷物を運び出すことのできる権利であったと結論づけた。

船株数と船実数との乖離は、琵琶湖全域の丸子船を一律に統制する株仲間的な規制力の弱さを示唆する。舟運の権利の有無を決定するという点で、船株は琵琶湖全域において重要な意味をもつが、その規制力は各浦内にとどまる可能性が高いのである。このため、現状では、各浦における船株の実態の検討が求められている。

本稿では、湖北地域の月出《つきで》村（滋賀県長浜市西浅井町月出）に残された史料を用いて、月出浦の船株の性格、船株を通した他浦との関係、月出浦内において船株が有した意義、の三点を検討する。なお、月出浦の船株は、前述の「湖水浦々船株改控」には「一、船株　七浦《ママ》　月出　右は往古より持ち伝え、塩津浦同様に御座候」と記され、また、「湖水中浦々船株覚書」には「一、七（株…筆者注。以下史料中の（　）内は同じ）月出」と記されるにとどまっており、それ以上の情報はみられない。

月出浦の舟運

月出村の概要　月出村は、琵琶湖北部に位置し、最寄り駅は、JR永原駅、もしくはJR近江塩津駅である。三方を山に囲まれた小規模な湖岸集落であるが、陸から望む穏やかな琵琶湖の景観が非常に美しい。

近世後期の村高は五六石余（木村―一九九五）で、明治初年の戸数は三七軒、人数一八八人（滋賀県市町村沿革史編さん委員会―一九八八）であった。明治前期の『滋賀県物産誌』（滋賀県―一八八〇）によれば、「土壌鮭色、その質良から（ず脱か）といえども幸いに稲・粱、及び桑に適す」とあり、稲等の農業生産が行われていたとある。ただし、原田信男氏の研究によれば、慶長七年（一六〇二）の検地帳（称福寺文書、称福寺蔵）では、村高五〇石三斗八升一合、反別一一町八反八畝一一歩で、

図－1　月出浦周辺図（『滋賀県の地名』特別附録「滋賀県全図」より作成）

うち上畑一町八反八畝二〇歩・中畑一町八反五畝二六歩・下畑六町八畝二一歩・荒畑二町七畝二二歩という耕地状況であり、村内の耕地は全て畑であった。もっとも、隣接する八田部《はたべ》村や山田村に出作地として水田を有しており、その石高は八田部村内だけでも三四石余に及んでいたという〔原田一九八三〕。

月出浦の舟運　舟運については、同じく『滋賀県物産誌』に「その地勢平坦ならず、道路最も嶮悪にして陸運極めて不便なれども、海路よく通じて舟楫の利あり」とあるように、舟運が陸運を圧倒していた。実際、近世初期には既に丸子船が存在しており、慶長六年に琵琶湖の船改めが行われた際、月出村の船の記載が見られる（「江州諸浦れう舟・ひらた船之帳」、芦浦観音寺文書、観音寺蔵）〔草津市一一九九七〕。

図－２　本稿関係浦と琵琶湖の主要浦

月出
水入　一艘　丸舟　又四郎
水入　一同　同　惣舟
以上弐艘

「水入」は使用不可能であることを意味すると考えられるが、慶長六年の段階で二艘の丸子船が存在し、一艘は「又四郎」という人物の所有にかかるもの、一艘は「惣」で利用をしていたことがわかる。

船数の増加　その後、慶安二年（一六四九）の船改め（「江州諸浦船数帳」、芦浦観音寺文書）では、

一、四艘　月出舟
内
弐艘　弐人加子
弐艘　三人加子

と船数が二倍の四艘となっている。さらに、延宝五年（一六七七）の船改め（「江州湖水諸浦舟員数帳」、芦浦観音寺文書）では、

一、八艘　月出
内　六艘　但し、八拾石より弐百六拾石積み迄　丸子舟

弐艘　　艜舟《ひらた》

とあり、丸子船の総数が六艘に増加していることがわかる。この船数は、琵琶湖全域で見ると決して多い訳ではないが、表—1にみられるように、二六〇石規模の丸子船は、規模の大きな部類に入る。

さらにこののち、月出浦の丸子船は、元禄九年（一六九九）に七艘、寛延四年（一七五一）に一〇艘、明和八年（一七七一）に九艘となる〔杉江—二〇一二〕。

積み荷の性格と積み請け範囲　月出浦から積み出された荷物は、年貢米と周辺の山や畑から産出された産物であった。寛政四年（一七九二）の「船積之儀ニ付船方御役所江差上候控」（建部家文書、長浜城歴史博物館寄託）には、「御納米・割木・苅安《かりやす》（イネ科の多年草。黄色染料に使用）」と「木柴」が記されている。また、文化三年（一八〇五）の「差入申証文之事」（伴野家文書、個人蔵）には、「俵物　材木類　板　炭　割木　苅安」に加えて「畑作油《あぶら》実《み》」の記述も見られ、湖北地域で多く産出されたアブラギリの実（油の原料）も輸送対象となっていたことがわかる。

なお、積み請け場所については、「浅井郡限り浦々廻船仕り候」（建部家

表—1　浅井郡の丸子船数と船株数

	元禄9年（1696）丸子船艘数					寛保3年（1743）船株数
	6～49石	50～99石	100～198石	200～295石	300～380石	
大浦	2	10	7			74
菅浦	21					0
月出	4		3			7
塩津	1	26	37	46	6	120

出典：大津市歴史博物館—1993より作成。

文書）とあるように、琵琶湖全域の浦々を積み場としていたわけではなく、浅井郡内の浦々をまわって積み出しを行っていた。

月出浦の船株

二種類の船株　前述の「湖水浦々船株改控」と「湖水中浦々船株覚書」には、ともに七株という船株の総数のみが記載され、七株という数字の内訳やその由来を示す記載は見られず、それ以上をうかがうことはできない。しかし、地方《じかた》史料から、月出浦には二種類の船株が存在したことがわかる。

天保二年（一八三一）「船株由来書差上控」（建部家文書）が、その内訳について語ってくれる。まず、「納浦株」という株が「五艘株」あり、その名は佐助・孫六・又四良・又吉・孫四郎であると記される。「納浦」は「納米」、すなわち、年貢米が輸送可能であることを意味する。「又四良」は、慶長六年の船改めの際に名前がみられた「又四郎」のことであろう。船株は、この納浦株の他に、長左衛門と孫左衛門の船を合わせ、総計七株であるが、このうち長左衛門と孫左衛門の二艘は「弟株」であった。

この七艘の株のうち、納浦株の又吉株は、「往古」の段階で塩津浦の忠左衛門に売却されている。また、同じく納浦株の孫四郎株は、塩津浦の源六方へ養子に入った際に、株を持参していき、この二株については、その後月出浦には存在していないという。残る佐助・孫六・又四良の三艘株は、「納浦本家株」と呼ばれている。

こうした記述から読みとれるのは、船株改めでみられた七株は、全てが同格の株ではなく、納浦本家株と弟株とに分類できるということである。

移動する船株　船株の売買に関しては、同一浦内での売買のみが認められていたのが一般のようである〔杉江―二〇一二〕が、又吉株は塩津浦に売却されている。また、孫四郎株は、相続時の財産として塩津浦に移動している。

塩津浦は、「はじめに」でみたように「湖水浦々船株改控」に、「右は往古より持ち伝え、塩津浦同様に御座候」と、月出浦の船株の記載に登場する。一方、この史料の塩津浦の項には、「一、船株百弐拾浦《(ママ)》　塩津浦　右は往古より御用御役船相勤め、家業相続仕来り船株持ち伝え、只今に至り御用御役船相勤め申し候、尤も廻船御証文所持仕りまかり有り候、近年困窮仕り候て船数減少仕り候、舟員数の儀年々御帳面に記し差し上げ候」とあり、月出浦との関係には言及していない。しかし、月出浦には「当村船浦株の儀は、往古より塩津根元の本家株所持仕り、次男・三男迄も弟船浦株分ケ株仕来り御座候」(「塩津浦相手取船積出入一件願書控」、建部家文書)とする史料もあり、詳細は不明であるが、月出浦が塩津浦の船株の一部を有するという関係があったようである。この「根元」という関係を元に、塩津浦への船株の移動が行われたのであろう。

納浦本家株の機能　天保期の「船株由来書差上控」には、約六〇年前に月出浦と塩津浦との間に発生した争論について記されている。この一八世紀後期の争論で、裁許を担当した幕府の船奉行は、月出浦の長左衛門が納浦株を持っていないのに「納米」をしている理由を尋ねたとある。弟株の長左衛門株が、年貢米を扱うことが問題となったのである。このとき長左衛門側は、本家の又四郎株によって運送しているのであると答え、この回答に対して、船奉行は納得したという。さらに、長左衛門はその後も納米に従事し、天保期段階で、納米を行う船は、孫六・長左衛門・佐助の三艘となっている。この事例は、納浦本家株が年貢米の輸送権を独占しつつも、弟株に納浦本家株の機能を代替させることが可能であることを示している。

納浦本家株の性格　納浦本家株は、他村へ移動しない限りは半永久的に効力をもっていた。前述のように、天保年間には三株の実働が確認されるが、このうち、佐助家については、一八世紀半ばまで船による輸送活動を停止していた時期があった。明和四年（一七六七）、佐助が船商売を再開したいとの願いを出し、それまで舟運に従事していた長左衛門・孫六と争論になっている。佐助の主張によれば、本家株を「往古より」所持していたが、百年余り休んでいたという。しかし、商売を再開したいと考え、船奉行に断りを入れ、今堅田村（滋賀県大津市今堅田）の伊左衛門から一〇〇石積の船を借りることとなった。佐助はこの船を用いて、「月出村御地頭年貢米、並びに柴・割木等、孫六・長左衛門同様」につとめることを望んだという。

しかし、孫六らにすれば、佐助の船株の由緒は認めるものの、自浦は「小浦」であり、荷物が少

表－2　月出浦の船株の状況

	慶長2年船改め	船株改め時（18世紀半ば）	天保2年
納浦本家株	—	佐助株	有
	—	孫六株	有
	（又四郎船）	又四良株	有（活動せず）
	—	（又吉株）→往古、塩津の忠左衛門へ売却	無
	—	（孫四郎株）→塩津の源六方へ養子持参	無
弟株	—	長左衛門株（又四郎弟株）	有
	—	孫左衛門株（孫六弟株）	「消株」

ないため、「所々荷物セリ積み」は困ると訴えた。その結果、佐助も含めた納浦株持ちが「順番に積み請け倶《とも》稼ぎ」できるように大津百艘船仲間が仲介し、最終的には役所に届けて佐助の商売を認めることとなった（「済証文之事」、伴野家文書）。納浦本家株は、長期不使用であっても、船商売の再開が可能であったのである。

弟株の機能と性格　「船株由来書差上控」には、弟株については、納浦本家株へ「浦銀」を出して塩津浦へ出す荷物や北国荷を積み請ける浦株であると記されている。長左衛門株は又四郎株の弟株であり、この株を廻船浦とも北国浦とも呼んでいるという。一方、同じ弟株である孫左衛門船株は孫六の弟株で、三代にわたって船を召し使わなかったため、「消株」になったという。先に、佐助家の納浦本家株が長期休み株であったにもかかわらず舟運の復活を認められたことを確認したが、弟株には認められず、両株には大きな違いがあったことがわかる。

表－2として、月出浦に存在した各船株の状況をまとめておく。

塩津浦との関係

年貢米の積み出し　「はじめに」で記したように、船株をもつ浦であることは、荷物を運び出すことが可能であることを意味する。また、琵琶湖の廻船秩序にのっとれば、その範囲は琵琶湖全域に及ぶ〔東―二〇一〇〕。しかし、月出浦は、前述のように「浅井郡限り浦々」と自浦の活動範囲を説明している。それどころか、明和八年（一七七二）の「船年寄之儀ニ付乍恐奉差上口上書」（建部家文書）によれば、実際の活動領域はより限定されていた。この史料によれば、元禄年間（一六八八～一七〇四年）まで、塩津浦と月出浦は「一所に廻り積み」、すなわち、ともに廻船を行って年貢米を積んでいた。ところが、元禄期に、月出浦は領主に自浦の窮状を訴えたのである。この訴えに対して当時の領主であった甲府徳川氏は、塩津浦に断りをいれ、競合が発生しないように年貢米の積み分けを提案した。その結果、近隣の岩熊《やのくま》村・山田村・八田部村の年貢米が月出浦の積み分となり、それ以外の村々は塩津浦の積み場になったのである。塩津浦のような船数も船規模も大きな浦を近隣にもつ小規模浦には、自由な廻船活動で競合することが難しかったことが推測される。

興味深いのは、この時に決定された年貢米の取扱い範囲が、そのまま他の荷物の取扱い範囲としても機能していることである。月出浦と塩津浦は、ともに船株をもつ廻船浦でありながら、領域を分割して積み出しを行うことになったのである。

表－3　文化３年段階の月出浦と塩津浦の荷積み慣行

積み出し対象村落	岩熊村・山田村・八田部村の年貢米・産物 ＝月出村の孫六・長左衛門・佐助が積む
	沓掛《くつかけ》村・集福寺《しゅうふくじ》村・余《よ》村・中村・横波《よこなみ》村・野坂村・祝《い》村の年貢米　＝「塩津船手切り」 （＊塩津浦は岩熊村も含むと主張）
積み荷の送り先	塩津浦から江頭《えがしら》・田中江《たなかえ》・八幡（滋賀県近江八幡市）より長浜（滋賀県長浜市）辺りまでのおおよそ15か所行き ＝塩津船に限って積む
	塩津浦から杉江・赤の井・山賀《やまが》（滋賀県守山市）・山田・矢橋《やばせ》（滋賀県草津市）・大津・勢田・和邇《わに》・野田・堅田（滋賀県大津市）行き ＝月出浦の孫六と長左衛門も積むことができる

地場産品の積み出し　領域を分割する積み分けは、約一〇〇年間守られてきたが、文化三年（一八〇六）に、両浦の間に争論が発生する。ことの発端は、月出浦が積み場にしていた岩熊村からの積み荷が大幅に減少したことで、月出浦が調査をしたところ、岩熊村が塩津浦の船に積んでいたことが判明したことである。月出浦の訴えに対して、塩津浦は、岩熊村の積み場は、元来は塩津浦の積み場であって、月出浦に許可した上でやらせていたに過ぎない。今後は、「番口」（＝順番）に積むべしと応じたのである。

この争論の史料から、当時の荷積みの慣行を表－3として確認しておきたい。

裁許の結果　裁許では、基本的には仕来り通りであることが確認されたが、争論の発端となった岩熊村からの積み荷については、年貢米は従来通り月出浦が積み出すが、その他の産物に関しては、両浦の積み荷が「歩通り」ということになりかけた。しかし、煩雑であるとの理由で、毎年盆前に銀五〇目ずつ月出浦から塩津浦へ渡し、岩熊村の年貢米や産物は月出浦が積むことになった。

月出浦に不利な決定がなされた部分もある。例えば、塩津浦と越前国敦賀《つるが》(福井県敦賀市)の間に位置する越前国麻生《あそう》や新道野《しんどうの》辺りより岩熊村へ出す焼炭は、「他国荷」なので塩津船の積み荷とされていたが、この争論までは、慣例として月出浦も積むことができた。争論後は月出浦の積み分が八〇〇俵に制限され、残りは塩津浦が積むこととなった。また、塩津浦には従来から特別な積み荷があった。詳細は不明であるが、「紅花・青苧《あおそ》一口」「仲ケ物一口」「帳生ケ一口」「新道貫一口」「掛木之こなし一口」は「塩津船ばかり」積むことができ、争論の際の月出浦の反対にもかかわらず、この権利はそのまま承認された。

月出浦内における船株の意義

無株者の立場 船株に舟運に従事することができる権利が付属しているとすると、船株を持たない者には舟運の権利がないということになる。このことについて、天保一一年、月出浦の船年寄は、「元来無株にて船積み仕り候儀、一切相成らざる」はずであるが、「村同士」のことなので勘弁してきたという（「船積出入儀ニ付乍恐書付ヲ以奉願上候」、建部家文書）。すなわち、無株の者が船で運送をおこなう場合は、船株持ちらの許可を要したのである。また、天保三年の史料には、「当村において無株で船を使いたい場合、浦株の数に合わない船には、丸子船使用の許可は出せない」が、「株持ちらの了解」を前提に、「往古は七艘株といっていたことが船奉行御役所にある往古の書に書かれているので、七艘迄は許可をする」（「船株由緒書」、建部家文書）とあり、許可の前提にはかつての全船株数である七株以内という条件が付くことが記されている。

丸子船数の調整　無株者が、あくまでも船株持ちの了解のもとで舟運に従事していたことは、次の史料（「建部家文書」）からもうかがうことができる。端書の別筆にみられる「浦なし」とは無株者を指し、「浦持ち」、すなわち船株持ちの了見で無株者の船数調整が行われることがあったのである。

（別筆）「浦株数に舟多く、株数の外相休み候様仰せ付けられ、浦なしの義は浦持ち了簡にて株
　数に合い申すべき段仰せ付けらる」

恐れ乍ら口上書

一、当浦丸舟株の儀、古来より七艘に相究め御座候ところ、当時九艘に相成り御座候に付き、御察当を蒙り恐れ入り奉り候、此度御吟味の上、弐艘は何方へなりとも譲り替え仕り候様仰せ付けられ承知畏み奉り候、尚、帰村の上、右弐艘は何方へなりとも相譲り、追て御

届け申上ぐべく候、以上

文化八年

未十一月廿三日

江州浅井郡月出村

舟持　佐小四郎　印

舟年寄　孫六　印

大津御役所

船株は、元来は各浦で所持する丸子船の数と同数であった可能性があるが、その数が一致する浦は琵琶湖全域を見渡してもほとんどない。さらに、ほとんどの浦では、時代が降るに従って、船株数に比して船実数を減少させていき、船株の数を超過することがない〔杉江―二〇一二〕。しかし、月出浦では船株数七に対して、この年の丸子船数が九艘を数えており、船株数を基準とした超過分の船数調整が行われたのである。そして、その調整の対象となったのが、無株者の船であった。

無株者の舟運活動　無株者が、船株持ちらの許可のもとで舟運に従事していたことをみたが、使用を許された船の規模（積み石高）はそれほど大きくはなく、「小丸（子）船」と呼ばれる規模であった。また、その活動のあり方も同じではなかった。天保五年の「村方小船稼出入之儀ニ付乍恐奉願上口上書」（建部家文書）では、無株者が「船賃荷物」を積み出すことが問題視されている。「船賃荷物」とは、琵琶湖の廻船秩序にのっとって輸送の際に先着順賃積み（荷主の依頼によって荷物を輸送する）

表－4　天保２年段階の月出浦内の舟運規定

船株持ち（３艘）	八田部村・山田村・岩熊村の年貢米と産物を輸送する。
無株者（４艘）	八田部村・山田村より月出村へ出る柴・割木売買物等は勿論、その他、他所の売買物を運送するのは勝手次第である。もっとも、割木は長浜とその近辺まで運んでよいとする。
	岩熊村より出る柴・割木売買物等の運送は、株持ち３人の者へ、仕来り書の通り少々ずつ刎銭（運送賃の一部をはねた金銭）を渡して行う。
村方	月出村からの木柴やその他の売買物の他所売りは勝手次第。

の取引形態をとる荷物であり、賃積みは琵琶湖の廻船の基本的なあり方である〔東―二〇一〇〕。無株者は、賃積みを許されていなかった。

しかし、近世中後期以降、各浦で旧来の仕来りを破るような輸送事例が頻発する〔東―二〇一五〕なかで、月出浦内でも、近世後期になると、無株者たちが前例を破るようになり、両者の間で争論が発生するのである。船株持ちらは、天保二年、「仕来り書」（建部家文書）として、表－4にみられるように船株持ちと無株者の丸子船の舟運活動の相違を書面で確認している。

天保期の再論　右の規定は「村方、並びに船持ち共毛頭申し分御座なし」と、関係者の合意の上で作成されたものであるが、実際の運用やその解釈をめぐって、数年後に争論が起こり、その結果、天保一一年に再度、規定書（「船方之儀ニ付規定書之事」、建部家文書）が作成されている。争論の前提として、船株持ちと無株者の規定書の解釈の違いがあった。当時、無株で小丸子船運送をする者は、「柴・割木売買物等勿論、その外他所の売買物運送仕り候義、勝手次第」の部分を、まさに「勝手次第」と考えていた。一方、株持ちらは、「柴・割木売買物は船持ち共自分の売買物の義にて、船賃を取る送り荷物の義にはこれ無し」、また、「他所の売買物とは、尾上《おのえ》・片山・飯浦《はんのうら》・山梨子《やまなし》にての売買物、その先々にて船積み仕り候義」といい、柴・割木の売買の場合、自分の商品ならば小丸子船輸送は確かに自由であるが、船賃を徴収して輸送することは許されていないと述べている。賃積みではなく、あくまでも自分荷の輸送のみが認められていたことがわかる。また、船株持ちらは、「他所之売買物」とは、月出浦からやや距離がある尾上浦ほか三か浦（滋賀県長浜市）での売買物を差すとし、「八田部村・山田村、その他所々」を「他所」と考える「小丸船持ち、並びに村中」と対立したのである。

新たな規定　天保一一年の規定書は、同一二年の規定書を詳細化している。例えば、先の争論で議論となっていた無株者が積み出し可能な「他所」の解釈については、「御他領の浦々」とする。さらに、「山田村・八田部村より月出村へ出す柴・割木」は、「自分で売買」する分を積むことが可能であり、「たとえ柴・割木でも荷主がいる運送物の場合は、無株小丸船には一切積ませない」と詳しく記している。

また、次のような新規の条項も追加されている。

一、蚕の蛹《さなぎ》荷物は、送り荷物ならば、船株持ちの船に積むはずの荷物であるが、株持ちである三人の者共が了解の上、村中が順番に積むこと。

一、人船を押切《おしきり》で仕立てた場合は、船株持ちへ届け、一艘に付き刎銭《はねせん》五〇文ずつを船株持ちへ差し遣すこと。

一、旅人の小渡しは、長浜迄のところは浦々の誰でも、船株持ちが許可の上、旅人の差支えにならない様に早速渡すこと。

右の条文にみられる養蚕・人の押切船（早船）輸送・旅人の小渡し（短距離輸送）などは、近世後期の琵琶湖で活発化する新規の動向である〔岩﨑―二〇〇〇・東―二〇一五〕。それらに応えて、船株持ちらの許可を取るという条件のもとで、無株者の船商売が認められているのである。

これらの条文を読むと、船株持ち三名は無株者の舟運活動そのものを差し止める意識はなく、従来からの積み分けが犯されることに危機を感じていたことがわかる。特に、無株者を賃積みに参入させないという姿勢は徹底していた。それ以外の、本来は船株持ちが行うべき船商売を無株者が行おうという場合は、船株持ちの許可をとったり、刎銭として金銭を納めることが要求された。こうして、無株者は、賃積みという船株持ちに固有の取引形態には参入できないものの、舟運活動を拡大していくこととなるのである。

おわりに

月出浦の地方史料によって、船株改めの際に計上された七株という株数は、納浦本家株と弟株という性格や機能の異なる二種類の船株の総数であることが確認できた。このように、各浦においても、船株の性格が一様ではない可能性がある。また、月出浦の船株が塩津浦の船株を「元株」としているように、浦々の船株間に何らかの関係性がある場合もあろう。

月出浦は、塩津浦と同様に船株持ちの浦ではあったが、船株を有しているからといって自由な舟運活動が許されていたわけではなく、荷物の積み場や送り先などについて、調整をはかってすみ分けていた。筆者はかつて、琵琶湖の廻船が原則として琵琶湖全域を商圏としながら、実際には商売の便の悪い浦には赴かない事例を抽出している〔東―二〇一〇〕。月出浦の場合、塩津浦のように輸送力が絶大な浦をごく近隣にもつという地理的特徴を考慮せねばならないが、このような船株持ち浦間のなわばり設定は、他にもみられるのではなかろうか。

また、船株を持たない者は、船株持ちらの許可を得たり刎銭を支払うことで、舟運に従事することが可能であった。筆者は、同様の事例を湖北地域の片山浦を対象に検討したが〔東―二〇一五〕、このような動向は琵琶湖全域に広がっていた可能性が高い。今後も引き続き、各浦における船株の実態を明らかにしていく必要があろう。

最後に、幕藩領主層にとって船株はどのような意義をもっていたのであろうか。一九五頁掲載の史料をみる限り、幕府は、船株数以上の丸子船の存在を認めていなかった。現在のところ、船株が幕府にとって有した意義については明らかになっていないが、少なくとも文化年間には、船数調整のために船株数を基準にしているのである。検討の余地があろう。

〔参考文献〕

東幸代「近世における琵琶湖舟運の構造」(『市場史研究』二九、二〇一〇年)
同「近世後期の琵琶湖舟運―「艫折廻船」仕法の動揺と浦々の対応―」(『交通史研究』八六、二〇一五年)
岩﨑奈緒子「米原湊の車早船について」(『滋賀大学経済学部附属史料館研究紀要』三三、二〇〇〇年)
大津市歴史博物館編『琵琶湖の船―丸木船から蒸気船へ―』(一九九三年)
喜多村俊夫『近江経済史論攷』(大雅堂、一九四六年、初出は一九三八年)
木村礎校訂『旧高旧領取調帳　近畿編』(東京堂出版、一九九五年)
草津市立街道文化情報センター編『草津市史資料集六　芦浦観音寺』(草津市教育委員会、一九九七年)

滋賀県編『滋賀県物産誌』（一八八〇年）
滋賀県市町村沿革史編さん委員会編『滋賀県市町村沿革史』（弘文堂書店、一九八八年）
杉江進『近世琵琶湖水運の研究』（思文閣出版、二〇一一年）
林屋辰三郎ほか編『新修大津市史　第三巻』（大津市、一九八〇年）
原田信夫「田と畑―近世初期における水田志向について―」（『歴史公論』九五、一九八三年）

謝辞　本稿を作成するにあたって、史料閲覧・利用をお許しいただきました史料所有者各位、また、利用の便宜をおはかりいただきました長浜市教育委員会と大津市歴史博物館の皆様方に御礼申し上げます。

米原湊の車早船

岩﨑奈緒子

嘉永五年「車早船新造図」（北村源十郎家文書、滋賀大学経済学部附属史料館所蔵）

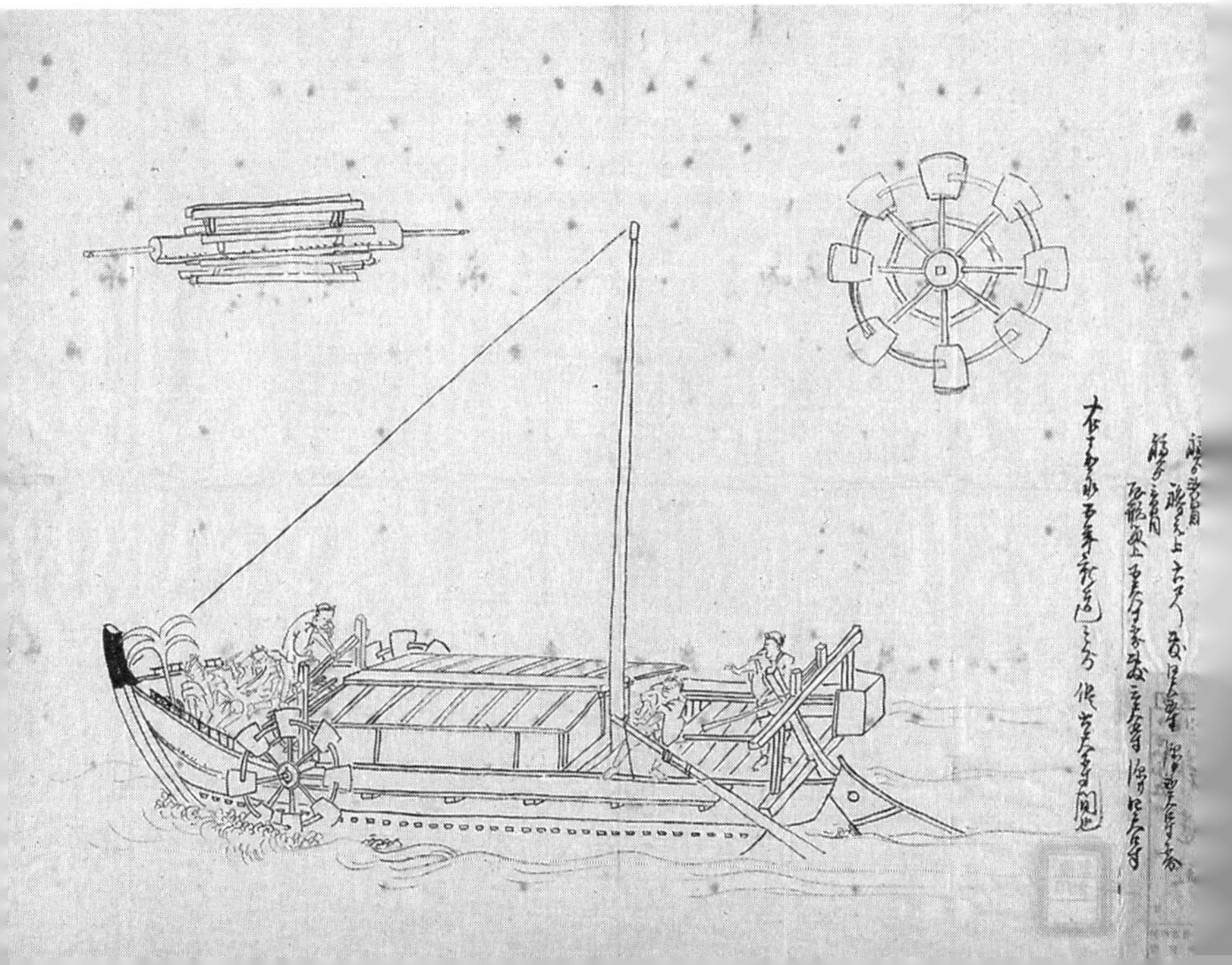

はじめに

江戸時代の琵琶湖に、外輪船が走っていたことをご存じだろうか。天保一一年（一八四〇）、旅客輸送を目的として米原湊《まいばらみなと》で開発され、幕末まで、米原—大津間に就航していた船である。江戸時代までの日本で、外輪船が営業目的で運航していた例は他にないとされる。創意工夫に満ちた、この特筆すべき試みは、近江に、そして、琵琶湖に生きた人びとの歩みとして、大切に記憶されるべき史実であろう。

「車早船《くるまはやぶね》」「車船」、あるいは単に「早船」と称される外輪船の存在を主に伝えるのは、滋賀大学経済学部附属史料館所蔵の北村源十郎家《きたむらげんじゅうろうけ》文書である。著者は、一九九九年度の史料館の展覧会や紀要で、その歴史を発掘し紹介する機会に恵まれた。「車早船」の呼称を用いたのは、外輪船の特長を最もよく表すと考えたからである。それ以降、いくつかの新しい情報が得られ、また、『米原町史』〔米原町史編さん委員会—二〇〇二〕でも詳しい記述がなされた。そこで本稿では、新たな成果を踏まえつつ、既知の史料の再読を通じて、車早船をめぐる歴史を改めてたどることにしたい。

ところで、車早船が開発された米原湊（滋賀県米原市米原）は、江戸時代の初め、井伊家の命で開かれた湊である。その目的は、関ヶ原以東から入ってくる中山道の諸物資の流れを掌握することにあった。年貢米など、彦根藩領の産物の大津への運搬も重要な役割であり、北国からの物資の集

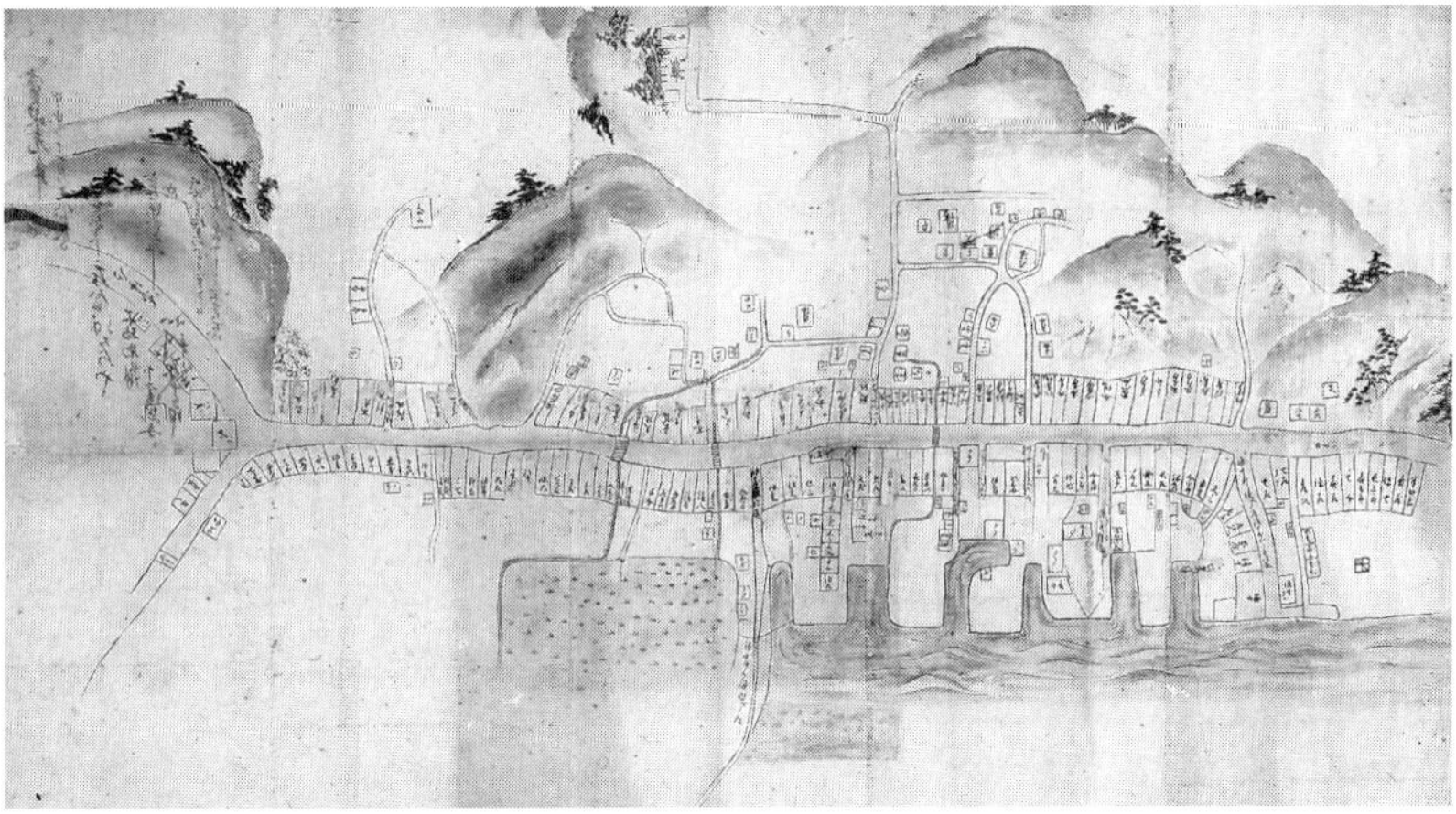

図－1　「米原湊絵図」（北村源十郎家文書、滋賀大学経済学部附属史料館所蔵）

散地である長浜（長浜市朝日町）、城下の松原（彦根市松原）とともに彦根藩の手厚い保護を受け、これらは総称して彦根三湊《さんみなと》と呼ばれた。近代以降、内湖の干拓が進み、往時を偲ぶことはもはや難しいが、琵琶湖を介して大津に直結し、番場宿（米原市番場）を介して中山道に連なり、北陸への幹線道路である北国街道の宿場でもあった米原は、まさに交通の要衝であったといえよう。

　彦根藩の意向により整備された米原湊を支えたのは、そこに住まう人びとだった。湊には、五人から成る船問屋仲間、一〇人から成る丸子船《まるこぶね》の船持仲間、そして、一〇人から成る艜船《ひらたぶね》を持つ艜持仲間の三つの社会集団があった。湊は彼らによって自治的に運営される一方で、二人の船年寄を介して彦根藩船奉行の統制下に置かれていた。一八世紀初め頃に作られた図－1の「米原湊絵図」（北村源十郎家文書）では、北国街道沿いに一二〇軒を越える家々が立ち並んでいる。湖上交通に関わる三つの社会集団だけで、米原村全体の二割強を占めていたことになる。水主、船宿、船大工なども含めれば、その割合はさらに増えるだろう。出資者の一人であったことから車早船の史料を残すことになった米原宿の本陣北村家は、荷物の運送を取り次ぐ船問屋を営む一方で、数艘の船を持つ船主でもあった。車早船は、琵琶湖と共にある暮らしの中から生まれたのである。

車早船の形

車早船の構造　本稿の扉頁に掲げた図（以下、「扉の図」と記す）を見ると、嘉永五年（一八五二）に新造された車早船の概略がわかる。船前方に車二輪をしつらえ、中央に屋形、船尾に櫓《ろ》と楫《かじ》がある。より詳細な情報を載せる図－２の「米原湊車船惣内法之図」（中川泉三「彦根市史稿」、彦根市立図書館所蔵）と比較しながら、車早船の構造を詳しく見ていこう。

車早船の大きさは、扉の図、図－２ともに、船首から船尾までの長さは四丈八尺ほど（約一四・四m）、幅は、広いところで扉の図が六尺（約一・八m）、図－２が五尺三寸（約一・六m）で、深さは二尺三、四寸（七二～七五cm）である。平均的な百石積の丸子船の大きさは、長さ三丈四尺（約一〇・三m）、幅七尺（約二・一m）、深さ三尺三寸（約一m）ほどであったとされるから（長浜市史編さん委員会―一九九九）、丸子船に比べると、車早船の船体はやや細身であった。また、両図ともに、船前方

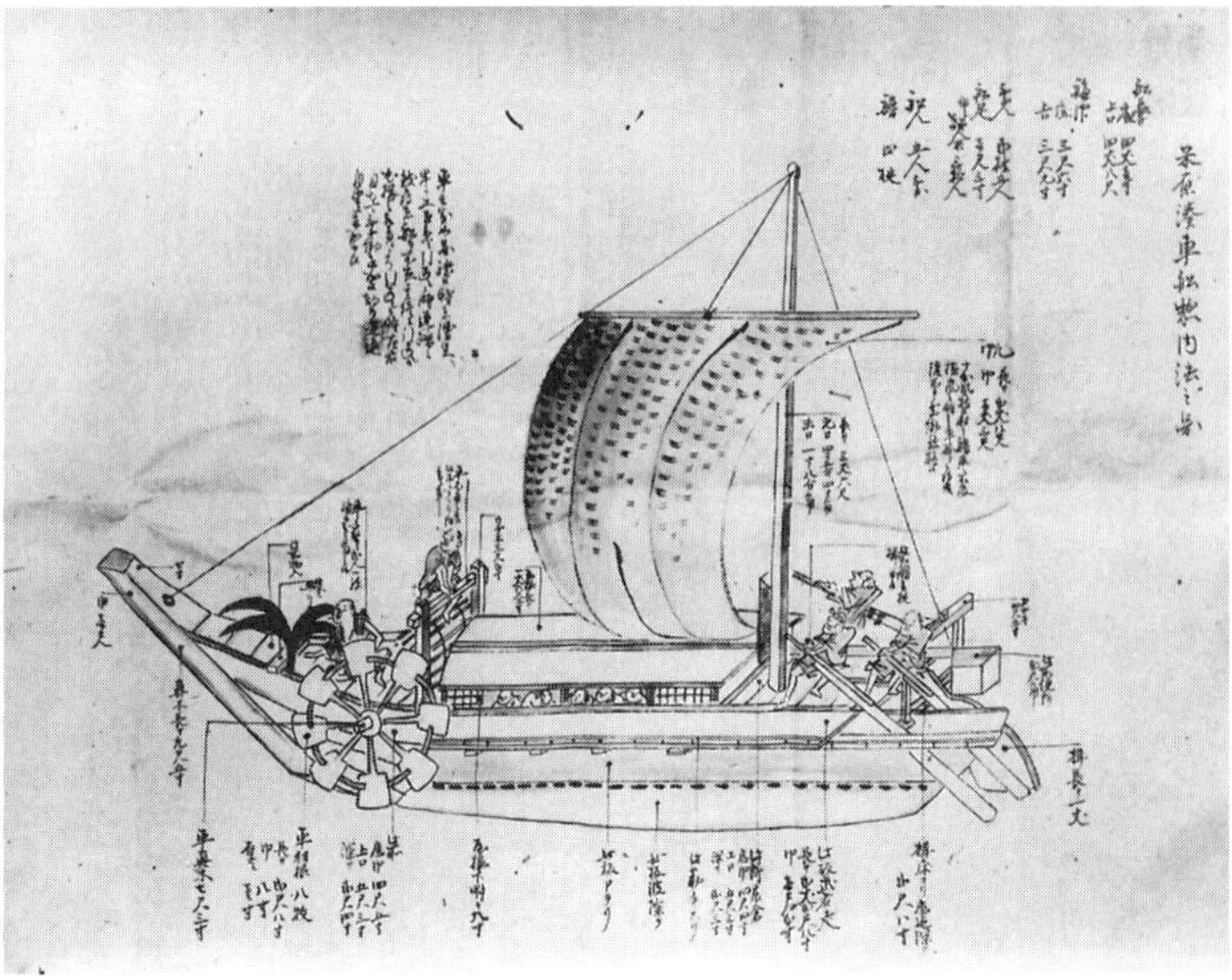

図－2　「米原湊車船惣内法之図」（彦根市立図書館所蔵）

の舷側に、丸子船の特徴である縦半分に割った丸太が見られない。車早船と丸子船との様式の違いに触れた史料もあって、車早船は琵琶湖在来の船ではなかった可能性がある。

乗員は五人。図－2では、二人が船前方の車を動かす「車手」で、残る三人が船尾の櫓《ろ》二挺と楫《かじ》をそれぞれ担当している。乗員が船首と船尾の間を移動するには、舷側に設置された「武者走」を用いたのであろう。図－2では、長さ二丈二尺八寸（約六・八m）、幅一尺二寸（約三六cm）とある。

車早船の動力は、車と櫓以外にもう一つあった。帆である。図－2によれば、長さ二丈八尺（約八・四m）、幅一丈三尺（約三・九m）。帆柱の高さは、三丈六尺（約一〇・八m)。目の粗さを強調する描写は、莫蓙《ござ》の帆であることを表したものであろう。当初用いた木綿の帆を藩に差し止められた結果であった(「押切早船建造ニ付一件書類」、北村源十郎家文書)。

さて、図-2によれば、風が十分あるときは、櫓や車を用いず、帆を用いたとある。年次は不明だが、車早船で藩の役人を大津から松原まで乗せた記事に、「北風ニ付堅田《つき》ニ暫《しばらく》見合、白髭迄押切《おしきり》、夫より北風順風ニ付帆ヲ揚ケ」とある(「早船発願并大津御蔵より御尋ニ付御答書其外諸事留記」、以下「早船発願」と略記する。北村源十郎家文書)。「押切」とは、帆を使わず櫓や櫂《かい》、車で進む意味である。風向きをみながら、三つの動力を効率よく使用していたことがうかがえる。

車早船には、極印《ごくいん》が押されていた。図ではその位置はわからないが、扉の図に描かれた船を建造する際、藩に極印を願った願書が残されている(「乍恐以書付御願奉申上候」、北村源十郎家文書)。

車早船がどこで建造されたのかは不明である。米原湊にも船大工はいたが、車軸の芯を大津で修繕した記録が残っており、大津で造られた可能性もある。建造経費は、天保一一年の段階で、船が一九両一分、屋形が二両一分、楫が二分二朱で、合計二三両二分二朱であった。また、「造り始め候時分より年々丈夫に手入れ仕り候」との記述も見え、改良を重ねていたことがうかがえる(「早船発願」)。

車の効用　車早船の車には、車羽根と呼ばれる八枚の板を先端に付けた、シャモジのような体裁の部材が放射状に配される。図-2によれば、車羽根は、長さ二尺八寸(約八四cm)、幅八寸(約二四

cm）で、厚みが一寸（約三cm）。軸から車羽根までの長さははっきりしないが、扉の図の右側上方にある車輪の形状から類推すると、中心から端までの長さは一間（約一・八m）ほどだろうか。車を据え付ける車軸の芯の長さは、図－2によれば、約七尺三寸（約二・三m）。扉の図左側上方の車軸の形状をみると、全長の五分の三ほどの太い部分を、二つの車がはさむ構造だったと思われる。

太い軸の周囲には、八枚の踏み板が付いている。この形状からすると、踏み板の長さは船体の幅よりやや短く、三～四尺（約一m）であろうか。図－2には、車手は一人ずつ交代で車軸を踏んだが、二人一緒に踏む場合もあったとの注記がある。三～四尺もあれば、二人立つことはできるだろう。また、図－2の、車手が握っている棒には、「車不用の節、此所にくくり附け置き候事」という注記があり、車は軸ごと取り外しができる構造になっていたことがわかる。

では、車にはどのような効用があったのだろうか。車早船は、西国の、天候の影響を受けにくい車を仕掛けた船から着想して考案されたものであった（「押切早船改造ニ付願書」、北村源十郎家文書）。松阪の商人で文筆家として知られる小津《おづ》久足《ひさたり》は、天保一三年に西国を旅した紀行の中で車早船に触れ、「ちかきころ車船といふ船いてきて、波風あらき時も大津までかならす一夜のうちにいたる也、げにたよりよくなれるよし」と記している（小津久足「青葉日記」、無窮会神習文庫所蔵）〔青柳—二〇一五〕。天候の影響を受けにくいことが、第一に掲げられる効果であった。

また、図－2には、車を踏んでいる間は、漕ぎ足が速く、急に引き返すときも逆踏みをすれば、船の向きをかえないで引き返すことができる、楫のとり方で、左右自在に動くことができる、とある。車早船のことを「早きこと飛鳥のごとく」とする記述もあって〔中川―一九八八〕、一般には、速さも車早船の魅力と受け止められていたことがうかがえる。

ただ、いいことばかりというわけではなかった。車早船が試運転されたのは天保一一年九月であったが、その一か月後には、沖之島村（近江八幡市沖島町）の清兵衛らが苦情を申し入れている。車早船が通行すると、漁師仲間に差し支えがあるので、多景島《たけしま》（彦根市八坂町）の西から沖島の西を通るように、というのだ。苦情は、薩摩《さつま》・石寺《いしでら》・八坂《はっさか》・大藪《おおやぶ》・世継《よつぎ》・筑摩《つくま》（彦根・米原市域）を含む湖岸の村々の「惣漁師仲間大網持中」が一緒になって申し入れたため、米原側は慎重を期して返答をしばらく保留。藩の船方元〆衆に相談し、特段の対応は不要との回答を得て、追って沙汰があるのでなんとも返事しがたいと返答している。

翌天保一二年二月になると、今度は、湖岸の漁師たちは外れ、沖島の漁師と米原湊との間で交渉がなされた。沖島が、網漁の妨げにならないようにしてくれ、と要求したのに対して、米原側は、天候のよい夜と、網漁をしているときは、「沖之島領」北の雨面《あめつら》から南の鯉ケ崎までの間は、車を踏むことは見合わせる、と回答した。五月一八日には、沖島側から、右の内容を記した書面を取り交わしたいという希望が出された。しかし、この時の沖島の主張は「沖之島領内」では櫂や車を使わない、というものに変わっていて、雨面から鯉ケ崎までの区間を区切って車の使用を制限した二月の示談の内容とは異なることから、米原側は、文書化には応じがたいと拒否している。

車を踏むことが漁業の妨げと見なされていたことがうかがえるが、二月の米原側の提案には、「風雨の外晴天の節は車踏み申すまじき段」とある（「押切早船改造ニ付願書」）。晴天時に車を踏むと、風雨時のように湖水が荒れるため、漁民から苦情が寄せられたのであろう。

車早船の旅

車早船の旅　乗客が座るのは中央の屋形である。図－2によれば、屋根は船の幅いっぱいにひろがり、長さ一丈六尺三寸（約四・九m）。船幅は六尺（約一・八m）なので、屋根下の面積は三坪に満たない。また、屋根下の透き間は九寸（約二七cm）とせまい。定員は二五人。定員いっぱい乗り込んだとしたら、あまり広くない部屋に、ひしめき合って乗り込んだことになる。なお、用を足すときは、舷側右側最後尾の板囲を使用した。図－2には、「便所」との注記がある。
ちなみに、車早船の乗客数は藩が定めたものである。天保一三年四月に船方奉行の調べがあり、米原湊は、船頭五人乗客三〇人と届けた。その後、大津蔵奉行から下問があった際、三湊の詰役が二五人と答えたために、この数字が定員にされそうになった。米原側が増員をはたらきかけたものの、天保一五年には藩の役人が実地検分を行い、乗客定員は二五人に定められた。

ところで、弘化四年（一八四七）に船方奉行が出した「口達書」には、冒頭に、船に乗客以外に「小荷物に到る迄一切積み申すまじく候」とあって、車早船が旅客輸送を目的として公認されたことが明示されている。そして、「出船の節に多人数乗せ重き人命ニ懸り候」ことなので、「気色の様子とくと相考え、風波の節危き事」がないよう注意し、船頭は「丈夫成る者を相撰び、不鍛錬成る者」は乗せないよう求めている。また「口達書」の後段では、船で用を足す際には、必ず帯に縄を付けるよう命じ、もし死人が出た場合は船頭の責任と断じている（「早船発願」）。人命の尊重は、旅客輸送を目的とする車早船の大原則であった。

車早船は、米原を暮れ六つ（午後六時頃）に出て、翌朝大津に着く夜行船であった。慶応元年（一八六五）、堺の糸割符年寄具足屋治兵衛が日光を訪れた際の旅日記には、復路の五月二四日に車早船に乗船したという記述がある。管見の限りで、車早船の確実な運航を伝える最後の記録だが、これによれば、治兵衛一行は七つ時（午後四時頃）に米原に着き、春木屋庄助という船宿で夕食をとった後で乗船。朝食を済ませた後、翌朝四つ時（午前一〇時頃）に大津で下船している〔小町―二〇一四〕。

また治兵衛は、車早船の旅について、「近江湖水風景能し、竹生島《ちくぶしま》山見ゆる、百足山《むかでやま》、唐崎《からさき》松、三井寺《みいでら》下へ近船致候」と記している。竹生島（長浜市早崎町）も、百足山と称される三上山（野洲市三上）も、唐崎の松（大津市唐崎）も三井寺（大津市園城寺町）も、古くから名勝地として知られ、『近江名所図会』にも紹介されている。三井寺近くでわざわざ船を湖岸近くに寄せたとあるのは、乗客によく見せるための配慮であろう。

これに対して、藩の役人を乗せた車早船が松原と大津を往復した時には、往路は明け六つ（午前六時頃）に松原を出て夜五つ（午後八時頃）に大津着、復路は、夜五つ半（午後九時頃）に大津を出て朝四つ八半（午後一一時半過）に松原着で、片道一四時間強。米原発着ではないし、天候にも左右されるので単純な比較はできないが、一六時間かかった治兵衛の船旅は、あるいは、車早船の単に旅客輸送というだけでない、琵琶湖の遊覧という性格を示しているのではなかろうか。

先述したように、乗客が乗る屋形は決して広くはない。また、『近江長濱町志』所収の「長浜湊出舟早船之図」には、「車の波に逆する音喧《やかま》しくして、夢をむすふに障りあり」とあって、騒音もなかなかのものであったらしい。車早船の乗り心地は、お世辞にもよかったとは言えそうにない。しかし、米原から大津まで陸路でおよそ六〇㎞。二日の行程である。新技術を象徴する新奇な姿で、天候に左右されず、一晩で大津まで運んでくれる車早船は、旅行者にはうれしい船だったろう。その上、琵琶湖遊覧も兼ねているとなれば、土産話にも花が咲こう。狭さも騒音も、乗客にとっては旅の楽しみの内にあったに違いない。

ところで、車早船の経営をめぐって出資者と船持仲間が対立した際（後述）、船持中が「竹生島参詣の節、船頭専蔵・久五郎を会所へ呼び寄せ、右両人車船乗働き指し留め」たとする記事が残っている（「早船出着之節一々吟味之上疑しき者有之時は早々可御届達書」、北村源十郎家文書）。車早船は、米原—大津間を結ぶだけでなく、竹生島に参詣客を運ぶためにも使われていたようだ。確かに、日のある時間帯は竹生島参詣、夜になれば大津へ、という風に船を動かすことができれば無駄はない。さらに、大津に午前に着船して、折り返し出船すれば、米原には夜の内に戻ることができ、次の朝には竹生島に船を渡すこともできる。二艘あれば、大津、竹生島の両便とも毎日運航できる。出資者が車早船を二艘も建造したのは、船の効率的な活用を考えてのことだったのかもしれない。

車早船の運賃　気になるのは運賃である。天保から弘化にかけては、上り下りともに、一人四三二文で食事付。先の治兵衛の記事から、食事は朝食であったことがわかる。ちなみに、同じ時期の松原と長浜の早船運賃は、松原—大津間が、上り四〇〇文、下り三七二文、長浜—大津間が、上り四三二文、下り四〇〇文である。藩は、運賃を三湊で相談して決めるよう定めていたので（「早船発願」）、ほぼ同額になっているのは、値下げ競争を避ける意図が働いたものであろうか。

次に、車早船の運賃が、どの程度の価値だったのかを見ていこう。治兵衛は旅日記に、種々の支払いを詳細に記述しているので、幕末の例になるが、これを参考にしよう。

まず車早船の運賃は、治兵衛の旅日記には記載がない。そこで、北村家の文書を見てみると、明治二年（一八六九）の史料に、「早船乗合壱人ニ付運賃大津迄飯料付三朱ト五拾文」とある（「三州吉田様御国産御用留」、北村源十郎家文書）。米原湊の早船といえば、車早船しか存在しなかったと考えられるので、その運賃である可能性が高い。しかし仮にこれが車のない早船であったとしても、三湊が早船運賃をほぼ同額にしていたことを踏まえると、車早船の運賃もこれに準じたとみて間違いなかろう。

天保元年から明治元年までの金銀銭相場の変動を記録した『近世大阪の物価と利子』（一九六三）第一表によれば、車早船就航の天保一一年は金一両銭九貫前後だったものが、治兵衛が旅した慶応元年で金一両が銭一五貫五七五文。明治元年には乱高下して、八月には銭一〇貫六六〇文まで戻している。明治二年の運賃が金建てであったのは銭相場のこのような不安定さによるものかもしれない。試みに、明治二年の早船運賃三朱と五〇文を、当時の相場で銭換算してみると、慶応元年では、二九七〇文、明治元年では、二〇四八文となる。

これを、治兵衛が旅日記に記した単価のわかる物価と比べてみよう。髪結い賃三六〜三八文、下駄一足三五〇文、東海道大井川辺での昼ご飯三人前二〇〇文、中山道馬籠《まごめ》宿（岐阜県中津川市馬籠）での昼食五人前四一六文、柏餅三〇個一五〇文、白酒三合一一〇文。車早船の運賃は、かなり高額な印象がある。米原湊の船持仲間は多額の借金に苦しみ、車早船の運賃の割り増しを働きかけた史料が残っているので（「米原湊早船一件留」、吉川三左衛門家文書、滋賀大学経済学部附属史料館所蔵）、運賃の高騰はその結果なのかもしれない。

絵形の流布　少し高いが、速くて便利で珍しい。こんな車早船は、近江だけでなく、江戸時代後期の日本で広く知られていたと考えられる。その証拠となるのが、絵形（絵図）の普及である。

弘前の俳諧結社の刷り物には、「近江湖上米原湊」の様子として二艘の車早船を描き、「船両輪有《ある》は、未だ嘗《かつ》てその例あるを聞かず」と記されている。二艘とも、扉の図や図ー2の図柄と同じで、車軸を踏んだり、櫓を漕いだりして、五人の船頭がそれぞれに立ち働く様子や、屋形の窓には乗客の顔が描かれている。そして、車早船の絵の上には、俳句の数々。ある者は実際に旅し、ある者は遠く離れた琵琶湖を思い、詠んだ句であろう。

中山道鳥居本宿（彦根市鳥居本）の問屋宛に草津宿（草津市草津）の問屋から送られた書状には、「昨年中御心配御取り寄せ下され候米原湊車船の絵形、今一枚入用に御座候間、ご面倒ながら早々お取り寄せ御差し送り下され候ようお願い申し上げ候、右はかたがた入用に御座候間、御失念無くお越し下され候よう、深くお頼み申し上げたく此《か》くの如くに御座候」とある（「書状写」岩根順子氏文書、彦根市史編纂室架蔵写真）。車早船の絵形が出回っていたことを傍証する史料といえよう。

さらに、彦根城博物館所蔵の「御城使留帳」弘化四年一二月二六日条には、江戸で幕臣の浅野長祚《あさのながよし》に車早船の絵形を届けた記事がある。浅野からの内々の依頼に応じたもので、使者が、藩主井伊《いい》直亮《なおあき》の伝言とともに絵形を届けたところ、浅野からは「遠方の処、わざわざ御取り寄せ成し下し置かれ、忝なき仕合、御陰を以て心得にも相成るべしと厚き御礼申し上ぐべきよう」直亮への伝言があった旨が記されている。

浅野の言う「心得」が何を意味するのか定かではないが、宇和島藩には「領分米原湊車船之麁絵図」と題する、図－２とほぼ同じ絵図が所蔵され、蒸気船を建造する際の参考にされたとされる（愛媛県歴史文化博物館―一九九七）。浅野がこの時期浦賀奉行を勤めていたことからすれば、幕末の重要な政策課題であった海防という観点から、車早船に関心が寄せられた可能性も指摘できよう。

車早船の経営と彦根藩

車早船の考案　車早船を考案したのは、米原湊の船年寄長太夫とその兄で京都在住の庄助である。長太夫はその背景として、「当湊先年より両度火災の上飢饉に出合い、その上近来村方例ならざる事のみ打ち続き、追々困窮仕り候事」（「新規早船之儀ニ付口上書」、北村源十郎家文書）、「近年時節悪《あ》しく船持共渡世方難渋の上、運送荷物無数に相成り、日用凌ぎ方はもちろん、御用船修復も行き届き申さず、やむを得ざる事、御拝借金を御願い」する事態に立ち至っていたことを掲げている（「押切早船改造ニ付願書」）。「御用船」とは、藩用を勤める船のことである。日々の暮らしの差し支えはもちろん、藩の御用を果たすことのできない困窮した状況の打開策として、車早船は提案されたのであった。

江戸時代に入って開発された西廻り航路の隆盛は、物資流通の規模を拡大したが、一方では、古代以来の流通経路に変化が生まれ、江戸時代を通じて、中山道の陸運と琵琶湖の舟運は凋落するとされる。車早船の就航と同じ時期、米原湊と長浜湊の間で、中山道の荷物をめぐって争論が起こっているが〔長浜市史編さん委員会―一九九九〕、運送荷物の減少という経済構造上の問題が、船持仲間に重くのしかかっていたことがうかがえる。車早船は、こうした流通構造の問題に、二度の火災という米原湊固有の問題が重なり合うところに生まれた工夫の産物であった。

ところで、車早船は先行する早船の改良型として考えられたものであった。三湊に旅客輸送を目的とする早船が許されたのは文化四年（一八〇七）。しかし、「東筋より上方へ往返の旅人、当湊より乗りたき積もりにて参られ、不日和《ふびより》亦《また》は出船これ無き時節は残念に存じ、陸地へ相廻られ迷惑致され候儀」が常々存在した。天候不順が原因でせっかくの客が陸路に回ってしまうことを残念に思っていた矢先、庄助は「西国筋にて小舟に車をかけ漕ぎ出し候を見請け、風雨の指し構え無く至極弁理能《よ》」いことを見いだし、弟長太夫とともにその導入を図ったのだった。物資輸送は振るわないが、旅客輸送には活路がある。しかし、活路を開くにはさらなる技術改良が必要、というわけだ。車早船は、客観的な現状分析を踏まえた経営戦略の産物であったといえよう。ちなみに、別の史料では、庄助が車早船を思いついたのは讃岐の金比羅参りのときとする記述があるので、「西国筋」とは、瀬戸内海を指すと考えられる。

船持仲間の反対　このように、米原湊の振興策として長太夫らが考案したにも拘わらず、その新奇さが災いして、車早船の導入は簡単には進まなかった。以下、開発に携わった長太夫の説明により、船持仲間との対立の経緯をたどろう。

兄庄助が車早船を思いつき、長太夫と二人で工夫を重ね、なんとか見込みをつけられたのは天保九年（一八三八）。翌一〇年の冬、船持仲間の一人介十郎に話しを持ちかけたところ、前向きな返事があり、一一年正月には、船持仲間に相談し、彦根藩に願い出ることが決まった。ところが、藩の役人への根回しを経て、藩の許可が得られたにもかかわらず、船持中は、「この度の早船、篤と相考え候ところ、宜しき事とは存じ申さず、尤も、夜中乗り働きでき申さず、乗人（乗客）もこれ有るまじくして、人船のことゆえ難事も恐ろしく、その上船造り形も違い候故、とても永続相成り申さず」（「新規早船之犠ニ付口上書」、北村源十郎家文書）という理由で、当初賛成したはずの計画を見合わせるよう申し出た。

長太夫は、一度藩に願ったものを取り下げることはできないので、自分が船年寄の役を辞して、次の船年寄から願い下げてほしいと提案したが、受け入れられず、結局、長太夫が船年寄を続ける代わりに、車早船の運営は船持中から切り離し、長太夫・九平・源十郎・孫七郎の四人の出資で計画を進めていくことに決まった。

運航には、資金だけでなく、船を操る労働力も必要である。船持中の協力が得られないなか、艜《ひらた》持《もち》の一人由右衛門が協力を申し出た。庄助が由右衛門とともに、西国で船人の「調練」を積むなどして、車早船の運航にこぎつけたのは、天保一一年九月だった。「船持の内ニハ影ニ而笑ひ居り申し候」者もいるような、冷淡なまなざしを向けられながらの準備であったという。

経営権をめぐる争い　天保一一年九月から一〇月までの二か月の試運転の評判は上々で、出資者たちは運営にある程度の見込みを付けることができた。そして翌天保一二年二月、いったんは経営から降りたはずの船持仲間が、「船造り立て、万端相調い弁利能きにつき、今更船持中残念存じ、再度申し出づべき筋にはこれ無く候得共」と留保をつけながらも、「元来湊方弁理仕法、尚亦《また》船持困窮助精（成）のため御発起の事につき」「格別の思し召しを以て、何とぞ船持中へ右徳分配当相成り候様」願い出た。出資者側は、船持仲間の要求に納得したわけではなかったが、相談の上、当時船持中が返済に苦慮していた船持仲間の拝借金二五〇両の返済を、車早船の利益でまかなうと応じている。しかしこれで満足しなかった船持仲間は、さらに、「上納金并びに船造り立て諸雑費」の支払いが済むまで出資者四人に車早船の世話をしてもらい、借財が済んだら、船株を船持中に譲るよう求めている。これは、長浜と松原の早船が船持仲間の所有であったことを根拠にした主張であった。なお、この年の一二月、出資者の一人九平は多額の拝借金を残し出奔《しゅっぽん》したため、残る三人の出資者は、車早船の利益をその弁済に当てることにした。

天保一四年の実力行使　出資者と船持仲間との対立は深刻化する一方であった。天保一三年には、船持の介十郎から、車早船の運営をめぐって不正があるとの告発があり、翌一四年には、船持仲間が車早船の運航を妨害する挙に出た。船持中の乱暴の一端を箇条書に記してみよう。
・竹生島参詣の節、車早船の船頭二人を呼び寄せ、車早船の運航を差し止めた。
・車早船の大津への航行は決して許さない、もしこれを守らなければ船に乗ることを差し止めるし、縄を張って出船を妨害すると言って、船頭二人を脅かした。
・乗客の運賃の上前《うわまえ》を船持仲間の会所に支払うよう勝手に決めた上に、それに滞りがあったと、船持たちが車早船のところに大勢でやってきて横暴を働いた。旅人もいることで不都合の限りであった。
・船持仲間からも車早船の船頭を出すことになったが、その船頭は櫓漕ぎの方法を知らず、一致して漕ごうという気持ちもないため、着船に遅れが出ている(「早船出着之節一々吟味之上疑しき者有之時は早々可御届達書」、北村源十郎家文書)。
出資者側の一方的な言い分ではあるが、船頭への脅迫、運賃の横領、操船の不手際等々、船持中が様々な手を使って実力行使により車早船の運航を妨害していたことがうかがえる。

船持たちが求めていたのは、天保一二年に浮上した船株譲渡、すなわち、車早船の経営権であった。この要求に対し、出資者の側は、以後一二年間出資者側が引き続き経営権を持つか、即刻船株を移譲する代わりに、車早船の利益で肩代わりしてきた船持中の拝借金と出資金とを合わせた四〇〇両を支払うかの二つを条件として提示し、天保一五年正月、一二年間の期限で出資者が経営権を持つことで話し合いでまとまった。

経営権、船持中へ　一二年が経ち、安政二年（一八五五）に船株譲渡の期限を迎えると、出資者と船持仲間の間で再び争論が起こった（「米原湊早船一件留」、吉川三左衛門家文書、滋賀大学経済学部附属史料館）。天保一五年の話し合いの結果が書面に残っていなかったため、六月以降、双方で話し合いをしたが決着がつかず、九月に船持中は藩に訴え出た。

一〇月、藩は、長浜湊と松原湊の船年寄に仲裁を命じ、一一月から示談交渉が始まった。船持中が、仲間の困窮を救うには、車早船の船株が必要だと主張するのに対して、出資者側は、天保一五年の約定そのものの存在を否定している。長浜・松原の船年寄は、種々の妥協案を示して和解をすすめたが、船持仲間が車早船は船持仲間が持つべきものと主張するのに対して、出資者側は投入してきた五五〇両の資金の回収と、十四年前に出奔した九平の残した拝借金七七〇両の返済が滞るので経営権はなんとしてもゆずれないとして、両者の主張は平行線をたどった。

解決の糸口が見つからなかったため、仲裁の船年寄たちは事情を藩に説明し、翌年二月に交渉をいったん打ち切った後、船方奉行が車早船の取り上げをほのめかしたことを伝え、双方に妥協をうながした。こうしてようやく安政三年三月、船持中と出資者は示談に合意し、藩への訴えを取り下げた。そして、翌安政四年七月、九平の残した拝借金七七〇両の返済を引き受け、出資者三人に五〇両ずつを支払うという条件で、船持中への船株譲渡が決まった。

しかし出資者にしてみれば、この条件は納得できるものではなかった。開発に貢献した庄助への経済的な補償はないし、天保一二年から肩代わりしてきた船持仲間の拝借金二五〇両の残金一五〇両が宙に浮いたままであったからだ。交渉はその後も続き、船持仲間ではないことを根拠に庄助への補償はしないこと、残金一五〇両は出資者と船持仲間とが折半することを確認し、すべてが決着したのは、安政六年二月のことであった。

争論の結末は、車早船の経営権が出資者から船持仲間に移り、五五〇両にのぼった出資金等の回収もままならず、さらには、天保一二年から引き受けた二五〇両の船持中の拝借金の残金も等分に折半するという、出資者側に大きな譲歩を迫るものだった。なぜこのように、船持仲間に有利に決着したのだろうか。

先述したように、そもそも車早船は米原の船持仲間が合意して建造を願い出たものであった。車早船は、御用船の維持のための湊の困窮の解決策として提案されたのであり、個人の利益を目的としたものではない。したがって、車早船を経営しその利益に浴するのは、船持仲間でなければならない。願い出の経緯からすれば、船持中がその経営から離脱したこと自体に問題があったということになる。

実際、長浜と松原の船年寄は、船持仲間に対しては、本来仲間でもつべき船を四人に預けたことにそもそもの問題があったと諭し、出資者に対しては、車早船は本来船持仲間で持つべきもので、拝借金の問題はそれとは切り離して考えるべしと説得している。天保一二年以降、出資者が船持仲間の拝借金二五〇両を車早船の利益で弁済した理由も、この脈絡で説明できるだろう。現代の感覚からすれば理不尽に見える船持仲間の要求は、江戸時代にあっては、正当な主張であったといえよう。

彦根藩の保護　嘉永元年（一八四八）正月、筋奉行から米原湊に対して、次のような申し渡しがあった。車早船は近年新規に製造したが、どこにも届けていない、時の藩主直亮がそのことを心配し、万が一幕府の調べがあったりしてはよろしくないので、元々藩の手船であり、その試乗を仰せつけられ、預かっているものと心得、以後「御手船」と称するように。藩主直亮が「新製の船空しく止め候場に至り候ては御残念に思し召さるるにより御熟考の上」命じたのだった（「早船発願」）。藩は、米原湊の人びとが考案し就航にいたった車早船が、新規の儀として幕府にとがめ立てされることを恐れて、藩の手船であるかのようにカモフラージュしたのである。

しかしその年の一一月、藩の意図に反して、幕府勘定役荻野寛一らが中山道の宿駅を廻宿した際、車早船は幕府の目にとまることになる。この機会をとらえて、中山道の鳥居本から草津までの宿駅が、「三湊に早船相用い、中山道宿々助勢に障り候」と訴え出たのだ。中山道を行く人びとが早船に流れるということがあったのだろう。陸路と湖上交通とが競合関係にあったことが見てとれる。

この情報を得た三湊は、早速、藩の船方元〆役人三原金蔵を交えて寄り合いを開き、万が一幕府から下問があった場合には、「早船の儀は新規と申すにはこれなく、なお又三湊の船へ旅人・諸荷物運送致し候義、御公儀御用御手当御厚慮の御事にて、他より妨げ致すべき筋に御座無く候」と答えるよう相談している（「早船発願」）。「御公儀御用」とは、彦根藩が、「第一帝都守護、且上方筋異変の節」の対応を任されていたことを指す（「松原・長濱・米原三湊之早船ニ付主意書」、北村源十郎家文書）。三湊の船が旅客や物資輸送に携わっているのは、幕府から与えられた御用を滞りなく勤めるためであって、他からとやかく言われる筋合いはない、というわけだ。

嘉永二年四月一〇日には、松原の御浜御殿前で、藩主直亮の車早船の上覧があった。直亮は自分が乗り込んだ船を、車早船に横付けして、大津への到着時間や車早船の構造などについて直々に尋ねたという。車早船が藩の手船であることを幕府にアピールするための措置であろう。そして同じ月、江戸では城使宇津木六之丞が荻野寛一に接触。宇津木は、幕府の御用を勤めるため、三湊に早船を預け、万が一のときに間に合うよう研究・工夫し、その成果を試しているのであって、中山道の諸荷物を取り込もうとするものではない、と説明している。

翌三年四月には、彦根藩筋奉行の指示で、長太夫と源十郎が、東海道を廻宿中の荻野寛一に接触するために、荻野の館《たち》入りである今須宿（岐阜県不破郡関ヶ原町）の伊藤五郎次のつてをたよって熱田宿（愛知県名古屋市熱田区）まで出向いている。宿場側は表向き、三湊の問題として訴えていたのだが、実際は、車早船に対する反発が特に強かったために、あえてこのような対応をとったようだ。長太夫らが伊藤の仲立ちで「答書」を提出し、いったんは荻野から江戸での吟味を示唆されたものの、最終的には彦根藩の言い分が通り、この件は沙汰止みとなった。

おわりに

江戸時代の日本で唯一営業運航した外輪船、米原湊の車早船。この新技術は、湊の経済的困窮を救うために開発されたものであった。好評を博したこの船を、彦根藩は手厚く保護し、米原では経営権をめぐって激しい争いが起こった。藩が保護したのも、出資したわけでもない船持仲間による経営権が認められたのも、その根拠は、この船が、藩の御用、ひいては、幕府の御用の遂行を究極の目的として導入されたところに求められた。車早船が、幕府の崩壊とともに琵琶湖から忽然と姿を消したのは、動力源の革新という技術面もさることながら、江戸時代固有の条件の下で生まれたこの船の歴史性から導かれた必然であったといえるだろう。

〔参考文献〕

青柳周一「天保期、松坂商人による浜街道の旅―小津久足『陸奥日記』をめぐって―」(『江戸時代の政治と地域社会』第二巻、二〇一五年)
岩﨑奈緒子「米原湊の車早船について」(『滋賀大学経済学部附属史料館研究紀要』三三、二〇〇〇年)

岩﨑奈緒子編著『江戸時代の米原湊』（滋賀大学経済学部附属史料館、一九九九年）
愛媛県歴史文化博物館編『伊予の蘭学―近代科学の夜明け』（一九九七年）
大阪大学近世物価史研究会編『近世大阪の物価と利子』（創文社、一九六三年）
小町真之編『日光法要拝参見聞録』（私家版、二〇一四年）
中川泉三『近江長濱町志』第二巻（臨川書店、一九八八年）
同　『彦根市史稿』（彦根市立図書館蔵）
長浜市史編さん委員会編『長浜市史』三（長浜市役所、一九九九年）
米原町史編さん委員会編『米原町史』通史編（米原町役場、二〇〇二年）

※旧稿を改訂するにあたって、煩雑さを避けるため、旧稿の考えを変更したり、新しい情報を付加する場合のみ典拠資料を記載することとした。青柳周一氏、小町真之氏には、車早船に関わる記事の存在をご教示いただいた。また、本稿を作成するに際して、堀井靖枝氏、南田孝子氏に大変お世話になった。記して謝意を表したい。

彦根藩領近江国松原村の社会構造と米宿の機能

渡辺 恒一

「玄宮園外図」（彦根城博物館所蔵）に描かれた松原村

「玄宮園外図」は、彦根城内の庭園である玄宮園から松原内湖を眺望した景観を描いた作品。松原村の様子も写実的に描く。

はじめに

江戸時代、彦根藩井伊家の所領であった近江国犬上郡《いぬかみぐん》松原《まつばら》村は、彦根城に隣接し、かつその内に琵琶湖の松原湊を含む地域であった。松原湊は、長浜湊・米原湊とあわせて彦根三湊を構成する藩領内の主要な湊であり、特に彦根城に附属する湊として、彦根藩領の湖上交通・物資流通の拠点として中心的な位置を占め、かつ琵琶湖と連結する藩の軍事拠点として重要な位置にあった〔母利—二〇〇〇〕。

松原村は藩の行政区分では、あくまで村方に属する村として位置づけられたが、その内実は、城に隣接し、かつ港湾機能を有する都市的な場所であった。本稿では、松原村の空間構成と住民組織の構造の復元を第一の課題とする。

また、松原村の隣接地区に、彦根藩領の村々から上納される年貢米を収納する松原御蔵《おくら》が設けられた。松原村の人々は、この松原御蔵、さらには彦根城内の御用米《ごようまい》御蔵の年貢米の出納が行われる過程で不可欠な役割を担った。本稿では、特に「御蔵出入《おくらでいり》」として年貢米の運搬労働を担った人々や、松原湊内の水路沿いに屋敷と土蔵を構え、年貢米の保管業務を行った米宿《こめやど》に注目し、彦根藩の年貢米の集散地としての松原村の機能を具体的な場やそこで取り結ばれる社会関係に即して明らかにしたい。これが第二の課題である。

松原村の空間と社会構造

松原村の生業　文化九年（一八一二）七月、松原村内の「前川通《まえがわどおり》」の土蔵撤去が彦根藩から命じられた際、同村役人は土蔵存続の願書のなかで、松原村の様子を次のように述べた（「前川通土蔵取除被仰渡候ニ付御内々願書」、松原文書、滋賀大学経済学部附属史料館収蔵、『新修彦根市史　第七巻』一六五）。

松原村は「小御高」で大人数が暮らし、渡世が困難である。「村方老分」の申し伝えには、「年中に両御蔵出入にて三ヵ月、舟渡世にて三ヵ月、猟にて三ヵ月、御百姓にて三ヵ月、その御百姓三ヵ月も田畑足り申さず、隣村一一ヵ村で請作《うけさく》（小作）をしている」という。そのように渡世が困難なため、藩の「御用等勤め方」を「南北付け出し」で日頃から多く命じられ、とくに近年は当村に「御屋鋪」をお取り建てになったので、「御筋方様」や「御代官所様」から通達されるより先に「只今の御用」をいつも命じられている。このような御用も、多人数の村方であり、「夜分の業」である猟師は昼は休んでいるため、すぐに勤めることができる。

右で述べる「両御蔵出入」とは、藩の松原御蔵と御用米御蔵の米穀出納時の運搬に従事することを指す。また、近年建てられた「御屋鋪」とは、松原村領内に置かれた井伊家当主の松原御下屋敷《まつばらおんしもやしき》（御浜御殿《おはまごてん》）のことである。

右の文面から、松原村では、近隣の村への出作を含む田畑耕作の農業のみでは生活が困難であり、

「両御蔵出入」、「舟渡世」、漁猟を行い、かつ「南北付け出し」の「御用」（藩領の南北への藩士や触達類の移送のことか）と松原御下屋敷の「御用」に対する報酬を生活の糧としていたことが窺われる。具体的には後でみていくが、様々な生業が組み合わさることにより、松原村の人びとの生活が成り立っていた。なお、松原村が藩主直轄地として、筋方《すじかた》役所―代官所の系列からなる村方支配を受けていたことが右の文面からわかる点にも注意しておきたい。

松原村とその周辺環境　次に、江戸時代後期の絵図により、松原村の立地や周辺環境を具体的にみていきたい。図－1は天保七年（一八三六）に彦根藩御普請方が作成した「御城下惣絵図《ごじょうかそうえず》」（彦根城博物館所蔵）の内の彦根城本丸と松原村の周辺部分である。

彦根城は本丸を中心に内堀・中堀・外堀の三重の堀が設けられ、城下町の武家地と町人地が配置されていた。唯一、北東部（絵図上側）だけは、琵琶湖の内湖である松原内湖が自然の要害としてあった。松原村は、この松原内湖と琵琶湖を結ぶ水路であり、かつ彦根城の外堀の一部でもある「前川」に臨んで立地する港として開発された（図－1のE・F）。絵図で「前川」の両側に色濃く描かれた部分が松原村の集落（屋敷地）の内、年貢「御除地《おんよけち》」（図－1のA－1～3）の屋敷である。実は、絵図には描かれていないが、除地の北東側の地区にも屋敷地が広がっていた（図－1のB－1・2）。

松原村の集落と耕地は、琵琶湖と松原内湖を分かつ浜堤上に形成され、内湖を隔てた東側の佐和山の山裾にも同村の耕地が存在した。松原村の村高は、三六九石八斗五升で、この内一八四石

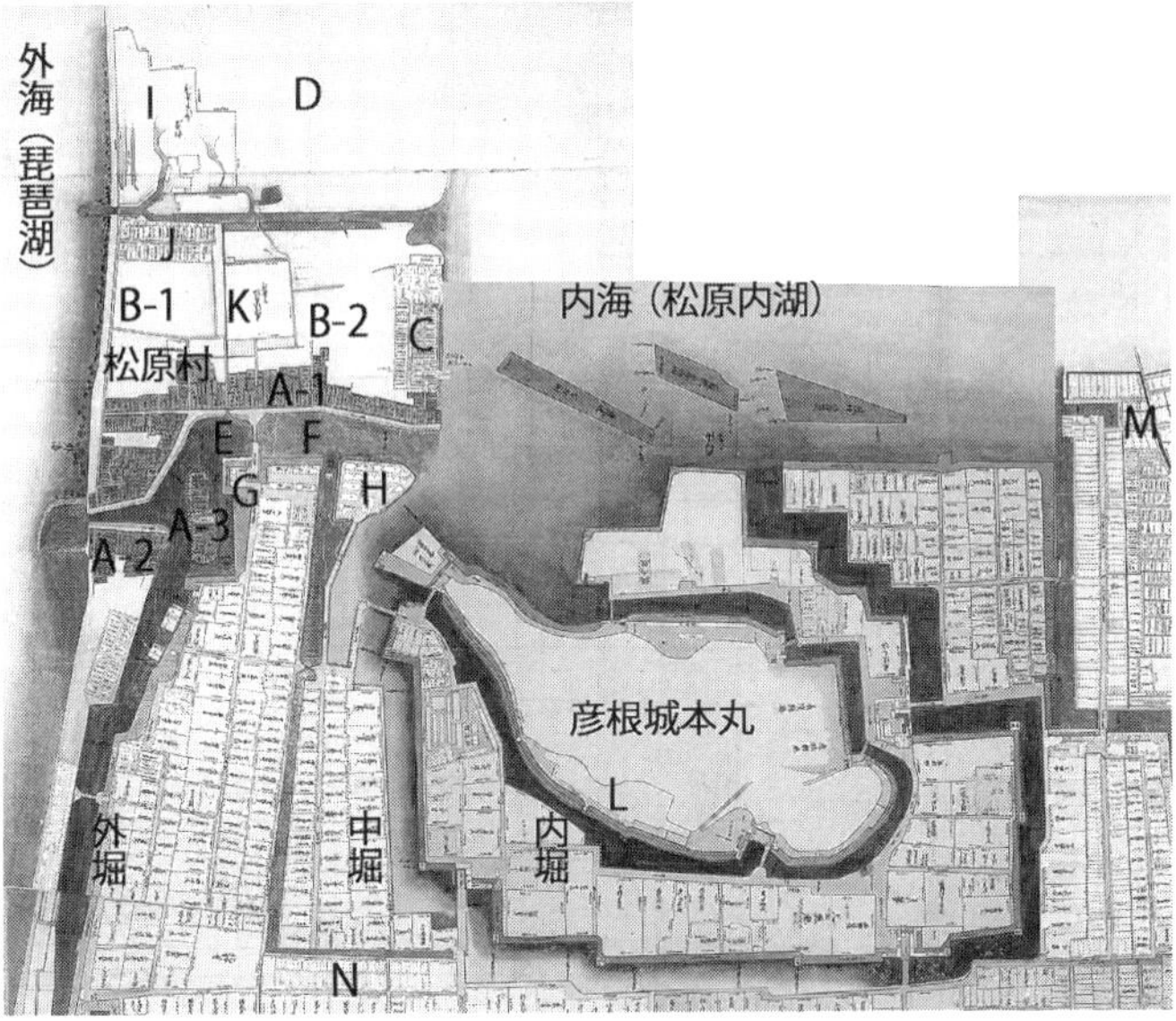

図－1　松原村周辺図（天保７年「御城下惣絵図」部分、彦根城博物館所蔵）
A　松原村集落（御除地）、B　松原村集落（御年貢地）、C　御水主屋敷、D　松原村耕地、E　松原湊、F　前川、G　松原口御門、H　松原御蔵、I　松原御下屋敷（御浜御殿）、J　御門番人屋敷、K　木俣土佐下屋敷、L　御用米御蔵、M　外船町、N　内船町
注：図中のゴシック体の字は筆者が書き加えた。以下同じ。

八斗一升が「領主用地」であり、残る一八五石四升が本年貢の賦課基準高とされた。宝永五年（一七〇八）では、耕地は、田地が八町七反余、畑地が二一町一反余であり、畑地が村内全耕地面積の七〇％を占める。また、田地の九〇％が下田の地目であり〔『新修彦根市史』第二巻〕、農業生産力の低い土地であった。また、松原内湖に関しては、松原村が独占的な漁業権益を持っていた。

松原御蔵と御水主屋敷　彦根城本丸と松原集落の中間にあ

る島状の土地に藩の松原御蔵が設けられ（図―1のH）、藩主直轄地である「御台所入《おだいどころいり》」一五万石余の村々から徴収される年貢米などの上納米が収納された。蔵の管理は松原御蔵奉行が担当し、蔵米の出納は代官の業務であった。

絵図に描かれた松原御蔵の立地と敷地の形から見て、それが内湖沿岸の低湿地を造成し、築造されたことは明らかである。その当初の設立年代については明らかでないが、一七世紀前半に造成が進められたと推定される。承応二年（一六五三）二月一一日、当時江戸にあった井伊家二代当主直孝が彦根の家老役に発した書状がその手がかりとなる（「久昌公御書写」、『新修彦根市史』第七巻四四〇）。直孝は、「松原蔵不足」のため絵図を添え新たな蔵の建設を伺ってきた家老たちに対し、絵図案の通り建設を進めるように指示している。この時、蔵に付属する「船入」の埋め立てを行っていることから、従来の蔵の敷地を拡張造成し、蔵を増設したことがわかる。

右の書状で、直孝はあわせて、「松原下田の内」を埋め立て「水主《かこ》」の屋敷を置くことを承認し、かつ、彦根城下から追放される「徒もの《いたずら》」が「浜通り」を通ることに備え、大破した「松原門番足軽」の屋敷を大黒川の端に置くことを提案している。前者は「御水主屋敷」（図―1のC）であり、後者は、のちの「御門番人屋敷」（図―1のJ）のことと推測される。「御水主屋敷」には、彦根藩の船奉行配下の「御水主」が居住した。船奉行は、近世初頭から文化七年（一八一〇）まで藩士片岡一郎兵衛家が単独世襲し、藩領の船支配、御水主支配、漁業支配を職務とした（東―二〇〇三）。御水主小頭二名は、同時に御船方役所の元締役を兼務し、船方支配の実務担当者であった。

このように一七世紀半ばに、彦根藩では、それまでの開発を前提とし、松原御蔵増設による年貢米保管機能の強化と、「御水主屋敷」設置による藩直轄の輸送力の強化を図っていたのである。この松原御蔵と御水主屋敷の存在が松原村のあり方に大きな特徴を与えることとなった。

木俣土佐屋敷と松原御下屋敷　以上の松原御蔵と御水主屋敷に加えて、藩により松原村に設置され、松原村の世界に特色を与えたものとして、藩家老の木俣土佐下屋敷（図－1のK）と、井伊家当主の松原御下屋敷（図－1のI）の存在が注目される。

木俣土佐下屋敷の当主である木俣清左衛門家は、代々筆頭家老を勤め、一八世紀前期以降、知行一万石を与えられた家であった。松原村内の下屋敷は、寛文一一年（一六七一）に木俣家の所有となった（「松原村年貢免状」、松原文書）。この屋敷には、寛延元年（一七四八）八月の井伊家八代当主直定の御成を始め、井伊家当主の御成が度々あり、能や狂言が催された。例えば、年次の判明しない事例であるが、申年一一月一六日に行われた木俣下屋敷への「御成」では、彦根藩士や藩の御賄方への屋敷の提供のほか、御屋敷詰め、下屋敷周辺の番人役、人足役など延べ一四〇人の松原村民が動員されている（「清左衛門様御屋敷へ御成ニ付人足割付帳」、落合庄治郎氏文書、個人蔵）。

一方、松原御下屋敷は、文化五年（一八〇八）に、藩が松原村百姓の所持地を「御用地」として召し上げて屋敷とした。この時、旧来の持ち主に米札銀二五貫余りが下付されている（「松原村地所用地に相成候ニ付指紙」、松原文書）。同九年の松原村役人の願書で、「近年、当村に御屋敷が取り建てられ」御用が増えたと述べていることは、冒頭で紹介したとおりである。

これら村内に置かれた藩主と家老の下屋敷のあり方は、大名家内部で執り行われた政治儀礼が地域社会に具体的な影響を及ぼした事例としても注目される。

松原村御除地絵図　ここまでは、松原村について、周辺部も含め、村の外側から鳥瞰的な視野で見てきた。次に見方を改め、松原村の集落の中を見つめ、その内部を探っていきたい。ここで貴重な情報を提供してくれる史料は、天保一一年（一八四〇）の「松原村《まつばらむら》御除《おんよけ》地《ち》絵《え》図《ず》」（彦根市立図書館所蔵、図―2）である。先の図―1の「御城下惣絵図」と同じく、藩の御普請方役所により作図されたものである。絵図の端には、「此の度松原村御除地住居の者共建前軒別《のきべつ》に間数《けんすう》相改め新御絵図出来《しゅったい》致す、尤も地面間数の儀は古御絵図の儘書き加え此の度別段相改めず」と記され、普請奉行と普請方手代、絵図役、「書入」の者が連署している。「松原村御除地」の建物の現状調査が作図の目的であった。したがって、各屋敷地には持ち主の名前、建物の種別（土蔵、物置、小屋、雪隠など。ただし「本家」＝母屋には持ち主名のみを記している）、建物の間数が詳細に記されている。

図―2の下側が琵琶湖であり、上側の松原内湖に通じる前川が図の中央を縦断している。前川のに架かる橋が「松原橋」であり、橋の南詰（絵図の右側）が彦根城の松原口御門であり、城の惣構である土手と桝形が構築されていた。一方、橋の北詰（絵図の左側）が松原村の集落であった。

松原村の集落と小地区

「松原村御除地絵図」では、その作成目的に従って、松原村の集落の内、「松原村御除地」の部分のみが描かれている。しかし、「御除地」に隣接する北東側（絵図の左側）にも集落が展開していたことは明らかである。

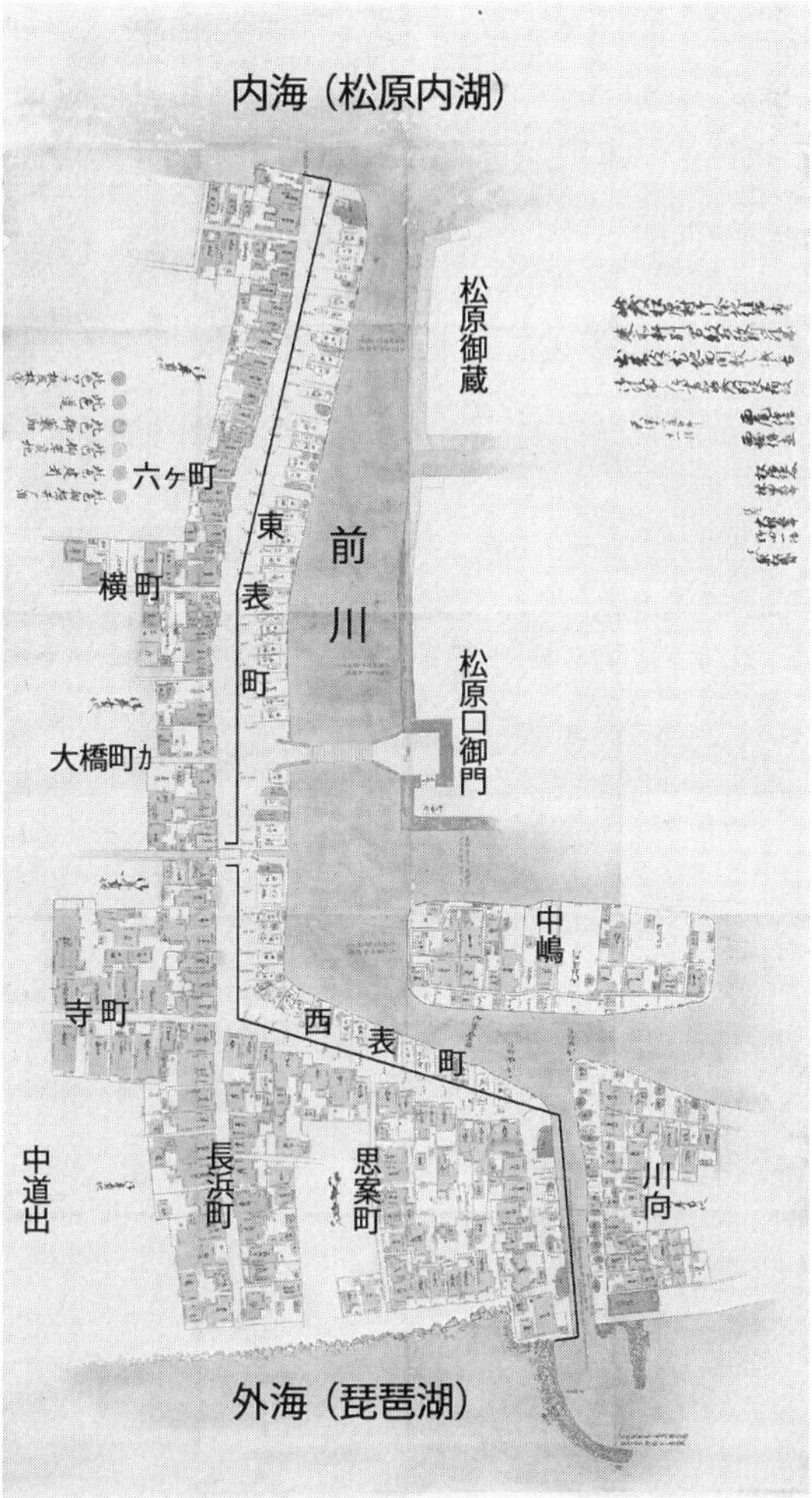

図－2　天保 11 年の松原村の御除地
（「松原御除地絵図」、彦根市立図書館所蔵）

このことを確認するために、松原村全体の人口と家数を見ておこう。天保一五年（一八四四）の人口は一五八七人で、家数は五九五軒を数えた。この家数から人が居住しない蔵、小屋、塗小屋、船小屋、船番所を除いた本家・借屋などの家数は四〇七軒となる（「品々下帳」、落合庄治郎氏文書）。一方、「松原村御除地絵図」の屋敷区画数は一七五か所、本家・借屋の家数は一八七軒である。天保一五年の本家・借屋などの軒数の約四六％に過ぎない（なお、『明治彦根の古地図』所収の明治四年（一八七一）「犬上郡松原村絵図」においても「御除地」以外の屋敷地が展開していることが確認できる）。

松原村の集落は、さらに小さな単位の地区から成っていた。東表町、六ヶ町（六軒町）、横町、北出組、大橋町、中道出、寺町、長浜町、西表町、思案《しあん》町（思安町・志案町）、川向、中嶋（嶋）の一二地区である。図I－2には、絵図の屋敷地の人名記載と、文化・文政年間（一八〇四〜三〇）頃の地区別人名書上（花本憲明氏文書、個人蔵）などの史料との照合により推定した地区を示した（北出は東表町の北東側）。

幕末期に藩の「御仕法銀」を配分する際に書き上げられた各地区の家数は以下のとおりであった（「御仕法銀世話方」、松原文書）。

東表町	三八軒	六軒町	一〇軒	北出町	三一軒	横町	二六軒
大橋町	二五軒	中道出町	八二軒	長浜町	五四軒	志案町	二二軒

中嶋町　一二軒　　川向町　　三五軒　　西表町　一九軒

各町の合計三五四軒であり、松原の本家・借屋数の全体を示すものではないが、おおよその規模と分布は把握できる。

右の小地区は、（ア）前川に面して展開する町（東表町・西表町）、（イ）通りで向き合う両側町（六ヶ町・横町・大橋町・寺町・長浜町・思案町）、（ウ）農村集落で形成される村組（北出組・中道出・川向）（エ）「御船造所」が置かれた島の区画（中嶋）、の四類型に分けることができよう。家数の差があることを併せて考える時、各地区の結合原理・形態が一様ではなく、異なる結合原理・形態の地区が複合し松原村を形成しているものと想定しておきたい。

松原村の運営と小地区　では、一二の地区は、松原村の運営において、どのような位置にあったのだろうか。享和三年（一八〇三）に起こった「御蔵出入不届」一件の経緯は、この点を考えるうえで興味深い。一件は次のような経過をたどった（「定書写」、「示方仕法書を以御詫願下書」他、松原文書）。

①「松原村御蔵出入」が藩で問題とされ、松原村一統の「御蔵出入」の指し留めが命じられる。②村役人衆が藩に詫びる。③藩からの指し留め命令撤回。④今後の「御蔵出入」についての順守事項を村中で相談し報告せよとの村役人からの達し。⑤「北出中」、「東横町」、「川向中」、「東表」、「中嶋中」、「表二番村中」、「思案町」、「六軒町中」の各地区で寄り合い相談の上、今後の順守事項を定める。⑥各地区の順守事項を取りまとめ村惣代から村役人中へ詫びる。

ここで注目されるのは、村役人からの指示により、一旦、「御蔵出入」に関する順守事項を各地区が定め、それが集約される形で村全体の順守事項が決定されたことである。かつ、各地区の順守項目自体は、地区ごとに箇条数や内容が異なり、統一的なものではない。村としての合意をはかるうえで、各地区が一次的な組織として機能していた状況がうかがえる。

職業の種類　本節の冒頭で、松原村では、農業の他、「舟渡世」、「御蔵出入」、漁猟、藩の御用などの多様な生業が展開していたことを願書の文面により指摘した。ここでは、人々の職業を記載した天保四年（一八三三）三月の「御田畑作高小前印形取下帳」（落合庄治郎氏文書）により、実態を検討したい。

この史料の表題には「田畑作高」とあるが、その記載内容は、所持石高ではなく、個々の村人ごとに松原村および周辺各村における耕作面積を列記したものである。個々の村人の所持地の規模ではなく耕作地の規模が判明する点に特徴のある史料である。帳面の後半が欠けている可能性があるが、農業とその他の職種の複合状況を見て取ることができる。全部で一四二人が記載され、約半数の六八人には職種記載がある。漁猟師（七人）、米宿《こめやど》（一人）、酒屋（一人）、家大工（一人）、舟持（五人）、舟乗（五人）、御段平乗《おんだんぺえのり》（二人）、舟大工（五人）、桶屋職（一人）、瓦手伝取（六人）、紺屋手間取（一人）、御蔵手伝（五人）、日雇挊《かせぎ》（七人）、神主（一人）、「御奉公」（二人）、手挊（一八人）である。魚猟師に九反を耕作する者が一名、また舟持、御蔵手伝、日雇挊、神主に四反を耕作する者が見られるが、総じて耕作面積が一反未満の零細なものが多く、耕作地を持たない非農業従事者も、女性の手拵一八人を含む三八人を数える。

一方、職種記載のない残る七四人については、職種記載者に比べて相対的に耕作規模が大きく、特に四反以上六反未満を耕作する者が四三人と多い。これらの人々は農業専従者と考えて良いのだろうか。しかし、そう単純ではない。七四人の名前を子細に見ていくと、実は先に紹介した天保一一年の「松原村御除地絵図」の「除地」に居住し、「前川通り」に土蔵を所持している者が少なからず含まれているのである。彼らの多くは年貢米を土蔵に預かる米宿であったと考えられる。なお、耕作地の範囲は、松原村の他に、磯村、古沢村、長曽根村、中藪村、平田村、大藪村、八坂《はっさか》村、西今村、後三条村であった。これらの村は、松原村に隣接する村や彦根城の南側に所在する村であり、いずれの村へも松原村から船で通うことができた。

年貢米上納における松原村の機能——船持・御蔵出入の村人・米宿

玄宮園外図　一八世紀末の松原内湖周辺を描いた「玄宮園外図」（彦根城博物館所蔵）の松原村部分を見てみよう（本稿の扉図版）。湊を中心に松原村の景観が描き込まれている。前川に架かる松原橋を中央に、左手に松原御蔵が見える。一方、右手の松原村では水際に白壁の土蔵が建ち並ぶ。橋の向こう側、すなわち琵琶湖側の土蔵前には帆柱を立てた丸子船が繫留されている。一方、橋の手前側、松原内湖側の土蔵前には艜船《ひらたぶね》が浮かび、橋の近くでは漁師が四つ手網《よであみ》で漁を行っている。この辺りが前節で見た「御除地《おんよけち》」の場所である。さらにその右手には「松原水主町《かこまち》」（御水主町）が描かれている。

この松原湊の土蔵は、当時の松原村の景観を象徴するものだったのであろう。そして実際、土蔵を含めた「前川通り」の「御除地」の空間は、彦根藩領の年貢米と諸商品の集散地である松原村の機能をまさに実現している場であった。この節では、この空間で人々がどのような活動を行い、また、いかなる関係が取り結ばれることによって、年貢米の集散・保管が実現されていたのかを明らかにしたい。

船持　最初に物資の運搬に従事した松原村の船持から検討していこう。一七世紀中期、井伊直孝が、船役銀や判銀の軽減、借船への役銀賦課による増船政策を行い、その結果、一七世紀後半には、松原・米原・長浜の三湊を中心に、彦根藩領の船の輸送力を充実させたことが東幸代により明らかにされている〔東―二〇〇三〕。直孝は、承応二年（一六五三）二月、松原丸子船の役銀を免除する方針を示し、かつ艜船の無理な使役を禁止した（「久昌公御書写」、『新修彦根市史』第七巻四四一）。この施策の理由には、「（松原は）城下の湊に候えば船数も多く又舟持居り躰も見苦しくこれ無き程に仕る処肝要にて候」という城下の見栄えに関する考えもあった。このように松原村の丸子船と艜船に

表－1　17世紀における松原村の船数

	丸子船	小丸子船	猟船	艜船
慶長6年(1601)				85
承応2年(1653)	22			
元禄3年(1690)	28	14	25	206

出典：東－2003

表－2　19世紀前半における松原村の船数

	御免艜(御役艜)	大工御免艜	大艜	借艜	猟船	合計
文化2年(1805)	240	9	－	61	21	331
天保10年(1839)	264	10	44	68	－	386
天保11年	264	10	48	73	－	395
天保12年	264	11	48	67	－	390
天保13年	264	11	50	65	－	390
天保14年	264	11	53	64	－	392
弘化元年(1844)	264	11	56	65	－	398
弘化2年	264	11	55	65	－	396
弘化3年	264	11	57	69	－	401
弘化4年	264	11	61	70	－	406

出典：文化2年は「御極印御改船数留帳」(花本憲明氏文書、個人蔵)、天保10～弘化4年は「大艜調」(松原文書、滋賀大学経済学部附属史料館所蔵)により作成。
注：弘化元年と同2年については、内訳と合計の数が史料上一致しない。

対して、一七世紀から藩による手厚い保護が行われていた。表－1は、一七世紀の松原村の船数である。慶長六年（一六〇一）から元禄三年（一六九〇）の期間に艜船が八五艘から二〇六艘に倍以上に増えていることが注目される。

東幸代が紹介した元禄三年の「井伊掃部頭江州領内湖水船数改留帳」における松原村に関する記事によれば、丸子船は「彦根用事の役申し付け候」ため、役銀を徴収していない。小丸子船は、「田畑養い、その外諸事用とも達し」、役銀は一艘につき三匁五分であり、猟船は一艘につき二匁五分であった。艜船は「田畑養い耕作のため所持仕り候」とされ、役銀は徴収されていない〔東―二〇〇三〕。

一九世紀前半の艜船数　表―2では、一九世紀前半の船数をまとめたものである。丸子船の船数は判明しない。「御免艜《ごめんひらた》」は「御役艜《おやくひらた》」ともいい、船役銀を免除され、役を勤める艜船である。「大工御免艜」は「船大工御免艜」とも記されることから、船役銀を免除された船大工の艜船のことである。「大艜」と「借艜《かりひらた》」には船役銀が賦課される。天保一四年（一八四三）には、「大艜船」は一艘につき船役銀二匁五分、「借艜」は一艘につき船役銀一匁五分を負担している（「隠し舟御調ニ付請証文」、松原文書）。これらの船はいずれも藩の船方役所から「御極印」を受けた船である。

船数の変化に注目すると、①「御免艜（御役艜）」が文化二年（一八〇五）の二四〇艘から天保一〇年の二六四艘に増加し、以後固定していること、②「大工御免艜」も漸増していくが固定的な船数であること、③「大艜」と「借艜」については、毎年増減していることが指摘できる。「御免艜」が制度として定数であるのに対し、「大艜」、「借艜」は所有者の都合で変動していたと考えられる。

以上から、松原村の「御免艜（御役艜）」については、一七世紀中期以降、船数を定め船役銀が免除されていた可能性が高い。

「御除地」の意味　ここで、「松原村御除地」の意味について考えておきたい。母利美和は、「御除地」について、「松原御除地絵図」の「赤色に彩色された部分は藩の御用をになう船持たちの屋敷地。約百五十軒が御用を勤め、この数は松原村の抱える役丸子船、役ひらた船の数にほぼ一致する。」

とされた〔彦根城博物館―一九九九〕。氏が御役丸子船と御役艜船の数の根拠とした史料は現時点で筆者は確認できていないが、「御除地」が湖水面に近接した場所に設定されていることや、先に見た井伊直孝による松原村船への保護政策を勘案すると、御役丸子船と御役艜船の船持に対する優遇策と考えるのが妥当と思われるので、母利美和の見解に従っておきたい。

しかし、江戸時代を通じて、「御除地」の屋敷居住者が全て船持であったかというと、決してそうではない。文化二年から三年の村運営関係の諸帳簿が豊富に伝来する花本憲明氏文書から、当時の御役艜船所持者の居住地区を比定することができる。その分析結果によれば、「御除地」に含まれない中道出や北出組の地区居住者の内にも御役艜船所持者が少なからず確認できる。近世後期には、「御除地」屋敷所持者と御役艜船所持者との分離が生じているのである。

なお、御役艜などの艜船は、丸子船などの年貢米やその他の船荷を陸に荷揚げする際の「橋舟」の役割を果たした。この点については後述する。

御蔵出入りの村人たち　松原村の村人には、松原御蔵や御用米御蔵などの年貢米の出納に際して米穀の運搬労働に従事した「御蔵出入り」の者がいた。次にこの人々の役割を見ていきたい。

寛政一〇年（一七九八）九月、松原村内の横町の者が、藩の御用米御蔵と松原御蔵、御仕送り御蔵の「御蔵出入」に関して「定」を取り決め、「御蔵出入」を大切に勤めることを申し合わせた。これに背けば、「村法」として「三御蔵」の出入りを「急度指し留める」とする〔松原文書、『新修彦根市史』第七巻一〇七)。御用米御蔵は、幕府からの預かり米五万俵を収納保管する蔵であり、彦根城本丸内にあった(図-1のL)。御仕送り御蔵は、江戸詰の藩士の知行米を藩が保管する蔵と考えられる。松原御蔵の近くにあると推測するが、場所は不明である。この文面から分かる「御蔵出入」の内容を挙げれば次のとおりである。①年貢米が「所々浦々」より着船した時に「橋船人足」を勤めること。②「御家中様」より命じられて行う「御蔵出し」のこと。これに対し「賃米」が支給される。③「御切米と御扶持方の節」に鬮《くじ》を取り「持ち運び慥かに届ける」こと。これに対しても「賃米」が支給される。④「手形出し」を頼まれ、米を受け取ること。この際、「定め」の「船場揚賃銭」を受け取る。陸路の場合は道により賃銭を定める。⑤「諸郷より納まり人足」に雇われること。⑥年貢米が入船の時、艜に取り分けること。これは船頭に頼まれても夜中には行わない。⑦「御蔵払人足」に雇われること。「鬮を取り当たっても」「鬮人足へ相対にて」払い人足を勤めるとする。

御蔵納めと御蔵出し　右の行為の内、①⑤⑥は「御蔵」へ俵米を納める「御蔵納」での行為、②③④⑦が「御蔵」から俵米を出す「御蔵出」行為である。①⑥は同じ局面を指す。年貢米が他浦から船で松原湊に到着した場合、艜船である「橋船」に積み替え荷揚げをするということになる。他浦からの船は丸子船あるいは大艜船、荷揚げ場所は松原御蔵と御用米御蔵、前川通りの米宿などが想定されよう。「橋船人足」は橋船に乗り込み米俵を揚げおろしする人足と考えておきたい。⑤は、村方から御蔵に直接に年貢米を上納する際の運搬人足と推測される。一方、②は知行取藩士に松原御蔵あるいは御仕送御蔵から支給される俵米を受け取る行為で艜船が用いられたと推測される。③は、松原御蔵から御扶持米と御切米を受け取り、受取人の所まで運搬すること、④は「米手形」を御蔵に持参し俵米を受け取ることである。⑦の「御蔵払い」とは、藩が主導して行う「御蔵米」の移動であり、御用米蔵や松原御蔵の米を大津市場に売り払うために彦根藩大津御蔵に松原湊などの丸子船で移送する場合や、松原御蔵から御用米御蔵への詰め替え、彦根城下での地払いの場合などが想定される。規模の大きい藩主導での俵米であったため、御切米や御扶持を届ける「鬮人足」に優先されたのであろう。

松原御蔵は、島に立地しており、南側に土橋上の道路があるものの、行き来に不便な場所であったため、松原村民が依頼を受け船を出し米を受け取る場合が多かったのであろう。また、緊急に多人数の運搬人足を要する場合があった。このような御蔵の立地や御蔵米の運用のあり方により、松原村民が「御蔵出入り」を御用として受ける形になっていたと考えられる。

米宿　船持および御蔵出入りの村人とともに、年貢米の上納を実現させていたのが米宿であった。

明和六年（一七六九）七月、松原村の庄屋役左次兵衛は、年貢米を取り扱う「宿」の仕事との両立困難を理由に、退役を願い出た（花本憲明氏文書、『新修彦根市史』第七巻一五一）。彼の屋敷と土蔵は東表町の前川に面した場所にあった。願書で「宿」の仕事内容を次のように述べる。

私義壱人手間に相暮らし申し候、然る所先年より北之郡御年貢米来る十月より暮まで段々日和次第積み参り申し候、殊に御給所方村数拾ヶ村余り預かり申し候えば、御地頭様方上米《あげまい》、又は御屋敷納まり口々多く御座候え共、数年預かり申し候故、夫々仕分け相渡し申し候、（中略）其の上居宅もせまく御座候故、其の日和々々により参り候米を壱所に積み置き申し候所、其の内を面々受け取りに参り候えば口々仕分け相渡し申し候

「北之郡」とは、彦根より北の伊香・浅井・坂田の三郡のことを指す。また、「御給所」は彦根藩士の知行地、「御地頭様」はその知行取である藩士のことである。彦根藩では、藩領の村々が藩主直轄地（御台所入）と藩士知行地（給所）に分けられ、さらに個々の藩士知行地は分散錯綜し、一つの村が複数の藩士に分割されていた〔矢守―一九七〇〕。御台所入の年貢米は松原御蔵に上納され、給所の年貢米は彦根城下の藩士屋敷に直接上納された。そのため、特に複数の藩士の相給となっている村の年貢の納入先が多く複雑なものとなった。

右の文言からわかる経緯は、①「北之郡」の藩士知行地から船で積み送られてきた年貢米を左次兵衛の「宿」が預り保管する、②その年貢米を「面々」すなわち給所の百姓が受け取りに来る、③「御地頭様上米」（藩士が松原御蔵に上納する米）分と藩士「御屋敷」に上納する分とに左次兵衛が仕分けをし給所百姓に渡す、④給所百姓は松原御蔵と知行取である藩士の屋敷に米を上納する、ということである。左次兵衛は、船で送られてくる米を保管し、複数の上納先（「口々」）に仕分けることが役割であった。左次兵衛は願書の別の所で、「当村に御年貢米預かり候者多く」いるが、「私儀

は別けて村米数多く預か」っていると述べている。この左次兵衛の「宿」が「米宿」であり、かつ松原村に同業の者が多く存在したことがわかる。この松原の米宿の存在により、複数の上納先への仕分け作業を必要とする年貢米上納が円滑かつ効率的に行い得たのである。

米宿と橋船　このように米宿は、松原御蔵などの蔵や、藩士屋敷に年貢米が上納される過程で重要な保管庫の役割を果たしたのであるが、丸子船等から米宿への俵米の運搬や、御蔵や藩士屋敷への上納など、米宿への年貢米の出入りの過程では、「橋船」が欠かせなかった。

先に紹介した享和三年（一八〇三）の「御蔵出入不届」一件に際して、村内各地区が申し合わせを行ったのと同様に、米宿も「米宿中一統」として、惣米宿の寄合日、年貢米保管土蔵の夜番のことなど一一か条を申し合わせた（「米宿一統申合得心之上連印届書」、松原文書）。その第三条と第六条は、橋船に関わる内容であった。

一、（第三条）御年貢丸子船より着米并に当むら面々土蔵より橋船仕り候義、夜深に橋船仕り候ては大切の御米故、朝六つ時より小渡し致すべく候事

一、（第六条）御米揚げ揃い候わば、御米積場に壱人付き添い居り申すべき事

附り、御百姓衆并に人足直納致され候共、米宿橋舟の者俵数相改め遣し申すべき事

第三条は、夜が明けてから橋船で年貢米を運搬することと定めているが、丸子船から運搬する状況と、各米宿の土蔵から搬出する状況とが想定されている。第六条では、年貢米を橋船で運搬し陸

揚げした後の「御米積場」での監視義務を定める。付けたりで、百姓衆や人足が御蔵に直接上納する場合にも「米宿橋舟の者」が俵数を確認することを義務づけている。ここから、百姓が米宿を介さずに年貢米を上納するケースもあったことがわかる。

では、橋船はどのような船がおこなったのか。前川通りに面した東表町と西表町の土蔵所有者の多くは、船大工を除き、米宿であったと推測される。彼らのほとんどが「御役艜」、もしくは「借艜」、あるいはその両方を所有している（文化三年「御極印御改舟数留下帳」、花本憲明氏文書、個人蔵）。したがって、「米宿」から出される橋船は、「御役艜」と「借り艜」と見られる。ただし、「米宿」以外が所持する「御役艜」と「借艜」は各町に散在していることからすれば、「米宿」を介さない年貢米の運搬の橋船には後者の「御役艜」と「借艜」が従事したと推測される。

おわりに

松原内湖と琵琶湖の間の浜堤上に位置する松原村の立地環境は、農業生産の低位、漁業の発達、物資の流通拠点といった松原村の特質を規定した。これに加えて、彦根城に隣接し、藩の湊や、御蔵、藩主と家老の下屋敷などが村内に設けられたことにより、独自の社会関係や生業が展開した。本稿ではこれらの諸相を具体的に述べた。また、米宿の業務内容や存在形態を具体的に示し、松原村の場において彦根藩領の村々の年貢米上納が実現される仕組みについて説明した。

松原御蔵などへの「御蔵出入」の実態や村による組織的な遂行体制のあり方、その他の諸御用請負の実態も明らかにする必要がある。また、湊の問屋と船宿が関わる、年貢米以外の商品の流通構造、さらには農業や漁業の組織や活動実態などが、松原村の総体を明らかにしていくうえで当面の課題となる。

今後、彦根城下町内部の社会関係、および城下町と村落部との社会関係、藩領外との諸関係を、藩との関係を含め、相互に関連づけながら、地域の社会構造を総体的に把握していくことが必要であると考える。松原村がその重要な結節点であったことは間違いない。

〔参考文献〕

東幸代「彦根藩の水運政策と船奉行」(彦根藩資料調査研究委員会編〔代表編集藤井讓治〕『彦根藩の藩政機構』サンライズ出版、二〇〇三年)

彦根市史編集委員会編『新修　彦根市史』第二巻　通史編　近世(彦根市、二〇〇八年)

同『新修　彦根市史』第七巻　史料編　近世二(彦根市、二〇〇四年)

同『彦根明治の古地図』三(彦根市、二〇〇三年)

彦根城博物館編(母利美和執筆)『湖上水運の盛衰と彦根三湊』(彦根市教育委員会、一九九九年)

母利美和「彦根三湊・大津百艘船積争論の展開と彦根藩（一）」（『彦根城博物館研究紀要』一一、二〇〇〇年）
矢守一彦『幕藩社会の地域構造』（大明堂、一九七〇年）

［付記］史料の閲覧と利用にあたっては、史料所蔵者各位と所蔵機関よりご高配を賜りました。また、松原村内の旧地区の場所比定に当たっては、松原町の多くの方々から情報提供のご協力を賜りました。心よりお礼申し上げます。

彦根藩郷士と地域社会

—今堀村山本半左衛門家を中心に—

母利 美和

元禄三年「井伊直興御書付」（山本半左衛門家文書、滋賀大学経済学部附属史料館保管）

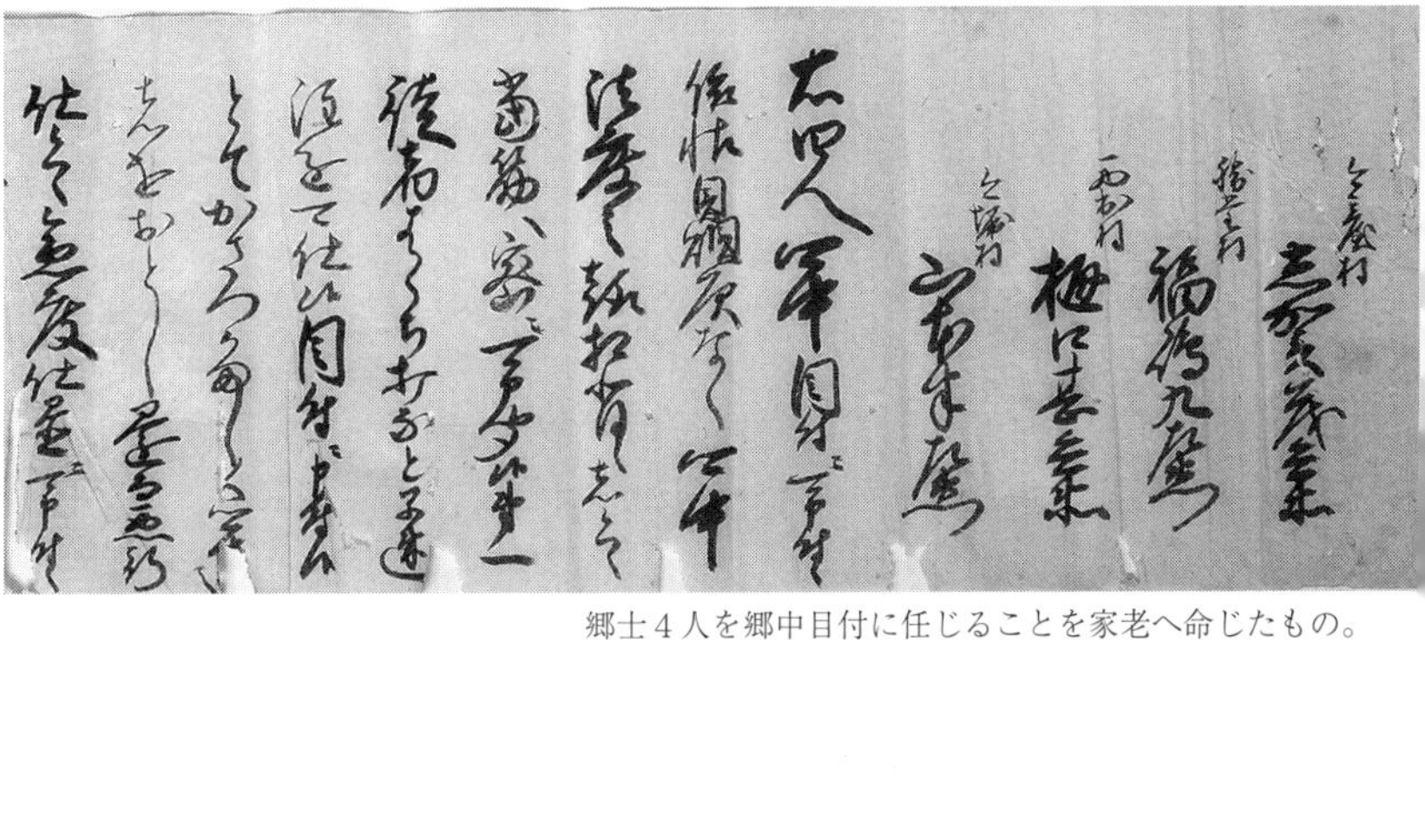

郷士４人を郷中目付に任じることを家老へ命じたもの。

はじめに

一八世紀中頃、蒲生《がもう》郡今堀《いまほり》村（滋賀県東近江市）の郷士《ごうざむらい》山本半左衛門《はんざえもん》は、延享三年（一七四八）に彦根藩士種村仙右衛門《せんえもん》から、家老木俣清左衛門《きまたせいざえもん》殿の指図だとして「御鷹場《おんたかば》聞合《ききあわせ》御用《ごよう》」を命じられた。半左衛門は、当時は病中勤めがたく、本当に家老からの命であるかを確認するため、同じ郷士仲間《なかま》である志賀茂兵衛《もへい》・福嶋九左衛門《きゅうざえもん》・樋口甚兵衛《じんべえ》の三人に、病中の事情等を書き付けて家老への伺いを依頼した。しかし、三人は「御用が滞ったとしても、我らが命じられた事ではなく、其元《そこもと》がいかようにも取りはからうべきであり、我らが関与することはできない。」と返答した。そのため半左衛門は念入りにもう一度押し返し依頼したが、一向に取り合わなかったため、さらに押し返し次のような不満を吐露した。

「仲間」というのは、この様な時の事とこれまで頼もしく思ってきた。また皆様は「御領分之真中」に御住居のことだが、拙者の居村は他領と入会の村であり、常々他領の者と軒を並べており、その上、隣村は皆残らず他領であるので、常々「心力」を痛めている。尚更この様な時節は難渋迷惑する事であり、御苦労ではあるが御用筋の事であり、なんとか御頼み申す。

しかし、結局「仲間」三人は一向に取り合ってくれなかった（年未詳「山本半左衛門家役儀由緒書付」山本半左衛門家文書、滋賀大学経済学部附属史料館保管。以下、山本半左衛門家文書は「山本文書」と略記する)。
「御鷹場聞合御用」とは、彦根藩井伊家が近世初期に将軍家から「京都守護」の密命をうけたことにより、近江一国と山城国淀堤《よどつつみ》において鷹場を拝領し、生類憐れみの一環として幕府の鷹狩り禁止により途絶えていたものを、ちょうどこの頃に幕府へ再興願いを起こしはじめたことにかかる「御用」である。これに関与したのが種村仙右衛門であった。仙右衛門は、郡山藩領神崎《かんざき》郡種村(東近江市)に居住した大橋家の九代目成永《しげなが》(小堀家の家臣)の弟義武《よしたけ》であり、享保六年(一七二一)四月二三日、種村姓を名乗って井伊家に召し出され、寛延元年(一七四八)八月三日には「御鷹場見廻役《みまわりやく》」を命じられている〔母利―二〇一二〕。半左衛門が家老から命じらた「御鷹場聞合御用」は、種村義武の「御鷹場見廻役」に協力することが求められたものであろう。

ここで留意したいことは、第一に、彦根藩の「郷士」は近世を通じて山本半左衛門家をはじめ四家のみであり、彼らは同じ家格の「仲間」としての意識をもっていたこと、第二に、山本家以外の三家は彦根領分の「真中」に居住していたが、山本家は他領(仙台伊達領)との相給《あいきゅう》村に居住し、隣接する村々も他領であり、居住する地域社会の中で常々「心力」を痛めていたとの認識があったことである。

結局この問題を、山本家は「郷士」を差配する筋奉行《すじぶぎょう》に依頼するが断られ、やむなく直接に家老木俣家の「御用役衆《ごようやくしゅう》」にあて、ことの次第を書き付けて伺い、家老からの命であることを確認し、「いよいよ拙者相勤むべき旨仰せ下さり、有り難く畏《かしこ》み奉り申候」という結果になった。

蒲生郡今堀村の山本半左衛門家は、先祖が六角承禎《ろっかくじょうてい》の家来と伝え、承禎没落後、今堀村で浪人していたところ、二代井伊直孝《なおたか》の時代、寛永一一年（一六三四）に召し出されており、中世以来の在地土豪が近世領主により取り立てられた典型的な「武士」身分の「郷士」の事例となるが、前述の通り、彦根藩の郷士は四家に限られ、その取立や役儀は彦根領分の形成過程や、その後の藩政動向、地域社会の変化と深く関わっている。その実態を山本半左衛門家を中心に検討し、彦根藩郷士の特質を考えてみよう。

彦根藩郷士の任命

荒地拝領　彦根藩郷士の存在については、『彦根市史』上巻（一九六〇）に指摘があり、「勘定方諸《かんじょうがたしょ》事留帳《じとめちょう》」の記述から、寛永一一年（一六三四）正月付の「御黒印状《おんこくいんじょう》」と、正保二年（一六四五）一〇月一一日付の「南之郡三人へ荒地相渡申候覚」が引用されている。
これらによれば、寛永一一年に蒲生郡二俣村《ふたまた》（東近江市）において、「今堀（山本）半左衛門」へ荒地百石分を同年暮から与えて士分に取り立て、荒地だけでは生計が成り立たなければ本田《ほんでん》のうちから一〇石を与えるよう命じられたこと、正保二年（一六四五）に蒲生郡市原野《いちはらの》村の荒地高百石を

「今田居村《いまだい》」（今代村）の「安村茂兵衛《やすむらもへえ》」（後に志賀姓となる）へ、愛知《えち》郡の勝堂《しょうどう》村・花沢《はなざわ》村・横溝《よこみぞ》村の荒地高百石を勝堂村「福嶋九左衛門」へ、愛知郡の雨降野《あめふりの》村・西出《にしで》村・円城寺《えんじょうじ》村の荒地高百石を「円城寺甚兵衛」（後に樋口姓となる）へ、同年四月二五日から渡すよう命じていることがわかる。

彦根領知加増と郷士　彼らは、当初から「郷士」と呼ばれていたわけではなく、その任命時期も二つの時期に分かれている。山本半左衛門が任命された時期は、寛永一〇年の井伊家の五万石加増が関係していると考えられる。彦根藩井伊家の近江における領知加増は、大坂冬陣後、慶長二〇年（一六一五）五月に坂田《さかた》・浅井《あざい》・伊香《いか》・愛知・神崎の五郡五万石、元和三年九月に坂田・愛知・神崎・蒲生の四郡五万石、寛永一〇年三月に伊香・蒲生・愛知・坂田の五郡三万石があり、今堀村は元和三年に彦根領となっている。これら加増により、「南筋《みなみすじ》」と呼ばれる愛知・神崎・蒲生で三万三七〇〇石余の領地が新たに彦根藩領となったが、これらの統治支配のため、在地有力者として山本半左衛門が任命されたと推測される。

　半左衛門が与えられた二俣村の荒地百石について、次の由緒が伝えられている（延享二年七月二一日付「乍憚以口上書奉願候」、山本文書）。

　拙者の祖父が召し出され、蒲生郡二俣村に「地方《じかた》百石」を下されたが、その前に二俣村と他領同郡西村との用水争論があり、西村の百姓三・四人が打ち殺された。そのため西村から二俣村へ日夜攻め寄せ、二俣村の百姓らは住居しがたく方々に離散し、「二俣村高五百九拾石余」の田畑は「荒地」となった。しかし、そのうちに漸々「女童子《おんなわらわ》」が少し村へ戻り、「十石」ばかりは相続したが、残る田畑は荒地となっていたところを、「殿様（井伊直孝）」が（加増領地として）拝領された。その節、「拾石」の耕作地と「本田《ほんでん》荒地九拾石」の都合百石を（山本半左衛門が）頂戴し、二俣村に居宅して荒地を開墾し、その後今堀村の本宅に帰った。

あくまで山本家の伝承であるが、西村・二俣両村の用水争論により荒地化した田畑が井伊家の加増領地となったため、近隣の在地有力者を士分に取立て開発させたのである。その際、「御紋付の呉服御上下《かみしも》」を拝領し、御盃頂戴・御目見え御礼を申し上げ、「壱騎の御軍役《ぐんやく》」を勤めるよう命じられ、「諸役御免《ごめん》」となり、「常に馬持《うまもち》」のことは追って指示するとの「御意《ぎょい》の趣」を家老木俣清左衛門から仰せ渡されたという（元禄四年六月「山本半左衛門由緒書」、山本文書）。二俣村での争論年代、二俣村が彦根領となった年代は明確ではないが、「南筋」での領知加増にともなう軍役負担増や、新たな領地支配のため任命されたと考えられよう。その後、延宝八年（一六八〇）に、山本家は彦根藩から今堀村の「拾石」を本田分の替地として与えられていた（「仕進申手形之事〈替地につき百姓中請文〉」、山本文書）。

正保「四つならし」と郷士　山本家に遅れて荒地百石を拝領した志賀・福嶋・樋口らの任命時期について、「この年は知行所の総入れ替えを行い、四つならしの年貢が決定したときであった」（『彦根市史』上巻）との指摘がある。「四つならし」とは、正保二年二月、井伊直孝の提案にもとづき、同年三月に実施された仕法で、彦根藩領全村の年貢高をもとに、年貢率が四〇％となるよう村高を設定し、その高により家臣に知行給所《ちぎょうきゅうしょ》を与え、家臣の収入を知行高の「四つ」（四〇％）とするものである。年貢収納権は給人にあるが、年貢率決定権と郷中仕置《ごうちゅうしおき》は藩が掌握するという、彦根藩の地方知行《じかたちぎょう》制の転換点であった（藤井―二〇〇三）。この仕法の実施にあたり、彦根藩領全村の「田畑上中下」の等級確認、年々の「日損《にっそん》」「水損《すいそん》」場所を藩の蔵入りにするなどの点検をおこない、翌年春までに全村の「百姓割《ひゃくしょうわり》」をおこなうよう指示されている（同前）。志賀・福嶋・樋口は、ちょうどこの時期に郷士に取り立てられており、おそらく「四つならし」による荒地の析出をもとにされたと推測される。

これら四家の取立時期はことなるが、元禄年間頃には「郷侍」または「郷士」と記され（年未詳一二月一六日付「覚〈郷侍嫡子御目見得につき筋奉行達書写〉」、山本文書）、また「郷士仲間」と称して、同じ格式をもつ武士としての連帯意識を持ち、藩からの通達・藩への届け・訴願において名を連ね、相互に協力し合っていた。

郷士たちの由緒

山本半左衛門家　山本家の先祖は六角承禎の家来と伝え、「承禎没落後」に今堀村で浪人していたところ井伊家に召し出されたが、今堀村に移住した時期は判然としない。承禎の没落時期とは、織田信長との抗争に敗れ甲賀《こうか》郡南部の信楽に逃れたことを指すとすれば、天正二年（一五七四）である。その後の承禎の消息は不明であるが、後に豊臣秀吉の御伽衆《おとぎしゅう》となり、慶長三年（一五九八）に没しているので、この間に今堀村へ移住したと想定される。当時の今堀村惣中《そうちゅう》に伝来した「今堀日吉神社文書」によれば、今堀村の惣中に「山本」姓を名乗る者は天正期・文禄期には見られない。「直《なお》物《もの》算用状」（『今堀日吉神社文書集成』八四七）の「慶長九年十二月十九日」とする記事に、「山本作五の子「御なへ」「かんま」の「えぼしなをし《（烏帽子直衣）》」として各二斗を納めた記事が初見であり、さらに「直物算用状」（『今堀日吉神社文書集成』四七三）の「慶長十三年十二月廿五日」の記事に、「山本仁兵へ《（衛）》子、仁蔵」「山本半左衛門子、又蔵」などが見られる。これ以前の今堀村の史料では「村田」「谷」「市原」などの姓は見られるが、「山本」姓は慶長期以降に現れてくることから、慶長十年前後に今堀村に定着し、村内で「山本」姓を名乗る有力な宮座構成員となったものと推測される。

志賀茂兵衛家　神崎郡今代《いまだい》村（東近江市）志賀茂兵衛の場合は、初代茂兵衛が「上総《かずさ》様（織田信長）」に仕えた後、今代村に引き込んでいたところ、正保二年（一六四五）に召し出され、「市原野村」に「地方百石」を拝領したと伝えており、もと信長の家臣であったと伝える（元禄四年六月付「志賀茂兵衛由緒書写」、山本文書）。『神崎郡志』の「由緒記」によれば、茂兵衛の先祖安村備中守盛資《やすむらびっちゅうのかみもりすけ》は足利家家来であり、志賀郡青山城の城主であったが、孫盛清が天文の役（天文八年）に敗れ青山城を去り、

表－1　山本半左衛門家歴代一覧

代数	通称名	幼名	実名	郷士就任年代
1	半左衛門			寛永11年～慶安３年１月
2	半左衛門			慶安３年１月～寛文12年
3	半左衛門			寛文12年～宝永５年病死
4	半左衛門	養子甥金右衛門		宝永５年～元文４年病死
5	半左衛門			元文４年～寛延３年頃
6	半左衛門			明和４年以前～寛政12年
7	半左衛門		頼春	寛政12年？～文化３年12月病死
8	綱次郎		正信	文化３年12月～天保13年？ 弘化２年以前
9	和之助		正次	弘化２年以前～安政３年から万延元年頃病死
10	貞次郎	久米之介 (弘化４年御目見)	頼薫	安政３年から万延元年頃～？

采地であった御園郷今代に移住したと伝え、安村氏は江戸時代に入り姓を志賀と改めたとする。

福嶋九左衛門家　愛知郡勝堂村の福嶋九左衛門は、元祖福島友七郎《ともしちろう》は宇多源氏佐々木氏の初代棟梁とも伝える佐々木成頼《しげより》の子孫であり、父左京之進までは同郡目加田《めかた》村に住居していたが、勝堂村へ移り住んだので、家来残らず引き移り、以来相続していた。初代友七郎は九左衛門と改名し、正保元年に井伊家から系図を尋ねられたので、「佐々木左近将監《さこんしょうげん》成之《しげゆき》末葉」であると申し上げ、後に家老木俣清左衛門の取持により、同二年三月一六日に召し出された。その際、「格式千石並、此跡ニ而百石」を頂戴し、「御軍役」を勤めるよう命じられたため、代替隠居の節には「年罷寄《としまかりより》御軍役相勤めがたく候」と申し上げる仕来りであるという（「御郷士方訴願留」、奥野文雄家文書二五八、滋賀大学経済学部附属史料館収蔵）。

犬上郡円城寺村の樋口甚兵衛の由緒については詳細不明であるが、「郷士」に任命された面々は、戦国期に六角氏や織田氏の被官として仕えていたという由緒により、井伊家の領知拡大とと

表－2　彦根藩郷士一覧

家名	姓	通称	名	召出年代	歴代名変遷	禄高	住所
福嶋九左衛門家	福嶋	九郎	貞道	正保2年	①福嶋九左衛門→②九左衛門→③九左衛門→④九左衛門→⑤友七→⑥九左衛門	荒地3反歩	當分愛知郡勝堂村
志賀茂兵衛家	志賀	郡治	盛喬	正保2年	①志賀茂兵衛→②茂兵衛→③茂兵衛→④茂兵衛→⑤茂兵衛→⑥新三郎→⑦郡司	荒地3反歩	當分神崎郡今代村
山本半左衛門家	山本	貞次郎	頼薫	寛永11年	①山本半左衛門→②半左衛門→③半左衛門→④半左衛門→⑤半左衛門→⑥半左衛門→⑦半左衛門→⑧綱次郎→⑨和之助	8	當分蒲生郡今堀村
樋口甚兵衛家	尼子	信二郎	宗意	正保2年	①樋口甚兵衛→②甚兵衛→③甚兵衛→④甚太夫→⑤次郎八→⑥尼子甚平	8	犬上郡尼子村

もに課せられた軍役増に対応するため、新たに取り立てられたものと考えられる。彼らは廃藩まで「郷士」の家として存続し、明治四年（一八七一）の「彦根藩士戸籍簿」（彦根藩井伊家文書、彦根城博物館所蔵）によれば、表－2のように樋口家以外は、居住地を動かず相続していることがわかる。

郷士の役儀—郷中目付

郷中目付の任命　寛永一一年（一六三四）と正保二年（一六四五）に郷士四家が取り立てられた際、彼らの役儀は明確にされていないが、元禄四年六月（一六九一）に山本半左衛門が目付役に提出した「由緒書《ゆいしょがき》」（「山本半左衛門由緒書」、山本文書）によれば、取立経緯の記事に次のように記されている。

　直孝様御代寛永拾一戌年被召出、件之御知行拝領仕、其上御紋付之呉服御上下拝領仕、御盃頂戴御目見江御礼申上候、壱騎之御軍役相勤可申旨被仰付、諸役御免被為成候、常ニ馬

持申儀者重而可被仰付旨、御意之趣木俣清左衛門殿被仰渡候

志賀茂兵衛も同様の由緒書を提出しており、いずれも「軍役」を勤め、知行地耕作に関する年貢等の「諸役」は免除、「常ニ馬持」つまり騎馬の常備については追って指示するとの条件であり、おそらく他の二家も同様な条件であったと考えられ、とくに平時の役儀は命じられていない。

この「由緒書」を提出した前年の一〇月二八日には、郷士四人同時に「郷中目付《ごうちゅうめつけ》」を命じるよう四代藩主井伊直興《なおおき》から「御書付《おかきつけ》」により家老宛に指令があり、筋奉行を通じて同年一一月に達せられた。「郷中目付」の役儀は、「依怙贔屓なく郷中法度の趣相背候者候はば、当筋へ密々申し聞ける（伝える）べく候、第一徒者《いたづらもの》・はくち（博奕）打など、早速注進《ちゅうしん》つかまつるべく候」とされ、郷中百姓の監察を任務とした（午一〇月二八日付「井伊直興御書付（郷中目付任命ニ付）」、山本文書）。

任命の背景　この元禄三年、彦根藩では諸役人の勤め方が近年猥りになっており、「沙汰の限り」だとして、家臣の勤務状況を把握し、昇進や家督相続の際に人事考課をするため、家中の侍・徒士《かち》全員にそれまでの各家歴代の履歴を書き上げた「由緒書」の提出を命じ、「侍中由緒書《さむらいちゅうゆいしょがき》」の編纂を開始していた。その際、先祖の戦陣での功績は除くよう指示しており、各家臣たちは藩主の在国ごとに目付役へ履歴の異動を報告することとなった。以後、この「由緒帳」に基づき、先祖の功績にかかわらず日常の役儀による功績をもとに公正な人事をおこなうようになった〔母利―二〇〇三〕。

当時の彦根藩は、元禄二年に幕府から命じられた日光東照宮修復普請の負担により、財政難に陥っ

ていた。藩主直興は同年二月には、財政難の根本原因は臨時普請による負担増ではなく、家臣の役儀への心がけが薄く損益の考えも大まかであり、藩主の近習《きんじゅう》や各役所の頭分《かしらぶん》のものに追従し、保身に陥っているためだと批判し、「不届の者」は見せしめに処分すると宣言し、元禄三年一〇月二日に国入りした直興は、一〇月二九日に大嶋弥右衛門以下の四人を改易した（同前）。

郷士四人への「郷中目付」任命指示は、その前日であり、直興による藩政改革の手始めとして、従来は平時の「役儀」を命じていなかった郷士たちに、百姓の監察任務を与えたのであろう。「郷中目付」任命の「御書付」には、「がさつがましく郷中の者を脅し、かえって悪行を行えば厳しく処分するので、役儀の『誓紙《せいし》（誓約書）』を申しつけるならば、遵守すべき箇条を記した『前書《まえがき》』について家老たちが相談した上で決定し、猥《みだ》りなことがないよう命じるように」と指示しており、役儀を笠に着た百姓への威圧や不正を厳しく戒めた。

その後、「郷中目付」としての役儀の具体像は不明であるが、安政七年（一八六一）のものと推測される三月一八日付で南筋奉行からの達書では、「此度の儀（桜田門外の変か）、世上とも不穏様子にあい聞こへ候間、密々心得られ候様、近郷胡乱《うろん》なる儀これあり候はば、勿論御隣境、且遠方に至る迄、異変動静の儀見聞に及ばれ候はば、早速申し出らるべく候」（「世上動静見聞につき南筋方達書」、山本文書）と領内外の動静警戒が指令されており、幕末期に至っても「郷中目付」の任務は続いていたようだ。

郷士の役儀―仙台藩役人との参会

仙台領との争論対応　郷士山本家が居住した今堀村は仙台領との相給《あいきゅう》村であり、また周辺の村々も他領に囲まれ用水や入会地における争論が頻繁に起こっていた。享保六年（一七二一）には、隣村の仙台領蛇溝《へびみぞ》村と溜池場所について争論が起こり、元来この場所は「利《り》（理）非不分明《ひふぶんめい》」に思っていたので「御奉行所」へ出て委細を伝え、首尾良く「下済《したずまし》」（和談）となっている（寛政四年二月付「山本半左衛門役儀由緒書付」、山本文書）。しかし享保一〇年、再び蛇溝村と今堀村とが同じ場所での争論を起こした。彦根藩の筋奉行は、「公辺《こうへん》」（幕府）への訴訟とならないよう「下済」にするよう山本家へ命じてきたため、「仙台御役人中」と対談し、「和睦」の上で「下済」となった。その際、両村間で交わされた「為取替《とりかわし》証文《しょうもん》」に、山本半左衛門が証人として「奥書に印形《いんぎょう》（押印すること）」を施し、双方へ渡して決着したという。また同じ頃、蒲生郡での新田開発を願う人が来村し、彦根領小脇郷《おわきごう》と仙台領西古保志塚《にしこぼしづか》村・三ツ屋《みつや》村が争論となったため、山本半左衛門は仙台御役人中と対談して、これも和談解決させていた（同前）。

こうした彦根領・仙台領の村落間争論が度重なる事態に対し、筋奉行が仙台領羽田《はねだ》陣屋（東近江市）の勝又七郎《かつまたしちろう》を尋ね対談し、「彦根御領分中と仙台領の入合《いりあい》の場所は、近年、百姓たちが幕府訴訟に及ぶ争論が度々あるので、今後、争論がないよう申し合わせるべし」、との彦根藩家老からの要請

表－3　仙台領羽田陣屋歴代代官一覧

就任年代	代官名	備考	典拠
享保9年	武田七郎兵衛		山本0037
享保10年	金子新九郎		山本0037
享保11年	小原助十郎		山本0037
享保12年	金子新九郎		山本0037
享保13年	山口十大夫		山本0037
享保14年	大浪源之丞(大波源兵衛)		山本0037
享保15年	山口十大夫		山本0037
享保16年	加藤弥市郎(弥市)		山本0037
享保17年	山口十大夫		山本0037
享保18年	横沢清兵衛		山本0037
享保19年	山口十大夫		山本0037
	山内喜右衛門	未10月3日付	山本0106・2110・3069
	菅野伊右衛門		山本0106
享保18年	横沢清兵衛		山本0106
	服部兵太郎		山本0106
延享4年	花渕久大夫		山本0069・2008
年未詳	栗村庄兵衛		山本0106
年未詳	大友八郎右衛門		山本0106
年未詳	須田久三郎	着任礼物への返札	山本0106・2130
年未詳	清野惣助		山本0106
年未詳	浜尾三右衛門		山本0106
年未詳	須田久三郎	近日出京、来月十日辺国元へ発足	山本0106・4130
年未詳	須田久三郎	つめこし	山本0069
年未詳	佐藤理左衛門		山本0106
年未詳	志茂伝之助		山本0106・2133
年未詳	志茂伝之助	つめこし	山本0106
明和元年	大石喜左衛門(弥左衛門)	明和元申年より勤番	山本0106・2017
明和4年	大沼彦大夫・志茂伝之助	小脇郷・糠塚村争論内済の挨拶状	山本2133・2140
安永4年	目黒清内		山本0148
安永7年	松本三郎大夫	天明4年まで在任	山本2007
	不明	これ以降、交際中絶	山本2007
年未詳	大石弥左衛門	陣屋代官との交際再会	山本2007
年未詳	三尾三郎兵衛	和談為取証文のこと	山本3092
弘化～嘉永頃	宮沢義蔵	山本和之介宛	山本2102

を伝達した。これを請け、仙台領代官は京都留守居へ伝え、国元《くにもと》まで伝達したところ、今後は「出入《でいり》」がないよう諸事御役人衆中へ相談するように、との仙台藩家老の意向を京都留守居から申し渡された。これにより、今後は互いに「申合」をしたいと、当時の仙台領代官金子新九郎《かねこしんくろう》から山本半左衛門へ、彦根藩の重役へ伝達してほしいとの依頼状が、享保一一年八月八日に届いている。

この仙台藩からの意向は、山本半左衛門から筋奉行を通じて家老へ伝えられ、同年九月に家老木俣清左衛門から筋奉行を通じて山本半左衛門へ、「仙台御役人中と会合」する「御役義」を命じた。これを請け、九月八日、半左衛門は金子へ宛て、役儀を拝命したので、今後は「出入」がないよう「心易く」したいと、仙台藩重役への伝達を依頼している（「山本半左衛門書状」、山本文書）。

仙台領役人との交際　その後、山本半左衛門は仙台領の羽田陣屋に赴任する歴代代官と懇意の関係を保ち、交替により新たに羽田陣屋に着任した代官は、山本半左衛門へ着任挨拶の書翰を送り、国元特産の「紙布二反」を贈り、半左衛門はこれを藩へ届け、返礼として「御上」より「真綿二把」を贈るなど、両藩の親密な関係を取り持ち続けた。

こうした関係は、天明五年（一七八五）頃から仙台領代官との挨拶が途絶えたことにより一時中絶するが、天明末年から寛政初期にかけて「仙台様御領分蛇溝村と今堀村と出入一件」が事済《ことず》みとなった際、仙台領代官との交際が再開された。

この役儀は他の郷士には見られないものであり、山本家にとって名誉なことであったと考えられる。たとえば、安永四年（一七七五）に「七ヶ村立会場《たちあいば》」である布引山中《ぬのびきさんちゅう》の谷で「倒死人」があった際、彦根藩の筋奉行青山与五左衛門《よござえもん》・秋山源十郎《げんじゅうろう》からの書状が届き、先例の通り心得ていたところ、仙台領役人の目黒清内《めぐろせいない》から「此時はいかが致さす事に御座候哉」と筋方へ書状を送ってきたので、筋方から返事したと記されていた。これを見た山本半左衛門は直々に筋方へ出向き、仙台領役人中への応対・懸け合いは「拙者持前《せっしゃもちまえ》」であるので、筋方へ宛て仙台領役人から問い合わせがあっても、「御返答」は拙者に命じられる慣例だと述べている。筋奉行の青山は、「左様候はば、早く御申し出られ候はば左様致すべき事に候」と述べたという（寛政四年二月付「山本半左衛門役義由緒書付」、山本文書）。半左衛門は、仙台役人との交渉は「拙者持前」であるとの立場を強調したのである。

郷士の役儀―御鷹場聞合御用

御用拝命　もう一つの役儀は、冒頭に述べた「御鷹場聞合御用」である。彦根藩主井伊家が将軍家から近江一国と山城国淀堤に鷹場を下賜され、「御鷹場」での鷹狩りをゆるされていたのは、「京都守護」のため付与された特権であり、これを根拠に山城周辺および近江国の監視・監督や、朝廷・西国への押さえの軍事的機能など広域の監督権と治安維持権限を持っていた。しかし、生類憐れみ政策により将軍鷹狩りが中断されたため、諸藩の多くは自粛し彦根藩も同様であった。

ところが享保期に将軍吉宗が鷹狩りを再興したため、諸藩でも鷹狩の復活が進み、彦根藩では享保期には藩主が自領内での鷹狩を行っていた。しかし、寛保三年（一七四三）から彦根藩は他領を廻って「御鷹場」の由緒を伝えて再認識させ、明和期の幕府老中との交渉で井伊家の「御鷹場」の存在が幕府・彦根藩双方の共通認識として確認されたという（岡崎一九九七）。

延享三（一七四六）年に山本家に命じられた「御鷹場聞合御用」も、こうした彦根藩の鷹場回復運動の一環であった。山本家はこの御用により、自家があった蒲生郡を中心に、領内外の周辺地域の情報収集を行うが、その範囲は犬上・甲賀郡にもわたっている。

仙台領との交渉　なかでも仙台領役人との交渉は難しかった。延享四年四月には、仙台領の大庄屋宇野《うの》八右衛門《はちえもん》・同端正左衛門《はたせいざえもん》らが、「井伊掃部様御鷹場」での鳥猟禁止は守るが、御預け鉄砲にて、「田畑猪鹿鳥兎荒らし」のための空《から》鉄砲や、屋敷内で星《ほし》等付けることによる鉄砲稽古を許されるよう、仙台領陣屋の代官花渕久大夫《はなぶちきゅうだゆう》に願い出てきた。代官花渕との交渉は重ねられたが、仙台領では彦根藩側の申し入れを受け入れた形跡はない。年未詳の断簡史料であるが、山本半左衛門が、今堀村の仙台領百姓谷源左衛門《たにげんざえもん》・同治左衛門《じざえもん》について記した報告書には、「仙台領においては、たとえ彦根藩の鳥奉行が「鷹場」だといって廻村してきても、咎めおき、「吟味」（取り調べ）をした上で通行させており、また仙台領で「鳥猟」を行うことは問題ないと百姓に申し渡している」と記している（「鳥猟百姓聞合につき山本半左衛門報告書」、山本文書）。山本家と仙台領代官の間では「平日から御隔意なく御意を得ている拙者であるので、御隔意なく御互に指障りないようにつかまつりたい」と述べ、表向きには隔意なき交渉をしているかに見えるが、実態は一筋縄ではいかない様子であった。

仙台領への批判　こうした双方の意識の齟齬は、様々な事件をきっかけにより表面化することになる。寛政八年（一七九六）九月一六日、仙台領の小今在家《こいまざいけ》村庄屋勘右衛門《かんえもん》・中野村庄屋弥三郎《やさぶろう》の二人が、人足に水縄《みずなわ》を持たせ、彦根領の布施《ふせ》村にある溜池の間数を勝手に調べたことにより、布施村をはじめ七か村との争論が起こった（「寛政八年布施村溜池相論一件留記」、山本文書）。事件の詳細は、仙台領代官役（代官下役か）の丹野十郎兵衛《たんのじゅうろうべえ》方から彦根表へ書簡で知らされ、返書も彦根から届けられた。結局、八日市《ようかいち》（東近江市）の三右衛門《さんえもん》・愛知川《えちがわ》宿（愛荘町）の清次郎《せいじろう》が彦根藩から仲裁を命じられ、両人が仙台領羽田陣屋の代官久保七左衛門《くぼしちざえもん》方へ掛け合い、九月二六日に、布施村猪右衛門は入牢、庄屋・横目と三右衛門・作兵衛の四人は手鎖《てぐさり》、甚兵衛・林兵衛・新兵衛・清右衛門・善兵衛は閉門、都合一〇人が彦根から御咎めとなり、一一月に御免となる。

　この事件について、庄屋勘右衛門らは、山本半左衛門が布施村にかけつけ内通し「布施村のこし《（腰）》をおし《（押）》候」ため、このような「大騒動」に及んだと、京都の仙台伊達家屋敷留守居衆へ「書付」を提出した。山本半左衛門は、勘右衛門らからの言われ無き誹謗中傷に対し怒りをあらわにし、小今在家村勘右衛門という「大悪心者」が山本半左衛門へ「無ひつ（無実のことか）」なことを申し立て、この一件を表向にして京都（町奉行）へ出訴したと非難した。さらに、仙台領役人への批判は手厳しく、「江州国内には領主は数多く、諸事の御吟味は区々であるが、仙台領は諸事「御吟味」などという事はなく、毎年仙台から交替で赴任する諸役人は、ただ金儲けに来ているだけだ。奥州は金銀少ない国で、「米国」と言われ、誠に「みちのく」は「えひす《（夷）》国」と承わったことに間違いない。毎歳替わる仙台役人は大酒呑みで、賄《まいない》を取り、袖の下で儲けた金銀で、衣服も一年も陣屋に詰めて居れば、夥しく儲《もう》けて国へ帰られる、と毎々承わっている。政道なき御領分ゆえ、外々の御領分の者共へ折々（その気質が）移り、扨々気の毒々々」とまで記している（同前）。

山本半左衛門家の「家来筋」

「式礼」不参　宝暦一二年（一七六二）一二月、山本半左衛門は「家来筋」の百姓、作兵衛《さくべえ》・弥兵衛《やへえ》・源兵衛《げんべえ》・角兵衛《かくべえ》の四人の無礼について、筋奉行から厳しく申しつけてほしいと依頼した。ことの起こりは、大晦日の松飾りと正月一一日の鏡開き等に、従来、彼ら四人が「家来筋」として出仕して祝うという「式礼」であったが、この年は「式礼」に参らず「違背」したためであった。半左衛門は、私は他領境に住んでおり、とりわけ「外聞《がいぶん》実《じつ》義《ぎ》迷惑《めいわく》難渋《なんじゅう》の至《いたり》」なので、筋奉行沢村《さわむら》小《こ》平太《へいた》へ、彼らが従来通り勤めるよう命じてほしい、と依頼したのである（「家来筋無礼につき訴訟証文類書上」、山本文書。以下、訴訟経緯については同史料による。）。

事件は、四人が筋奉行からの申しつけに違背し、「手鎖」「他参止《たさんどめ》」の刑となったが、明和元年（一七六四）六月二六日に庄屋喜右衛門《きえもん》と横目が奉行所に召し出され、「以来松飾り・鏡開きには、山本半左衛門へ先格の通り、急度《きっと》参勤申すべく候」ことを条件に「手かね（手鎖）御免」となり、もし違背すれば「村方を追放し、其村方に指置かないこと」と命じられ、彼らに請証文《うけしょうもん》を提出させることで決着する。そこに至る経緯を見ると、山本家の今堀村での立場を知ることができる。

まず彼ら四人の態度に不満をもった半左衛門は、筋奉行への依頼状を認め、倅綱次郎《つなじろう》が持参し提出した。これに対して彦根藩の代官近藤《こんどう》与次右衛門《よじえもん》方から四人を「指紙《さしがみ》」により召し出し、事情聴取し「書付」を取った。半左衛門が彦根へ行き、筋奉行沢村と逢うと、彼からは「家来筋」の事について庄屋と対談すること、「証古《しょうこ》」となる「書付」を残らず提出することを指示される。そこで半左衛門は、庄屋と対談し、旧来のことを尋ねると、四人は言うまでもなく「往古より其元様御家来」に間違いなく、村方でも常々噂している。大晦日の松飾り、正月一一日の鏡開きを勤めてきたことも隣家なので承知していると話した。

庄屋の二枚舌　しかし、四人が提出した「書付」では、我等は「代々今村《いまむら》十郎《じゅうろう》右衛門《えもん》様（彦根家中）御百姓」であり、山本家へ奉公したことも、田畑を貰ったこともなく、山本家が我等を「家来筋」だと言っていると聞き、当正月は不参したと主張した。また庄屋・横目が代官近藤へ提出した「書付」でも、「家来筋」ということは「是迄慥成義承不申《たしかなるぎうけたまわりもうさず》」、「家来筋と申儀ハ私共気も付不申」と、半左衛門に話した前言を翻した。そのため半左衛門は奉行所へ、四人へは年忌などで格別に斎米《ときまい》などを取らせたこと、家来筋の作兵衛女房が変死した際には、彦根藩の「御検使衆中《ごけんししゅうちゅう》」へ「双方共拙者家来筋之者」であることを届け承知されていること、同村の藤右衛門《とうえもん》・惣助《そうすけ》らから、彼ら四人が今堀村に居住した際から「御家来筋」であるとの証書を取るなどして、筋奉行沢村へ提出したのである。

宝暦一三年（一七六三）一一月、同村の組頭惣助が半左衛門方へ来て話すには、これまでの経緯から、「村中大そうどう《（騒動）》」になるかもしれないので、横目惣左衛門《そうざえもん》、組頭与左衛門《よざえもん》・惣助、藤右衛門らを半左衛門方に呼び寄せ相談をするよう庄屋喜右衛門に伝えたところ、残らず寄合し、四人は「半左衛門殿御家来に相違これなく候由に相極り」、今後召し出されて尋ねられた場合は、ありのままに「御家来筋」に違いないと返答することに定まったという。

その後の経過を略記すれば、山本家の倅綱次郎が彦根へ行き、筋奉行へ吟味を依頼し、庄屋・横目・組頭中以下の百姓らと山本家の吟味があり、その結果、「正月十一日祝儀」を是迄通り勤めるよう四人に命じ、四人とも請証文を差し出した。しかし、四人はなおも不参を通したので、再度筋奉行へ訴えたため、筋奉行の申し付けを違背し「不届」であるとして、三人には「手鎖」、病気の角兵衛へは「他参止」が命じられた。かれらは六か月の拘留の後、庄屋らの嘆願により、明和元年（一七六四）六月二六日、「手かね御免」の上、「以来松飾り・鏡開きには山本半左衛門へ先格の通、急度参勤可申候」こと、もし違背すれば追放すると命じられ、請証文を提出させ決着した。

山本家の立場　これらの経緯の中で留意しておきたいのは、一連の吟味では仙台領代官が関与せず、彦根藩筋奉行・代官のみで処理されており、彦根領百姓の問題であったことである。その上で注目されるのは、彦根領庄屋喜右衛門の行動である。明らかに喜右衛門は、今堀村内部での「郷士」としての山本家の立場に気遣いながらも、その存在に不満を持つ一部の百姓の立場との間で二つの顔を見せている。しかし、山本家の立場を受け入れる百姓が少なからず存在し、組頭惣助は、そうした状況が「村中大そうどう」になるかもしれないと危惧したのである。

今堀村では、郷士山本家と彦根領百姓の関係は必ずしも良好ではなかったのであろう。その理由の一つは、後述するように仙台領百姓と彦根領百姓との経済的格差が想定されるが、もう一つは、山本家が慶長期頃に今堀村に定着した新参であったことが考えられる。仙台領の有力百姓谷家は天正期には宮座の有力構成員としてその名が確認できるが、山本家は「郷士」とはいえ、その経済的基盤は脆弱であり、近世後期には多くの借財を抱える状況となっている。かつて「家来筋」として山本家に従属していた彼ら四人は、それぞれに自立し耕作地を持つようになり、「代々今村十郎右衛門様御百姓」との意識をもつようになり、山本家からの自立をはかろうとしていたのである。

今堀村における宮座争論

争論の経緯　寛政三年（一七九一）、蒲生郡今堀村で仙台領と彦根領百姓との間で、氏神の十禅師《じゅうぜんじ》社の宮座をめぐり争論となり、郷士山本半左衛門が宮座に留まるよう、彦根藩南筋代官中村与左衛門に訴える事件が起こった（「宮座一件につき今堀村庄屋儀八他願書・届書写」、山本文書。以下、宮座争論の経緯については同史料による）。

ことの発端は、同年一一月一八日の夜、今堀村の仙台領庄屋又兵衛《またべえ》・治右衛門《じえもん》らが今堀村の彦根領庄屋儀八《いそはち》と茂左衛門《もざえもん》へ、山本半左衛門が宮座において先規の通り万事睦まじく相談くださるよう、御挨拶くだされたいと依頼してきたことである。庄屋儀八らは半左衛門方へ赴き、このことを伝えると、「御得心にて御承知」されたため、庄屋又兵衛へ、これまで通り「水魚ノ心持」でいたいと半左衛門が言われたと伝え、帰宅した。その後問題はなかったが、同月二三日の十禅師社宮座神事の際、宮座の構成員である宮長八人《みやおさ》の内、仙台領の宮長が「古来よりの仕来り」を破ったため、同社の宮長を務めていた彦根領の半左衛門と庄屋儀八が訳を尋ねた。しかし、「我が儘」を申し立て神事が滞り、二人は退座する事態となった。

仙台領宮長の言い分は、「山本半左衛門様ハ士官（武士）」であり、「百姓の付合《つきあい》」をなされては、もしも間違があっては宜しくないので宮座を抜けてほしいという。庄屋儀八らが仙台領の様子を窺うと、半左衛門を宮座から除き、「氏神社地并大切之書物・宝物」等を仙台領へ奪い取り、「宮万事《みやばんじ》」を仙台領の支配にしようという企みがあり、「仙台領惣百姓中、後家・やもめ」たちが残らず「一党」し、仙台領の庄屋又兵衛・治右衛門を発頭《ほっとう》にして昼夜寄合し、彦根領へ公事《くじ》を仕掛けようとしているとのことであった。そのため、彦根領の百姓たちは庄屋宅へ寄合、仙台領の様子を評定したところ、やはり半左衛門が宮座にいては仙台領の思うようにならないので、半左衛門を抜けさせ、「社地・宝物等迄残らず仙台御領へ奪取、他領の支配にする」との相談があったことを彦根領の百姓たちも話すので、彦根領百姓も「一党」し、「山本半左衛門様宮座を除け候事相成り申さず候、士官にて付合《つきあい》致され難き人々は、早々宮座をぬけ申さるべく候」と合意した。

彦根領百姓と山本家

彦根領の百姓中が半左衛門を宮座に留めたい理由は、氏神における神事差配の主導権を巡る問題だけではなく、仙台領百姓との日常的な対立や百姓経営の格差にあった。彦根藩代官への彼らの願書によれば、半左衛門が「士官」であることは今に起こったことではなく、「往古より士官」であり、「代々宮座相続」しており、今さら仙台領百姓からの我が儘は認められず、逆に御吟味の上、発頭の二人を宮座から抜けさせるべきだとし、さらに半左衛門が宮座にいることは、「御百姓中の為方《ためかた》」であり、「御田地相続方《ごでんちそうぞくかた》にも相掛り、村為《むらため》に御座候」とした。

さらに、このように仙台領百姓から言い掛かりを付ける原因は、彦根領の「御百姓家数」が少なくなり、その上、「近年大困窮」のため、その日暮らしの者が多く、この度に限らず常々他領から我が儘ばかり言われてきても「了簡《りょうけん》」して済ましてきたが、仙台領は家数三〇軒余で、皆「手つ（強）を き百姓」で、作米も例年格別に取り「内福《ないふく》」を蓄えているため、「諸事我儘」をしているとし、以後、いかなる「難渋筋」を言い掛けるやも計りがたいので、対応を御願いしたいと訴える。

今堀村の村高は五〇六石、内彦根領三〇四石余、仙台領二〇一石余と彦根領が多いが、当時の家数・経営状況ともに劣勢となり、彦根領百姓は「見るかげなき困窮之者共」という状況であった。そのため、日常的に仙台領から「諸事我儘」などを言い掛けられていた状況があり、仙台領百姓たちは宮座神事の主導権をも支配しようと動き始めたのである。

今堀村の総軒数は近世を通じて七〇軒前後と推定されており（『滋賀県の地名』）、決して軒数では仙台領百姓と較べて劣勢ではないが、経済的困窮者が多く、宮座の宮長も八人中二人しか彦根領から選ばれない状況では、「郷士」身分である山本家の存在は、仙台領百姓への牽制を期待できるものとして重要であった。宮座での発言力の確保は、彦根領百姓にとって、たんに十禅師社の宮座神事運営のみならず、今堀村の「御百姓中」「御田地相続」のためと認識されていたのである。

おわりに

近世後期に、山本半左衛門家の今堀村での立場が不安定になる要素は、仙台領百姓の経済的優位だけではない。山本家の史料には、近世後期になると山本家自体の借財証文（文政五年一一月付「一札〈谷治左衛門用立金内済証文〉」、山本文書）や田畑の永代売り渡し（天保八年一一月付「永代売渡し申田畑之事」、山本文書）などが見られるようになる。また、文化八年（一八一一）以降、文久二年（一八六二）まで、「年来身上不如意」として藩からの借米が断続的に続いている様子が確認できる（文化五年「御郷士方訴状類留」、奥野文雄家文書）。一方で、今堀村での彦根領百姓たちの経済的困窮などによる相対的地位の低下は、仙台領百姓に対する妬みや恨みを増長させることになっていた。山本家は、彦根藩の役儀御用として、そのような状況のなかで両百姓の狭間に立ち、種々の争論を鎮め「下済」になるよう取り持つ役割を果たさねばならなかった。

こうした使命は、彦根藩の領知拡大による新たな領境の形成、藩政改革による平時役儀の徹底など、藩政動向の変化にともない位置づけられてきたが、たいへん困難な役儀でもあった。

彦根藩における領内統治は、大庄屋制をとらず、筋奉行・代官による村々の掌握により担われてきたが、南筋においては筋方支配の一翼を彼ら郷士がになってきたのである。ただし、彦根領分では、南筋以外にも、北筋の坂田郡でも他領との相給や領分入り組みの地域もあるが、それら地域では「郷士」取立が見られない。その原因は定かではないが、彦根藩の領分統治を考える上での今後の課題としておきたい。

〔参考文献〕
岡崎寛徳「近世中期における彦根藩「御鷹場」の認識」（関東近世史研究会編『近世の地域編成と国家』所収、岩田書院、一九九七年）
木村礎『下級武士論』（塙書房、一九六七年）
久保文武『伊賀国無足人の研究』（同朋舎、一九九〇年）
仲村研編『今堀日吉神社文書集成』（雄山閣、一九九一年）
彦根市『彦根市史』上巻（彦根市役所、一九六〇年）
藤井讓治「彦根藩知行制の確立過程」（藤井讓治編『彦根城博物館叢書4　彦根藩の藩政機構』所収、彦根城博物館、二〇〇三年）
母利美和「彦根藩目付役の形成過程」（藤井讓治編『彦根城博物館叢書4　彦根藩の藩政機構』所収、同前）
同「近江国神崎郡種村「郷士」大橋家の身分と地域社会」（『滋賀大学経済学部附属史料館研究紀要』四五、二〇一二年）
平凡社地方資料センター編『日本歴史地名大系25　滋賀県の地名』（平凡社、一九九一年）

枝郷塚本村独立宣言

川島 民親

元禄年間の塚本村十禅寺の鰐口（滋賀県東近江市、撮影協力：川島敏雄、撮影：川島民雄）

はじめに

故郷というものを美しく懐かしく歌える時代に生きてきた。たとえ行政村であれ、自然村であれ、千年を超えて繰り返されてきたであろう「村」としての機能と景観の香気を漂わせた共同体に抱かれ生きていくことが可能な時代であった。昭和三〇年の町村合併により、南五個荘《みなみごかしょう》村から五個荘町と行政上での名称は変更されたものの、大字《おおあざ》某村という名称はそのままに、自ら居住する所を「部落」なり、「在所」なり、「村」と呼んでも何ら違和感はなかった。近くの里山から見下ろすと、各村の鎮守の杜とその周囲に静かに佇む家並の幾つかの塊村が点在する美しい景観だけが在った。

やがて観音寺《かんのんじ》山と箕作《みつくり》山の狭間を恐ろしく巨大で長く白い大蛇の闖入《ちんにゅう》を連想させるような新幹線の試走がはじまった。画期はおそらく、いや間違いなく昭和三九年（一九六四）の東京オリンピック以降の加速的に変容していく政治・経済・社会情勢のなかで、同じように変容を余儀なくされた村々は、しかし鈴木栄太郎や多くの先学が指摘する村の意志を未だ色濃く保ち続けながらかろうじて生き続けてきたのである。

現代を「霞が関経由中央集権国家」などと嘯《うそぶ》けば人は嗤《わら》うだろう。しかしながら、つい最近までの歴史の総体としての「村」に生活していれば、如何にそのことが実感されることか。特に平成の大合併と称される訳のわからぬ政治的現象に当面すればその事実は如実である。曰く、「地方の時代」

「地方創生」等々。いったい、東京や霞が関は一地方ではなく、中央であるという巧妙に隠れた傲慢な意識ないし呆けた無意識がその独特の思考回路として働いているのであろうか。言わずもがなのことでありながら、言葉として「村」は消えた。おそらく『日本書紀』天智天皇四年の条が初見であろう、近江の国の神前郡《かんざきごおり》という郡名も東近江市などという何の変哲も歴史性もない地域名に行政が変えてしまった。会議所や衆議所と呼んでいた寄合の場は自治会館になり、「町」となった。

人は言葉で考え、言葉でうごくものである。やがて村の寄合が町内会などという官僚好みの冷やかで非歴史的な言葉に共同体もろとも浸食され、共同の幻想とはいえ、おそらくは二度と取り戻すことのできない「村の意志」はやがては霧消してしまうのであろうか。惣村や共同体に関する先学泰斗の玉著に導かれれば導かれるほど、現代社会にリンクするであろう繰り言の一つも、この拙論の前にどうしても立ち位置として「はじめに」述べておきたいのである。

川並村之内塚本村

枝郷塚本村　枝郷《えだごう》とはまことに複雑でややこしい「ムラ」である。因《ちな》みに吉川弘文館の『国史大辞典』で検索してみると、下方への矢印もさり気なげに、「本郷」を牽《ひ》けと印してある。端から差別あつかいである。権威ある歴史辞典でさえこのような扱いであるから、川並村之内、枝郷塚本村の江戸時代はさぞかし強《したた》かな生き方をもとめられたことであろう。この枝郷塚本村は、古代・中世・近世を通じて近江湖東平野に条里制のもと特異な発展を遂げた村の一つである。それ故この地方の村々は研究対象として大方の惣村研究関係や、また近江商人研究の書籍には頻出してくる村々であるから、限られた紙面の関係もあり、詳細ははぶくが、何でも高谷好一の「米どころ近江を作った花崗岩」によれば、三上山をはじめ荒神山や雪野山、そして観音寺山など貫入岩《かんにゅうがん》が形成する孤立峰周辺では米作地としてもっとも適した所であり、また旨い米が穫れ、こうした孤立峰はまた信仰の対象ともなってきたということである〔高谷―二〇一二〕。古代より条里制が整い、米作には恰好の地であり、その結果、人々が集まり村落共同体が早くから形成されてきたであろうことは首肯《うなず》ける。

江戸幕府撰国絵図というものがある。世界でも例を見ない石高制という見事というべき領地支配を貫徹した江戸幕府による検地帳に次ぐべき統治者にとっては大切な国絵図である。滋賀県立図書館蔵の正保二年（一六四五）、元禄一〇年（一六九七）写の「正保近江国絵図写」を見ると、川並村、金堂《こんどう》村、七里《しちり》村、石馬寺《いしばじ》村などこの拙論に出てくるであろうなじみの村々はその石高と共にしっかりと絵図上に記されているのだが、塚本村は影も形も無い。ところが、同じような元禄一四年（一七〇一）の「元禄近江国絵図控」では河《（ママ）》並村と金堂村の間に塚本村なる名称が出てくる。が、喜んでもいられない。河並村や金堂村にはそれぞれ一〇〇三石余、八八九石余なる石高がきちんと記入されているにも拘わらず、塚本村には現代の尊い税金にもあたる石高数の代わりに、川並村之内なる表題とも思しき五文字が恨めし気に記されているだけである。従って塚本村の石高は、当然川並村の一〇〇三石余に勘定されているのであろう。更に時代は下がって、一三六年後の天保八年（一八三七）の「天保近江国絵図控」には元禄の絵図と殆ど同様の、やはり川並村之内で塚本村の尊(村)名が出て来るのである。

氏神八幡宮式書之写　滋賀大学経済学部附属史料館に寄託されている「塚本共有文書」のうち、最も古いのが正徳三年（一七一三）の「氏神八幡宮式書之写」である。写とあるのだから、それ以前に作成された式書が存在したのであろうが、天保年間の国絵図控はしばらく措くとして、正保二年作成絵図が五二年後の元禄一〇年に写され、その僅か四年後の元禄一四年の絵図控には川並村之内とはいえ塚本村が、おそらくは一つの村として機能していることを前提に登場するのである。この拙論は表題のとおり、大和郡山藩領の川並村と枝郷塚本村の金堂村をも巻き込んだ争論・故障・訴訟に及ぶ経緯を追っていくのであるが、その嚆矢となる遠因はどうやらこの江戸時代初期から中期にかけてあるらしく、関連するであろう事項を整理してみると次のようになる。

正保二年（一六四五）　正保近江国絵図　塚本村表記無し
貞享二年（一六八五）　本多忠平郡山藩初代藩主
元禄六年（一六九三）　郡山藩金堂村に陣屋を設置
元禄一〇年（一六九七）　正保近江国絵図写　塚本村表記無し

元禄一四年（一七〇一）　元禄近江国絵図控　塚本村、川並村之内として表記
正徳三年（一七一三）　塚本村最古の文書「氏神八幡宮式書之写」
享保九年（一七二四）　郡山藩本多家から柳沢家に替る

川並村と塚本村の本格的な争論はずっと時代は下るのであるが、ここに初出の「氏神八幡宮式書写」の冒頭に次の様な文句が出てくる（塚本共有文書、滋賀大学経済学部附属史料館収蔵）。

一　氏神八幡宮控
　　榊持神移神納當家之内當番之者可取扱事

そしてその次に

一　毎年三月初午祭礼之式
一　小宵宮五ッ時ニ鉦太鞁出シ候事

などと祭礼式が順を追って記されている。この祭礼は典型的な郷祭りで、金堂村の大城《おおしろ》神社に近郷の数か村がそれぞれの式次第に従って渡り込んで来るのであるが、各村実に細やかな式次第があり、それらを総合して記すならば旧約聖書のあの退屈極まりない「レビ記」にも勝るとも劣らないものが出来上がるのではないかと思われるぐらいである。しかし、このような祭礼式の冒頭にはまず執行日時が記されるのが常套であるのだが、この文書ではいきなり、榊だの神移だの神納、果ては當家《とうや》などという言葉が出てくるのである。祭礼の日時は二の次扱いである。後述するが、この最

も大切な神を扱うことができるのは、川並村の者ではなく、他ならぬ塚本村の當家の者のみがその資格を有しているのだと、村の子々孫々に伝えるべく高らかに宣言をしているのである。逆に言えば、元禄を経てこの正徳年代あたりから、絵図でいえば塚本村が表記されるころから川並村と枝郷塚本村との間の雲行きが怪しくなってきたようである。

「与路津《よろづ》日記」について

「与路津日記」とは　滋賀大学の附属史料館に寄託されている「塚本共有文書」の中に、二冊に分れているが、二二六頁にわたる「与路津日記　壱番・弐番」というのがある。明らかに後世に伝え遺したいということを意図した和綴じ仕立ての日記である。よろず、とあるからには、村の生活全般にわたる、例えば大根はいつごろ播種すればよいか、惣山《そうやま》の木はどのように伐採し、どの山路から下して来れば効率よく運べるかなどというようなことが縷々記録されているのではないかと、開いてみて驚いたのである。一種の旅日記なのである。一種のと述べたのは、単なる旅日記なのではなく、郡山藩のお膝元まで祭礼諸般に関係することを訴え、または召し出されての説明か、とにかくその内容は主に郷祭りに関する争論のことばかりである。数ある文書のどれを開いても「乍恐以書付奉御願候」形式の、しかもその内容は殆ど同じような文書類に些か戸惑い、糸口の掴めないまま途方に暮れていた矢先の出会いであっただけに早速開いてみた。確かに相も変わらず「乍恐《おそれながら》」が頻出するのではあるが、それは独立したものではなく、日記の中に出て来るものであるから多少なりともその経緯を理解することも可能であるし、何よりも江戸時代の我が村のみならず、隣村の川並村も金堂村も加わっての人物が一生懸命旅をし、寺社奉行に訴え説明し、何とか解決をはかろうとしているのであるから、その時代の村人たちのいぶきのようなものも感じられるであろうと紐解き始めたのである。

日記のかたるもの　この「与路津日記」なるものから漂ってくる特異性は幾つか感じられるのであるが、何といっても、切迫した悲惨さのようなものがおよそ伝わってこないということである。和州郡山の郷宿《ごうやど》に滞在する期間をあわせ、文政二年（一八一九）卯二月一二日に塚本村を出立してから、何と四月二日まで、約一か月半にわたる長い期間でありながら、いたってのどかな旅というか、交渉の旅日記のようなものなのである。よく言われる江戸時代の民百姓の日常の悲惨さなどおよそ微塵もない。思わず噴飯するような場面にさえ出会う。奉行所の召し出しがなければ、囲碁も差すし現代で言えば居酒屋であろうか、酒を飲みにも出掛けるし、料理屋へも招待したりされたりするのである。紹介したいのであるが、そんなことを一々史料としてあげていたら、些か論旨から外れ兼ねないので一、二例だけあげておく。塚本村から傳兵衛はじめ四人が二月一二日午の刻に出立するのであるが、あくる日の一三日、次のようにある。

「十三日晴天ニ而大慶落ノ井ニ而霜けし」と。霜消しなどという言葉はもはや死語であろうが、寒い朝の仕事前に一杯ひっかけることをいう。端からこの調子である。しかし、霜消しとは土の香りのする美しい日本語でなにかホッとする。

二五日に「金堂村社僧幷ニ曾右衛門塚本村之者川並村之者可罷出よし」という召し出しがあり、和済調印に関する動きがあるのだが、有利になるように「〇印之沙汰ニ相談シ」翌二六日の朝、宿の次兵衛に依頼し、役人宅へ届けてもらうのである。一〇時ごろ差紙があり、「金堂曾右衛門塚本村之者ト御召し有候所右打揃罷出ル曾右衛門殿斗御勝手へ御召有而御尋有之曾右衛門とかくと御申上下さる様子もよろしく扨態のいハよくきくものニ而候」と嘯き、あまつさえ事もあろうに伝え遺すべき塚本村の公的な村日記に記載しているのである。説明するまでもなく「態のい」なるものは袖の下のことである。

それにしてもこの「与路津日記」から見えて来るものは、一言でいうならば、余裕とでもいうべきものであろうか。「乍恐」さえ忘れなければ、事は意のままになるのではないかとさえ思われる程である。士農工商などという階級差別など教科書のはなしではないかと疑いたくなるほどである。しかし、この日記のみを見て、その時代の日本全国の村々に適用するのはやはり無理があるのではないだろうか。和州郡山へと赴いた主たる人物だけでも優に二〇人は超えるのである。さらに、塚本村惣代の次兵衛にいたっては一度国元へ帰り、村人たちと統一見解を図り、また郡山へ戻ってくるという有様である。まことに俗っぽいはなしではあるが、長期滞在費などの費用はいったいどうやって工面したのだろうか、或いは藩の方で持ったのだろうかと、不思議に思えてくる。が、文化・文政の幕末程近い時代には五個荘商人はすでに十分な資金力を有していたから、このような藩を巻き込んでの余裕のある交渉もできたのではなかろうか。また、逆に藩の方でも自領である金堂陣屋近辺の村々の資金力も十分に承知しており、その上での国元への召し出しとなったのであろう。藩の方では「まこと詰まらぬことで騒動など起こさず早々に和済してくれよ」というような雰囲気さえこの「与路津日記」からは窺知されるのである。

神移し神納《かみおさめ》のこと

神移しの儀式　少々長くなるが何せ神のことであるから、御辛抱願いたい。「与路津日記壱番」二月一七日の記である。

十七日早天ニ忠兵衛又武安様江御伺ひ申上候所今日役所評議致候間左ニ相心得候様被仰聞罷帰る宿ニ相待居申候所川並村五人直ニ御召ニ御座候よし外ニ又五人伏見様かゝりニ付御召有之候よし然ル所巳の刻ニも相成れハ御奉行所ゟ御差紙参り候ゆへ宿次兵衛付添ニ而忠兵衛弥左衛門両人出ル暫溜リニ扣居申候所金堂村御召有之候曾右衛門十郎兵衛平八長右衛門右四人出被申

候所宿次兵衛帰り被申候後又川なミ佐右衛門御召有之當村御呼出し有之両人罷出ル

とあり、更に次のようにある。

被仰聞候儀ハ神納之儀ニ付願出差出シ候得共もう少し相分り兼る先達而取曖候趣年々調中神納式以可〆致相済候委申上ヨ今日此願書ハ御返し被成る持てかへれ早速相認願出致スへし恐入罷帰る跡金堂村江右神納以可〆相納候趣以書付申上ヨ其外御幣之儀榊之儀御尋有之夫々曾右衛門被奉言上候而帰り被申候其跡川なミ作右衛門壱人御召有之御用状御差出し此状京都江参り居ル寺川善蔵 松居新三郎右両人江之御状也今ゟ出立致し土足之侭ニ返事取其足ニ而早速罷帰れと厳敷御申付也皆々帰る

この日記文にても十分に想像がつくであろうが、郷宿で沙汰待ちしている各村の村人たちは大変な数である。この文中、争論の鍵をにぎる二つの事が記してある。一つは塚本村が願い出たであろう「神納」の儀は奉行所でも分り兼ねるということである。祭礼は社の本殿から神を恭しくその霊を取り出し神輿なり榊に遷《うつ》し郷内を巡り、またその神を本殿なり社殿に納めるという祭礼の中でも最も重要な儀式である。その厳粛なる儀式の頭、すなわち主たる役割を果たすのが「頭家《とうや》」なのである。それは往古よりの仕来りによって塚本村の當家がその任に当たることになっている。が、その儀式をどのように執り行うかは釈然としない。何せ氏神なり産土神《うぶすながみ》なり、日本の神はモーセが雲の中で出会ったであろう主なる神とは異なりもともと見ることさえできない霊的な存在である。いや、存在でもない時空を超越した霊なのである。日本の神には質料も形相もない。ところが妙なはなしだが、素手では扱えないが、扇子には戴けるのである。おそらく御幣かなにか軽いものに神の霊を遷し榊なり神輿に結び付けたものであろうか。だが、しかし余所から来た領主傘下の手代衆や寺社奉行には理解しがたき儀であったのであろう。因みに近現代ではこの神移しはどのように行われているか参考までに申し述べておきたい。原田敏明や肥後和男はつとに五個荘はじめ近江の村々を調査研究されているが、あたかもその地で生活をしなければ調査はその深部まで行き届かないという趣旨のことを言われ、なぜか励まされているような気がするのであるが、次のような式次第で神移しは行われる。「五箇の祭りはふりそでふらぬ、雨の祭りもしてみたい」と神輿を昇《かつ》ぎながら、ふりそではむろん見物の若い女子衆の振袖を掛けているのだろうが、この儀式、雨の日ならば榊で執り行われる。余分なことながら、祭りを執り行う責任者は「神祭長《じんさいちょう》」と呼ばれ、その年新しく役員になった者が万端執り仕切るのであるが、降りそうで降らぬか、怪しい春霞の空模様を見上げながら判断するのである。屋根も鳥居も金箔で設えられている神輿に雨は禁物。しかし、降らぬ榊での渡御《とぎょ》も祭りとしては今一つ。今ではもうそのようなことはないが、この神輿を出す出さぬでちょっとした諍《いさか》いもあったものである。現在では、宵宮《よみや》の大太鼓も神輿も車がついているから、「乳母車みたいなもんやでよ」と冗談のひとつも言いながら一応肩に舁ぐふりはしている。しかし、正味車もない神輿を舁ぐには一番棒から六番棒まできちんと肩を揃えなければ特定の者に荷がかかり過ぎるように神輿というものは出来ている。尊い神の御座《おわ》す近く程、すなわち三番棒と四番棒に背の高い者が行き、順に一番棒と六番棒には背の低い者が責任を舁ぐのである。〆て一肩一五貫（六〇kg）、均等に、だが長時間持ち切れるものではない。だから神を勇めるとて掛かる重さをリズミカルに調節し練るのである。神輿蔵から出された神輿にはまだ神は御座しまさぬ。だから軽いとも言うたものである。宮入りをした神輿は拝殿の前に据えられ、本殿での神主による祝詞が終わると、いよいよ神移しの儀となる。本殿の前で、神主が短い祝詞を呟くように唱える間、神輿は神妙に微動だにしないように神が乗り移るのを待つのである。このほんの二、三〇秒足らずであろうか、〆て一五貫、この時の神輿が一番重いものである。そして神主の「おぉーーーっ」というクレッシェンド的な大音声と共に神の霊は神輿へと移り給うのである。その瞬間、神祭長は扇子で「ハイラコ、ハイラコ」と煽ぎ、続いて舁ぎ手も「ハイラコ、ハイラコ」と神の神輿への頂戴を祝うのである。よほど肩が揃えられたならば現在でも車をはずすことがあるが、車での時もこの神移しの儀は変わることなく続いている。霞が関の官僚ならずとも、郡山藩の寺社奉行とても理解し難い儀だったのであろう。

今ひとつ、この文中で川並村の作右衛門なる人物がいきなり書状とともに京都へ差し遣わされる。それも、一服などせず、土足で手渡し土足のままで引き返して来いという少々乱暴なものである。が、この書状、いかなるものであるかその内容は詳らかでないが、紛争の一つの原因とも、あるいは火に油を注ぐ体の経緯があるのである。

伏見宮家よりの通達　文化一五年（一八一八）二月二八日付けで突然金堂の郡山陣屋へ伏見宮家より通達の状があった。その内容は川並村の氏神八幡宮へ御錫《おすず》と釣燈籠を寄付したいという旨のものであった。おそらく金堂村の藩陣屋も吃驚したことであろう。しかし、川並村は八幡宮の御神事は郷中組合のことであるからこの寄付は憚りながら受けることは出来ないと藩陣屋へ返答したのである。藩ではもし川並村が受けでもしたら、金堂村がおそらく治まらないだろうと懸念していたので安堵し、早速お断りに上京しようとしていた矢先に、八幡神社への代参を遣わす旨の書状が届き、急ぎ陣屋の役人同行のもとに京都までお断りに出赴いたのであるが、もとより信仰のことなので、聞き入れられず御代参の役人が下向するということになってしまった。ところが、五箇祭りは郷祭りであり、彦根藩領の村々も含めての祭礼であるから、不敬があってもならず、取りあえず早朝の卯の刻渡りに代参の儀を終えてもらったということである。しかしこの伏見宮の一件は詐欺まがいの役人や曖人《あつかいにん》が絡んで来たりまことに複雑な経緯を辿ることになる。川並村の塚本源三郎翁の『川並誌』によれば、「郡山と京と川並と陣屋（金堂）との間を五六人から七八人の氏子が幾度往復したことか判らぬが所詮埒があかぬ」と嘆かしめた一件であった〔塚本―一九二六〕。このような事が起こったのはそもそも川並村は鎌倉時代に伏見宮家の領地であり、その八幡宮が金堂村と相殿《あいどの》になっていること不承知の上でのことであったらしいのだが、近江の片田舎に禁裏が絡んでくるのも、また詐欺まがいの役人が絡んでくるのも富裕な商人達の存在があったからではなかろうか。事実、五個荘の商人たちはこの頃すでに、飛鳥井家などにも出入りし、諸藩との仲介を依頼しているのも事実である。

當屋のこと

當家の一件　この紛争で塚本村にとってどうしても譲れない一点があった。それは當屋の一件である。神の移動に関することは、古来よりすべて塚本村の當屋が采配する仕来りになっているということなのだ。この争論を終息すべく綛《かせ》屋なる取曖《とりあつかい》人が仲介に当たるのであるが、その綛屋宛てに塚本村の當屋惣代弥左衛門以下六人が印形した文書に、文化五年（一八〇八）よりの神納の取り扱いにつき、次のように記している（「与路津日記貳番」、塚本共有文書）。

翌五辰年　　當番市右衛門神取扱仕候
同六巳年　　青蓮寺當番弥左衛門同
同七年午年　當番弥左衛門　　同
同八未年　　同　市右衛門　　同
同九申之年　青蓮寺当番市右衛門　同

同十酉年　　同弥左衛門　　同
同十一戌年　同市右衛門　同
同十二亥年　青蓮寺當屋弥左衛門　同
但シ此年神納之節川並村ゟ新規ヲ企テ掛ケ候得共當村神輿世話相頼御神躰取戻シ
先例之通弥左衛門相勤申候
同十三子年　當番弥左衛門　　但し此年市右衛門
家彼是混雑ニ付
親類卯兵衛當家江
相加へ申候
此年ハ
去ル亥年相企置候新規之儀致法外之狼藉
重頭仕故障ニ相成申候所金堂庄屋神納取斗致申候
同十四丑年　當番卯兵衛
但シ此年ハ金堂御代官様御下知ニ而
神輿臺ニ直シ社僧直ニ神納被致候
同十五寅年　當番青蓮寺

改暦文政元年
但シ此年ハ御代官様御調中故同様ニ
社僧直ニ神納被致候
幷ニ
伏見宮様ゟ御寄付代参有也
殊之外御役所御混雑有之候
同文政貳卯年　當番弥左衛門
今年之儀ハ奉恐入候
右去ル子年ゟ論ニ付而當村御訴趣
申上居候儀ニ御座候
右之通聊相違無御座候間私共自己ニ
勝手之儀奉申上候儀ニ而者決而無御座候間此段御堅慮之上金堂村宮衆
江御問合被下候而も明白可仕儀と奉
存候間宜敷御頼申上候右御尋ニ付
奉申上候間御賢慮奉願候以上

文政二卯年

四月

塚本村

當屋惣代

弥左衛門　印

神輿世話惣代

治兵衛　印

七兵衛　印

村惣代

新兵衛　印

代　市左衛門　印

組頭惣代

忠兵衛　印

取噯

綛屋　四郎兵衛殿

同　嘉十郎殿

このように故障に至る経緯を詳しく述べている。

寺院との関わり　ここで注目すべきことは、當屋に青蓮寺《しょうれんじ》なる寺院が絡んでくるというよりも極めて重要な役割を果たしていることである。青蓮寺は現在もある。元は天台宗系の寺院が浄土真宗仏光寺派になった寺でまさに神仏混淆の、否、本地垂迹の典型的な祭礼であったことが窺える。そして、この紛争、神納は川並村塚本村隔年にするなど、また高張提灯や稚児の位取りなど諸事曖人の次第で一応の決着はつくのであるが、文政七年（一八二四）にはまたまた同じような故障があったようで、「川並村塚本村神移一件留帳」なるものが金堂村庄屋によって「和州郡山新町郷宿信貴屋喜兵衛殿ニ而扣留申候」とて一冊の文書が遺されている。どうしてもこの神移しの一点に紛争の火種はあるようだ。

塚本村では現在でも當屋制度が存在する。数年前からかなり簡素化されてはいるが、毎年初寄りの時、御御籤《おみくじ》にて決定される。塚本村には、

天保一三年寅年
嘉永三年戊三月改メ
明治一〇年六月
八幡神社
坂本神社　當家番規則
塚本村

氏子中

なる和綴じの一冊があり、現在も使用されている（「八幡神社・坂本神社　當家番規則」、塚本村氏子中当番當家蔵）。一年の任期が終了すると、例えば

一　昭和十七年四月二十一日

祭典執行済　　氏　名

とある。當屋はまさに祭典を無事執行せさしむる役割を担う家であり者なのである。五箇の郷祭りでは金堂村の大城神社で神移しの大役をするのであるが、この當屋に関しては郷祭りの際の故障以外にもう一つの故障が複雑に絡んでくるのである。

十禅寺祭礼と塚本村當屋渡し

十禅寺祭礼　現在川並町の結神社より、妙心寺派乾徳禅寺《けんとくぜんじ》の方へ登る山裾に十禅寺なる社跡が僅かにそれと分かる程度に残っている。塚本村の當家番規則に八幡神社と共に坂本神社なる表書きがあるが、実はこれが十禅寺の名残りであり、當屋と深い関係があるようである。弘化年間から嘉永年間にかけ、この十禅寺の祭礼を司る塚本村の渡御《とぎょ》に川並村はあの手この手で故障の種を作り出している（「十禅司祭礼故障一件ニ付願書之写」、塚本共有文書）。この祭礼には川並村は一切関与していな

いらしいのだが、塚本村から川並村を通り渡御をしなければならない関係上、御渡りの道筋に下肥を撒き散らしたり、高張提灯を屋根の上から長い竹竿で破ったり、およそ『古事記』でスサノウノミコトが高天原《たかまがはら》で天つ罪にあたる傍若無人の振る舞いをするような仕儀なのである。古代は蜿蜒《えんえん》と近世の民の血にも流れているのだろうか、それを間違いなく彷彿とさせるものがある。この十禅寺の祭礼は日吉神社と深い関係があるのは当然であるが、その十禅寺に懸っていたであろう「元禄十七年甲申」の鰐口《わにぐち》があり、それを塚本の當屋渡しの時に小さな太鼓と共に鳴らしながら渡るのである。現在では簡素化され行われていないが、どうやら當屋の役割はこの坂本日吉神社の往

写真－1　春の大祭時の役員の正装（筆者撮影）

古よりの古い仕来り故の譲れないものだったようである（写真—1）。

最近までは當屋になると毎月一日、一五日は宮掃除とお供えなど一年間多忙を極める。そして、原田敏明が『宗教　神祭』で指摘しているように當家は神の分霊が宿ることになっているというのはまさにその通りである（原田―二〇〇四）。春の大祭こそ神社を中心に行われるのであるが、秋祭りは當家の祭りとされており、昭和二〇年代には、鉦や太鼓の鳴りものを當家まで運び込み、當家から渡御が始められたということである。

ここに一冊の和綴じの「村社造営寄附帳　神崎郡第五区　塚本村」なる明治九（一八七六）年のコピーがある。明治五年に分村独立を果たした塚本村は金堂八幡宮から勧請して塚本村清水《しゅうず》の地に清水八幡宮なる新しい村社を造営し、枝郷塚本村はここにめでたく独立したのである（「村社造営寄附帳」、塚本村個人蔵）。

おわりに

調べた割には意を尽せない拙論になってしまったが、最後に塚本村の鳴りものの説明をして置きたい。何せ神を勇《いさ》め神慮に適うにはいつでも鳴りもの入りでなければならないからである。小太鼓、中太鼓、大太鼓とあり、叩き方は三通りある。小太鼓・小鉦《こがね》、中太鼓・大鉦《おおがね》、そして大太鼓・大鉦

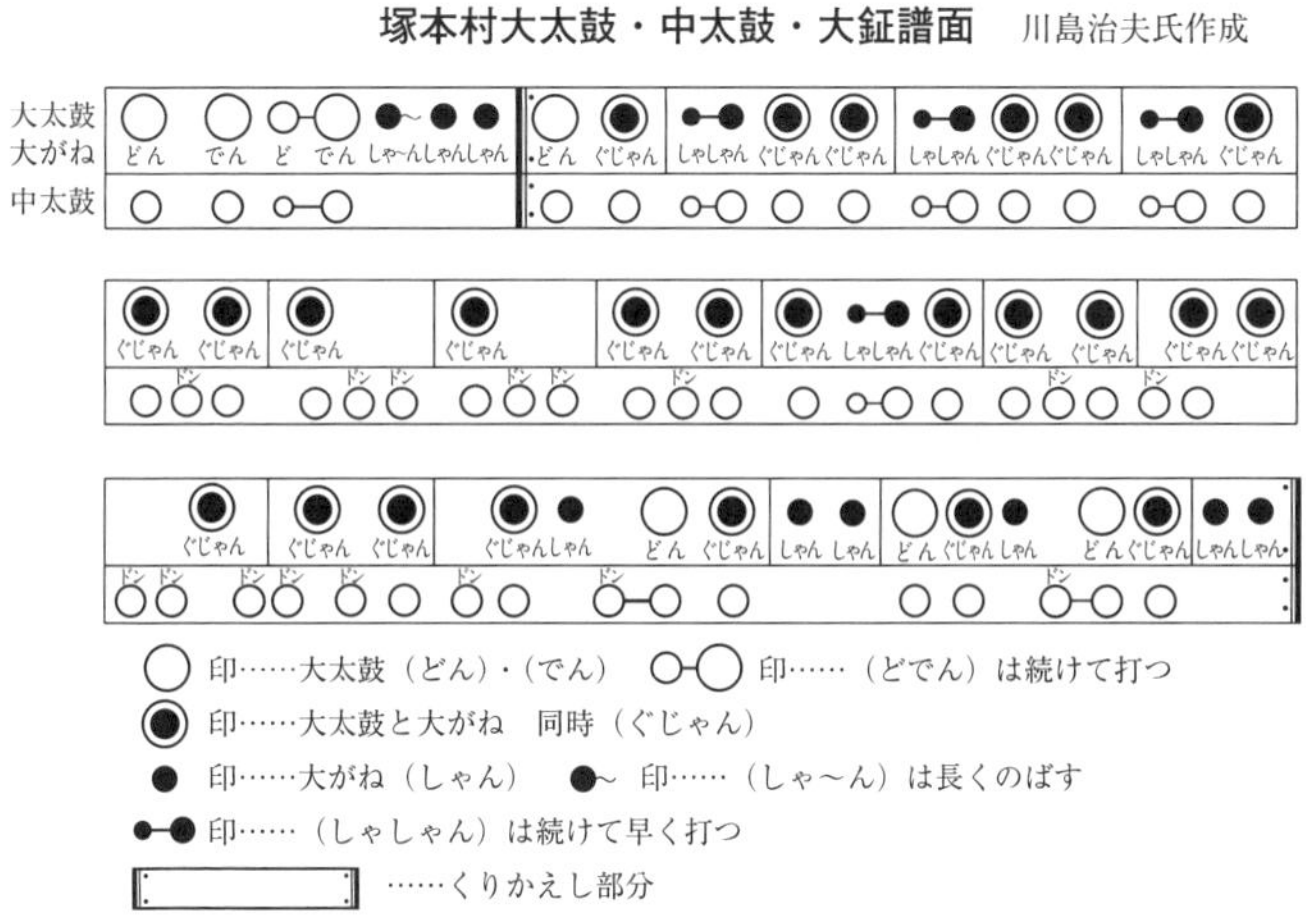

図－1　塚本村大太鼓・中太鼓・大鉦譜面

の組み合わせである。不思議なことに小太鼓・小鉦はリズミカルにすぐにも覚えられるのだが、一番難しいのは大太鼓・大鉦の組み合わせである。川並村や金堂村は表の後半部分だけの五箇《ごか》節《ぶし》と呼ばれているところを繰り返すのであるが、塚本村のそれは前半は建部節《たてべぶし》とて建部郷の調子を採り入れているのも日吉十禅寺ゆえの仕儀であろうか。また、太鼓のバイは合歓《ねむ》の木、鉦の撞木《しゅもく》は柳の木と決まっている。適材適所、幾十年か実際に叩いてみれば分かる。とまれ、これを完全にマスターするのは至難の技であり、霞が関官僚とはまた異質の野生の思考的なひとつの才能が要求される（図－1）。

「村」の祭り好き、という才能である。

〔参考文献〕

有賀喜左衛門『有賀喜左衛門著作集Ⅴ　村の生活組織』（未來社、二〇〇〇年）
同『有賀喜左衛門著作集Ⅷ　民俗学・社会学方法論』（未來社、一九六九年）
遠藤進之助『近世農村社会史論』（吉川弘文館、一九五六年）
大塚久雄『共同体の基礎知識』（岩波書店、二〇〇〇年）
木村礎『日本村落史』（弘文堂、一九八七年）
同『村の語る日本の歴史　古代・中世編』（そしえて、一九九〇年）
同『村の語る日本の歴史　近世編』（そしえて、一九九〇年）
口羽益生編『近江商人の里・五個荘』（行路社、一九九七年）
五個荘町史編さん委員会編『五個荘町史　巻一～巻四』（五個荘町役場、一九九二～一九九四年）
児玉幸多『近世農民生活史』（吉川弘文館、二〇〇六年）
西郷信綱『古事記注釈　第一巻～第八巻』（筑摩書房、二〇〇五～二〇〇六年）
清水三男『日本中世の村落』（岩波書店、一九九六年）
鈴木栄太郎『鈴木栄太郎著作集Ⅰ　日本農村社会学原理　上』（未來社、一九六八年）
同『鈴木栄太郎著作集Ⅱ　日本農村社会学原理　下』（未來社、一九六八年）
高橋統一『宮座の構造と変化』（未來社、一九七八年）

高谷好一「米どころ近江を作った花崗岩」（NPO法人たねや近江文庫編『近江から』、NPO法人たねや近江文庫、二〇一二年）
塚本源三郎撰『川並誌』（私家版、一九二六年）
中野幡能『八幡信仰史の研究』（吉川弘文館、一九六七年）
同『八幡信仰と修験道』（吉川弘文館、一九五六年）
中村吉治『日本の村落共同体』（日本評論社、一九七一年）
西村幸信『中世・近世の村と地域社会』（思文閣出版、二〇〇七年）
『日本古典文学大系一　古事記　祝詞』（倉野憲司・武田祐吉校注、岩波書店、一九八七年）
『日本古典文学大系六八　日本書紀　下』（坂本太郎・家永三郎・井上光貞・大野晋校注、岩波書店、一九六五年）
日本聖書協会『旧新約聖書』（一九八二年）
原田敏明『宗教　神祭』（岩田書店、二〇〇四年）
同『村座と座』（中央公論社、一九七六年）
同『近世村落の経済と社会』（山川出版社、一九八五年）
肥後和男『近江に於ける宮座の研究』（臨川書店、一九七三年）
同『宮座の研究』（弘文堂書房、一九四二年）

福田アジオ『可能性としてのムラ社会』(青弓社、一九九〇年)
藤井昭『宮座と名の研究』(雄山閣、一九八七年)
水本邦彦『近世の郷村自治と行政』(東京大学出版会、一九九三年)
同『近世の村社会と国家』(東京大学出版会、二〇〇三年)
吉本隆明『共同幻想論』(角川学芸出版、一九八二年)
レヴィ＝ストロース『悲しき熱帯 I・II』(中央公論新社、二〇〇一年)
同『野生の思考』(みすず書房、一九七六年)
渡辺尚志『百姓の力』(柏書房、二〇〇八年)

や　行

わ　行

は　行

ま　行

た　行

な　行

さ　行

か　行

地　名

あ　行

な　行

は　行

か　行

さ　行

た　行

索引

人名は姓・屋号のないものは省いた。地名の〈　〉内は属する国（県）・郡名で本文中の表記に従い、近江にある村町については省いた。

人　名

あ　行

高《たか》槻《つき》泰《やす》郎《お》

1979年生まれ。2010年、東京大学大学院経済学研究科博士課程修了。現在、神戸大学経済経営研究所准教授。著作に『近世米市場の形成と展開』(名古屋大学出版会、2012年)、「財市場と証券市場の共進化―近世期地方米市場と土地市場の動態―」(中林真幸編『日本経済の長い近代化』名古屋大学出版会、2013年)

*東《あずま》　幸《さち》代《よ》

1971年生まれ。1999年、京都大学大学院文学研究科博士後期課程単位取得退学。現在、滋賀県立大学人間文化学部准教授。著作に「前近代琵琶湖水産資源の採捕と流通」(『地域漁業研究』53-3、2013年)、「近世後期の琵琶湖舟運―「艜折廻船」仕法の動揺と浦々の対応―」(『交通史研究』86、2015年)

*岩《いわ》崎《さき》奈《な》緒《お》子《こ》

1961年生まれ。1996年、京都大学大学院文学研究科博士後期課程研究指導認定退学。現在、京都大学総合博物館教授。著作に「松平定信と『鎖国』」(『史林』95-3、2012年)、「世界認識の転換」(『岩波講座日本歴史』13、2015年)

渡《わた》辺《なべ》恒《こう》一《いち》

1967年生まれ。1994年、大阪市立大学大学院文学研究科後期博士課程退学。現在、彦根城博物館学芸員。著作に「町人代官」(久留島浩編『シリーズ近世の身分的周縁5　支配をささえる人々』吉川弘文館、2000年)、「近世後期彦根藩地方支配機構の改編について」(彦根藩資料調査研究委員会編［藤井讓治編集代表］『彦根藩の藩政機構』サンライズ出版、2003年)

*母《も》利《り》美《よし》和《かず》

1958年生まれ。1985年、同志社大学大学院文学研究科博士課程前期課程修了。現在、京都女子大学文学部教授。著作に『幕末維新の個性6　井伊直弼』吉川弘文館2006年、「近江国神崎郡種村「郷士」大橋家の身分と地域社会」(『滋賀大学経済学部附属史料館研究紀要』45、2012年)

川《かわ》島《しま》民《たみ》親《ちか》

1942年生まれ。2000年、滋賀大学大学院経済学研究科経営学専攻修士課程修了。現在、NPO法人たねや近江文庫理事長。著作に「近江商人川島宗兵衛家研究序説 その創業と経営活動」(共著、『滋賀大学経済学部附属史料館研究紀要』35、2002年)、「近江商人川島宗兵衛家の西国商い」(共著、『滋賀大学経済学部附属史料館研究紀要』47、2014年)

執筆者紹介（略歴・主要業績）―論文掲載順　（＊編者）

宇《う》佐《さ》美《み》英《ひで》機《き》

1951年生まれ。1978年、同志社大学大学院文学研究科博士課程前期課程修了。現在、滋賀大学経済学部教授。著作に『近世京都の金銀出入と社会慣習』（清文堂、2010年）、『初代忠兵衛を追慕する―在りし日の父、丸紅、そして主人―』（清文堂、2012年）

本《もと》村《むら》希《き》代《よ》

1976年生まれ。2006年、同志社大学大学院経済学研究科博士課程後期退学。現在、福岡大学商学部准教授。著作に「近江商人正野玄三家の合薬流通」（『経営史学』39-3、2004年）、「明治期における近江商人の企業家活動―正野玄三家の事例―」（『企業家研究』2、2005年）

鈴《すず》木《き》敦《あつ》子《こ》

1967年生まれ。1999年、東京大学大学院総合文化研究科修士課程修了。現在、大阪大学大学院経済学研究科資料室助手。著作に「島﨑利兵衛家」「階堂嘉右衛門家」「中森彦兵衛家」「田中藤左衛門家」「山中正吉家」「岡田勘六家」（日野町史編さん委員会編『近江日野の歴史　第7巻日野商人編』滋賀県日野町、2012年）

＊青《あお》柳《やぎ》周《しゅう》一《いち》

1970年生まれ。1999年、東北大学大学院文学研究科博士後期課程（国史専攻）修了。現在、滋賀大学経済学部教授。著作に『富嶽旅百景―観光地域史の試み』（角川出版、2002年）、「近世における寺社の名所化と存立構造―地域の交流関係の展開と維持―」（『日本史研究』547、2008年）

荒《あら》武《たけ》賢《けん》一《いち》朗《ろう》

1972年生まれ。2004年、関西大学大学院文学研究科博士後期課程修了。現在、東北大学東北アジア研究センター准教授。著作に『屎尿をめぐる近世社会―大坂地域の農村と都市―』（清文堂出版、2015年）、「19世紀近江湖東地域における魚肥流通―愛知郡山塚村浦部善四郎家の事例から―」（『市場史研究』29、2010年）

桂《かつら》浩《ひろ》子《こ》

1981年生まれ。2005年、滋賀大学大学院経済学研究科経営学専攻修士課程修了。現在、NPO法人たねや近江文庫。著作に「伊藤長兵衛商店の出店について」（『滋賀大学経済学部附属史料館研究紀要』44、2011年）、「近江商人川島宗兵衛家の西国商い」（共著、『滋賀大学経済学部附属史料館研究紀要』47、2014年）

江戸時代 近江の商いと暮らし
湖国の歴史資料を読む

2016年3月31日　第1刷発行

編　者　青柳　周一　　東　　幸代
　　　　岩﨑奈緒子　　母利　美和

発行者　佐和　隆光

発行所　おうみ学術出版会
〒522-8522
滋賀県彦根市馬場一丁目1-1
滋賀大学経済学部内

発　売　サンライズ出版
〒522-0004
滋賀県彦根市鳥居本町655-1

装丁：赤田亜由美

編集協力：山﨑喜世雄・米田　収

印刷・製本　渋谷文泉閣

Printed in Japan　ISBN978-4-88325-589-4

おうみ学術出版会について

おうみは、湖上、山野、いずこから眺めても、天と地と人の調和という、人類永遠の課題を意識させてやまない。おうみならではの学術の成果を、この地の大学と出版社の連携によって世におくり続けようと、平成二十七年（二〇一五）暮れ、「おうみ学術出版会」が発足した。滋賀大学、滋賀県立大学、サンライズ出版株式会社が合意し、企画、編集から広報にいたるまで、ほとんどの過程で三者が緊密に協働する方式をとる。しかも、連携の輪が他の大学や博物館にも広がりゆくことを期している。

当会が考える学術出版とは、次なる学術の発展をも支えうる書物の出版である。そのためには何よりもまず、多くの人が読める文体の書をめざしたい。もちろん、内容の水準を保ちつつ読みやすさを工夫するのは容易ではない。しかし、その条件が満たされてこそ、垣根を越えた対話が深まり、創造が生まれ、学術の積み重ねが可能となる。専門分野に閉じこもりがちな従来の学術出版とは異なり、あらたな領域を拓く若い才能も支援したい。

当会の象徴として、この地と大陸のあいだの古くからの往来に想いを馳せ、おうみの漢字表記「淡海」の頭字を選んだ。字体は、約三千年前の青銅器銘文の中から、古体をとどめる「水」「炎」の二字を集字したものである。水は琵琶湖を、横の二つの火はおうみの多彩な歴史と文化を表すと、我田引水の解釈をつけた。ちなみに、「淡」の字に付けられた古注は「無味」である。「心を無味に遊ばせよ」と荘子がうながすように、そこに何かを見いだせるのが人間の精神であろう。